歴代天皇事典

高森明勅 監修

PHP文庫

○本表紙図柄＝ロゼッタ・ストーン（大英博物館蔵）
○本表紙デザイン＋紋章＝上田晃郷

歴代天皇事典　目次

第1章　伝承上の天皇と大和朝廷の王たち

第2章　王統断絶の危機から大化の改新へ

第3章 律令国家の完成から平安遷都へ

第4章 藤原摂関政治の始まりと終焉

第5章 院政の始まりから鎌倉幕府の終焉へ

第6章　建武新政から大政奉還へ

第7章　明治維新から現代へ

〈写真提供〉

聖武天皇（東大寺）／桓武天皇（延暦寺）／嵯峨天皇（大覚寺）／文徳天皇（法金剛院）／宇多法皇（仁和寺）／醍醐天皇（醍醐寺）／花山法皇（元慶寺）／鳥羽院・崇徳院・後白河院・二条院・高倉院・後鳥羽院・土御門院・順徳院・後堀河院・四条院・後嵯峨院・後深草院・亀山院・後宇多院・伏見院・後伏見院・後二条院・花園院・後光厳院（以上、宮内庁三の丸尚蔵館）／安徳天皇・光明天皇・正親町天皇・後陽成天皇・後水尾天皇・後光明天皇・後西天皇・霊元天皇・東山天皇・中御門天皇・桜町天皇・桃園天皇・後桃園天皇・光格天皇・仁孝天皇・孝明天皇（以上、泉涌寺）／後醍醐天皇（清浄光寺）／後円融天皇・後小松天皇（以上、雲龍院）／後花園天皇（大應寺）／明治天皇・大正天皇・昭和天皇・今上天皇（以上、宮内庁）

第1章

伝承上の天皇と大和朝廷の王たち

歴代天皇の物語は、九州から大和への東征譚で知られる神武天皇に始まる。この初代神武天皇から第九代開化天皇までは伝承上の天皇といわれている。実在が確かな最初の天皇といわれるのは、第十代崇神天皇だ。崇神天皇は三世紀の列島内に「初期国家」の君主として君臨し、その皇統を継ぐ歴代の王が大和朝廷を発展させた。また、第十五代応神天皇以降の天皇が「倭五王」として中国の史書に記録されているように、中国や朝鮮との外交も活発に行われた。本章では、伝承上の天皇の神武天皇から仁徳天皇の血統を受けた第二十代安康天皇までの物語を伝える。

初代

神武《じんむ》天皇

＊生没年内の（　～　）は在位期間、（　歳）は崩御の年齢を示す（以下同）

御名・異名 神日本磐余彦尊《かむやまといわれひこのみこと》 生没年 ?（?～?）?（?歳） 在位 七十六年? 父 彦波瀲武鸕鷀草葺不合尊《ひこなぎさたけうがやふきあえずのみこと》（彦火火出見尊《ひこほほでみのみこと》の子） 母 玉依姫命《たまよりひめのみこと》（海神の娘） 皇后 媛蹈鞴五十鈴媛命《ひめたたらいすずひめのみこと》（事代主神《ことしろぬしのかみ》の娘）

戦前の歴史教育を受けた人たちのなかには、「ジンム、スイゼイ、アンネイ、イトク……」と歴代天皇の名をいまでもそらんじることができる人がいる。その歴代天皇百二十五人の最初のジンムが神武天皇である。

この神武天皇から第九代の開化天皇までの九人の天皇は、一般に伝承上の天皇と見なされている。そこで、『古事記』や『日本書紀』に記されている有名な「神武東征」の話をはじめ天皇の事績についても、史実というよりは伝説、あるいは文学として読まれることが多い。

なかでも神武天皇は、高天原《たかまのはら》の神々をはじめ八百万の神々が織り成すロマン溢れる日本神話と、実在の天皇が登場する日本の歴史の間に立つ重要な存在として『古事記』や『日本書紀』に記されている。たとえば、神武天皇の祖父・彦火火出見尊《ひこほほでみのみこと》は「海幸・山幸」神話の山幸彦といわれ、その父は「天孫降臨」神話の主役ニニギノミコト（瓊瓊杵尊、邇邇芸命）とされている。ニニギノミコトは、「天岩屋」神話で知られる皇祖神アマテラスオオミカミ（天照大神、天照大御神）の孫にあたる。

神武天皇は九州の日向に生まれ、三人の兄とともに育った。生まれながらにして賢く、気性もしっかりとしていて、十五歳で皇太子になったという。そして、四十五歳のときに、天下に君臨するのにふさわしい東方の「美《よ》き地《くに》」である大和に都をかまえるために、大軍を率いて日向を発った。これが神武東征の始まりである。

皇軍は速吸之門《はやすいなと》（豊予海峡）で会った椎根津彦《しいねつひこ》を水先案内人にして、海路、宇佐や安芸、吉備などに立ち寄り滞在したあと、難波に到着。そこから生駒山を越えて大和に入ろうとしたが、土豪の長髄彦《ながすねひこ》の抵抗にあい、大和入りを果すことはできなかった。

また、この戦いで兄の五瀬命《いつせのみこと》が重傷を負った。そこで皇軍は再び海に出て、紀伊半島を南へ迂回し、ようやく熊野から上陸した。しかし、その間に傷ついた五瀬命をはじめ三人の兄が相次いで亡くなった。上陸を果した一行も、土地の神の毒気に当たり全軍が倒れてしまった。

この天皇の危難を救ったのが霊剣「韴霊《ふつのみたま》」と「八咫烏《やたがらす》」である。韴霊は地元の高《たか》倉下《くらじ》という人物が霊夢でアマテラスオオミカミから授けられた剣であり、高倉下がそれを神武天皇に奉じた。すると、倒れていた全軍は目を覚まし起き上がった。ところが、大和を目指そうにも険しい山のなかには道もなく、一行は進むことも退くこともできず迷ってしまう。すると、その夜、今度は天皇が霊夢を見て、アマテラスオオミカミから道案内のための八咫烏を与えられた。

皇軍は、八咫烏の導きで無事大和の宇陀に出ることができ、その後、大和の土豪を平定し、最後に強敵の長髄彦と激戦を交わした。皇軍が苦戦していると、一羽の金色の鵄《とび》が飛来し、天皇の弓の先に止まった。鵄は光り輝き、その威力によって皇軍は長髄彦の軍勢を打ち破ることができたという。

こうして天皇は、いくつもの危難を乗り越えてついに大和を平定した。そして畝《うね》傍山《びやま》の麓《ふもと》の橿原《かしはら》に宮殿（橿原宮）を建て、ここで初代天皇として即位した。『日本書紀』によると、天皇が即位した年は辛酉《かのとのとり》の年の一月一日。紀元前六六〇年とされる。中国には「讖緯《しんい》説」というものがあって、辛酉の年には大きな改革が起こるといわれた。

辛酉の年は六十年に一度ずつ巡ってくるが、天皇が東征の偉業を果した辛酉の年から千二百六十年後の辛酉の年は、六〇一年（推古九）であり、この時代には聖徳太子が現れている。そして、この年から逆算して天皇の即位の年が定められたといわれている。

天皇は正妃の媛蹈鞴《ひめたたら》五十《い》鈴媛命《すずひめのみこと》との間に神《かん》八《や》井《い》耳命《みみのみこと》と神《かん》渟《ぬ》名《な》川《かわ》耳尊《みみのみこと》（次の綏靖天皇）の二人の皇子《みこ》をもうけた。天皇は『古事記』によると百三十七歳（『日本書紀』では百二十七歳）で崩御した。畝傍山東北陵《うしとらのみささぎ》に葬る。

神武天皇の実在をめぐって、戦後は否定論がさかんであるが、物語の核となった史実を肯定する学者の意見もある。目下のところ、「これを確認することも困難であるが、また、これを否定することも、それに劣らず困難である」（黛弘道氏）と見ておくのが最も無難だろう。

第二代
綏靖《すいぜい》天皇

御名・異名 神渟名川耳尊《かんぬなかわみみのみこと》 生没年 ?(?～?)?(?歳) 在位 三十三年? 父 神武天皇 母 媛蹈鞴五十鈴媛命(事代主神の娘) 皇后 五十鈴《いすず》依媛命《よりひめのみこと》(媛蹈鞴五十鈴媛命の妹)

神武天皇には、神八井耳命《かんやいみみのみこと》、神渟名川耳尊のほかに手研耳命《たぎしみみのみこと》という皇子がいた。手研耳命は年長であり、二人の弟とは腹違いの兄にあたった。長く政治にかかわってきたが、人柄が良くなく仁義に背いていた。

一方、末弟の神渟名川耳尊は、幼いときから気性が雄々しく、大人になると容貌もすぐれ堂々とし、武芸にもすぐれ志が高かった。また、孝行の気持ちも深く、父である神武天皇が崩御すると非常に悲しみ、その葬式に心を配ったという。

その服喪《ふくも》の間に手研耳命が権力を手にし、さらに二人の弟を亡きものにしようとしたことから、神渟名川耳尊は手研耳命を射殺そうと思った。そして、兄の神八井耳命と謀り、手研耳命を襲撃した。

ところが、神八井耳命は手足がふるえて矢を射ることができなかった。すると、神渟名川耳尊が神八井耳命から弓矢を取り、手研耳命を射殺した。

この一件で、神八井耳命は皇位を武勇にすぐれた弟に譲り、神渟名川耳尊が即位した（綏靖天皇）。

綏靖天皇は病気になり、『古事記』によると四十五歳（『日本書紀』では八十四歳）で崩御した。

第三代 安寧《あんねい》天皇

御名・異名 磯城津彦玉手看尊《しきつひこたまてみのみこと》 生没年 ?（?〜?）?（?歳） 在位 三十八年? 父 綏靖天皇 母 五十鈴依媛命 皇后 渟名底仲媛命《ぬなそこなかつひめのみこと》（鴨王《かものきみ》の娘）

綏靖天皇は即位した翌年（綏靖二年）に五十鈴依媛を皇后に立て、皇后は磯城津彦玉手看尊を産んだ。成長した磯城津彦玉手看尊は、綏靖二十五年、二十一歳のときに皇太子となったという。

八年後に綏靖天皇が崩御すると、磯城津彦玉手看尊が即位した（安寧天皇）。翌年（安寧二年）、都を大和の葛城の高丘宮《たかおかのみや》から片塩の浮孔宮《うきあなのみや》に遷した。片塩の所在地については説が分かれ、河内とも大和ともいわれている。

安寧三年に渟名底仲媛命を皇后としたが、これより先に皇后は二人の皇子を産んでいる。第一が息石耳命《おきそみみのみこと》で、第二が大日本彦耜友尊《おおやまとひこすきとものみこと》（次の懿徳《いとく》天皇）である。

安寧天皇については伝えられるところが少なく、どんな人柄であったかは不明である。天皇は『古事記』によると四十九歳（『日本書紀』では五十七歳）で崩御した。

第四代　懿徳《いとく》天皇

御名・異名 大日本彦耜友尊《おおやまとひこすきとものみこと》　生没年 ?（?〜?）?（?歳）　在位 三十四年?　父 安寧天皇　母 渟名底仲媛命　皇后 天豊津媛命《あまとよつひめのみこと》（息石耳命の娘）

安寧天皇の二番目の皇子として産まれた大日本彦耜友尊は、安寧十一年に十六歳で皇太子になったという。二十七年後の安寧三十八年に安寧天皇が崩御すると、大日本彦耜友尊が即位した（懿徳天皇）。

懿徳二年、天皇は都を軽《かる》の曲峡宮《まがりおのみや》に遷した。軽は現在の奈良県橿原市大軽町付近だが、古代には知られた地名であり、第八代孝元天皇もこの地に都している。

同年二月、天豊津媛命を皇后とし、皇后は観松彦香殖稲尊《みまつひこかえしねのみこと》（次の孝昭天皇）を産んだ。懿徳天皇についても伝えられるところが少ないが、大日本彦耜友尊の「耜」とは農具の「鉏」の意味であり、農業にかかわりの深い天皇だったのだろうか。

懿徳天皇は『古事記』によると四十五歳（『日本書紀』では七十七歳）で崩御し、畝傍山の南の繊沙谿上陵《まなごのたにのかみのみささぎ》（橿原市西池尻町）に葬られた。

第五代 孝昭《こうしょう》天皇

御名・異名 観松彦香殖稲尊《みまつひこかえしねのみこと》 **生没年** ?（?〜?）?（?歳） **在位** 八十三年? **父** 懿徳天皇 **母** 天豊津媛命 **皇后** 世襲足媛命《よそたらしひめのみこと》（瀛津世襲《おきつよそ》の妹）

懿徳天皇の皇子として産まれた観松彦香殖稲尊は、懿徳二十二年に十八歳で皇太子になったという。十二年後に懿徳天皇が崩御すると、観松彦香殖稲尊が即位した（孝昭天皇）。

孝昭元年七月、都を掖上《わきのかみ》の池心宮《いけごころのみや》に遷した。掖上は現在の奈良県御所市池之内付近である。

孝昭二十九年に世襲足媛命を皇后とし、皇后は天足彦国押人命《あめたらしひこくにおしひとのみこと》と日本足彦国押人尊《やまとたらしひこくにおしひとのみこと》（次の孝安天皇）を産んだ。

二人の皇子の名にある「タラシヒコ」は美称であり、当時、天皇のことをそう呼ぶならわしがあった。

孝昭天皇は『古事記』によると九十三歳（『日本書紀』では百十三歳）で崩御した。

第六代　孝安《こうあん》天皇

御名・異名 日本足彦国押人尊《やまとたらしひこくにおしひとのみこと》　生没年 ?(?〜?)?(?歳)　在位 百二年?　父 孝昭天皇　母 世襲足媛命　皇后 押媛命《おしひめのみこと》(天足彦国押人命の娘?)

孝昭天皇の皇子として産まれた日本足彦国押人尊は、孝昭六十八年に皇太子になったという。十五年後に孝昭天皇が崩御すると、日本足彦国押人尊が即位した(孝安天皇)。

孝安二年、都を室《むろ》の秋津《あきづ》嶋宮《しまのみや》に遷した。室は現在の御所市室付近であろうか。

孝安二十六年に押媛命を皇后とし、皇后は大日本根子彦太瓊尊《おおやまとねこひこふとにのみこと》(次の孝霊天皇)を生んだ。

『日本書紀』は押媛命を孝安天皇の姪とし、天皇の兄である天足彦国押人命の娘ではないかと記している。

天皇は『古事記』によると百二十三歳(『日本書紀』では百三十七歳)で崩御し、玉《たま》手丘上陵《てのおかのうえのみささぎ》に葬られた。

第七代 孝霊《こうれい》天皇

御名・異名 大日本根子彦太瓊尊《おおやまとねこひこふとにのみこと》 生没年 ?（?〜?）?（?歳） 在位 七十六年? 父 孝安天皇 母 押媛命 皇后 細媛命《ほそひめのみこと》（「くわしひめ」ともいう。磯城県主大目《しきのあがたぬしおおめ》の娘）

孝安天皇の皇子として産まれた大日本根子彦太瓊尊は、孝安七十六年に皇太子になったという。二十六年後に孝安天皇が崩御したが、すぐには即位しなかった。その年、大日本根子彦太瓊尊は皇太子のまま、都を黒田の廬戸宮《いおとのみや》に遷し、その後即位した（孝霊天皇）。黒田は現在の磯城郡田原本町の黒田および宮古付近である。

孝霊二年、孝霊天皇は、細媛命を皇后とし、皇后は大日本根子彦国牽尊《おおやまとねこひこくにくるのみこと》（次の孝元天皇）を産んだ。天皇はまた他の妃との間に、「三輪山伝説」に登場する倭迹迹日百襲姫命《やまとととびももそひめのみこと》や、「四道将軍」の一人である彦五十狭芹彦命《ひこいさせりひこのみこと》（またの名を吉備津彦命《きびつひこのみこと》）などをもうけている。

孝霊天皇は『古事記』によると百十六歳（『日本書紀』では百二十八歳）で崩御し、片丘馬坂陵《かたおかのうまさかのみささぎ》に葬られた。

第八代

孝元《こうげん》天皇

御名・異名 大日本根子彦国牽尊《おおやまとねこひこくにくるのみこと》　生没年 ？（？〜？）？（？歳）　在位 五十七年？　父 孝霊天皇　母 細媛命　皇后 鬱色謎命《うつしこめのみこと》（鬱色雄命《うつしおのみこと》の妹）

孝霊天皇の皇子として産まれた大日本根子彦国牽尊は、孝霊三十六年に十九歳で皇太子になったという。四十年後に孝霊天皇が崩御し、大日本根子彦国牽尊が即位した（孝元天皇）。

孝元四年、孝元天皇は都を軽の境原宮《さかいはらのみや》に遷した。軽は現在の奈良県橿原市大軽町付近であり、第四代の懿徳天皇もこの地に都した。

孝元七年、鬱色謎命を皇后とし、皇后は「四道将軍」の一人である大彦命《おおひこのみこと》や、稚《わか》日本根子彦大日日尊《やまとねこひこおおひひのみこと》（次の開化天皇）を産んだ。天皇はまた妃の伊香色謎命《いかがしこめのみこと》（大綜《おおへ》麻杵《そき》の娘）との間に、武内宿禰《たけしうちのすくね》の祖父である彦太忍信命《ひこふつおしのまことのみこと》をもうけている。武内宿禰は三百歳まで生き、五代の天皇につかえたと伝えられる大臣である。

天皇は『古事記』によると五十七歳（『日本書紀』では百十六歳）で崩御し、剣池《つるぎのいけ》嶋上陵《しまのうえのみささぎ》に葬られた。

第九代 開化《かいか》天皇

御名・異名 稚日本根子彦大日日尊《わかやまとねこひこおおひひのみこと》 生没年 ?(?〜?)?(?歳) 在位 六十年? 父 孝元天皇 母 鬱色謎命 皇后 伊香色謎命《いかがしこめのみこと》(大綜麻杵《おおへそき》の娘)

孝元天皇の皇子として産まれた稚日本根子彦大日日尊は、孝元二十二年に十六歳で皇太子になったという。三十五年後に孝元天皇が崩御すると、稚日本根子彦大日日尊が即位した(開化天皇)。開化元年、開化天皇は都を春日の率川宮《いざかわのみや》に遷した。これまでの都は畝傍付近におかれていたが、開化天皇の時代になって北へ移動した。

開化六年、伊香色謎命を皇后とし、皇后は御間城入彦五十瓊殖尊《みまきいりびこいにえのみこと》(次の崇神天皇)を産んだ。伊香色謎命は孝元天皇の妃だった女性である。

初代の神武天皇から開化天皇までは伝承上の天皇といわれている。そのなかの開化天皇は、実在が確かな最初の天皇ともいわれる崇神天皇の父であり、伝承と歴史を結ぶ天皇である。天皇は『古事記』によると六十三歳(『日本書紀』では百十一歳)で崩御し、春日率川坂本陵《かすがのいざかわのさかもとのみささぎ》に葬られた。

第十代 崇神《すじん》天皇

御名・異名 御間城入彦五十瓊殖尊《みまきいりびこいにえのみこと》 生没年 ？（？〜二五八？または三一八？）二五八？または三一八？（？歳） 在位 六十八年？ 父 開化天皇
母 伊香色謎命 皇后 御間城姫命《みまきひめのみこと》（大彦命の娘）

開化天皇が崩御した翌年（崇神元年）、皇太子の御間城入彦五十瓊殖尊が即位した（崇神天皇）。

崇神天皇は実在が確かな最初の天皇ともいわれ、「御肇国天皇《はつくにしらすすめらみこと》」とも呼ばれていた。「御肇国」とは「はじめて整った国を治める」という意味であり、「初期国家」の君主にふさわしい呼称である。

ちなみに、神武天皇もまた「始馭天下之天皇《はつくにしらすすめらみこと》」と呼ばれたが、「始馭天下」は「はじめて天下を治める」の意味であり、初代天皇と解される。

崇神天皇は三世紀に実在したと考えられる天皇で、ものごとの是非や善悪を弁別する能力にすぐれ、早くから大きいはかりごとを好んだ。壮年になると、寛大で慎み深く、天神地祇《あまつかみくにつかみ》をあがめた。そして、常に天皇として大業を治めようとする心をもっていたという。

崇神二年に御間城姫命を皇后とし、翌年に都を磯城の瑞籬宮《みずがきのみや》に遷した。瑞籬宮は、現在の奈良県桜井市金屋付近にあったといわれている。

崇神天皇は、崇神十年の詔《みことのり》で「民を導く本は教化にある」といったように、教化を政治理念とした。そのために徳をもって統治しようとしたが、それでも思うようにならないときには神に祈った。

たとえば、崇神五年に国内に疫病が流行し、多くの人民が亡くなった。また、翌年には農民が流離したり反逆したりしたが、その勢いは天皇の徳をもって治めようとしても難しかった。

そこで天皇は、朝夕天神地祇に祈り、さらに「災害にあったのは朝廷に善政が行われず神が咎《とが》を与えているのではないか」と恐れ、神浅茅原《かむあさじはら》に八十万神を招き、災いの起こるわけを究めようとして占いを行った。

その結果、倭迹迹日百襲姫命《やまとととびももそひめのみこと》（孝霊天皇の娘）が神懸りとなり、神託によって災いの原因がオオモノヌシノカミ（大物主神）であることがわかった。

そこで天皇は教えに従い大田田根子《おおたたねこ》を祭主にしてオオモノヌシノカミを祀った。すると、疫病はようやく治まり、国内は鎮まった。また、五穀もよく稔り、農民も賑わったという。

また、これより先にアマテラスオオミカミ（天照大神）とヤマトノオオクニタマノカミ（倭大国魂神）を天皇の御殿の内に祀ったが、神の勢いを恐れてアマテラスオオミカミを大和の笠縫邑《かさぬいのむら》に祀り、ヤマトノオオクニタマノカミを渟名城入姫《ぬなきのいりびめの》命《みこと》（崇神天皇の娘）に預けて祀らせた。

崇神天皇は、こうして神の教えに従う一方で、教化のためには武力も行使した。有名な「四道将軍」の派遣が、その典型例だ。天皇は、遠い国の人々を教化するために、大彦命《おおひこのみこと》（孝元天皇の子）を北陸へ、武渟川別《たけぬなかわわけ》（阿倍臣の祖）を東海へ、吉備津《きびつ》彦命《ひこのみこと》（孝霊天皇の子）を西道（山陽道）へ、丹波道主命《たにわのちぬしのみこと》を丹波へと、四人を将軍に任命して全国各地に派遣した。

『古事記』によれば、武渟川別は大彦命の子であり、丹波道主命は開化天皇の子・彦坐王《ひこいますのみこ》の子である。

ところが、その間に、倭迹迹日百襲姫命の予知能力により武埴安彦《たけはにやすひこ》（孝元天皇の子）と妻の吾田媛《あたひめ》の謀反が明らかになり、天皇は吉備津彦命や大彦命、彦国葺《ひこくにぶく》を遣わし、武埴安彦の軍勢を討った。彦国葺は和珥臣《わにのおみ》の祖である。

天皇のためにここでも活躍した倭迹迹日百襲姫命は、のちにオオモノヌシノカミの妻となった。ところが、実は、この神は御諸山《みもろやま》（三輪山）の神で、その神体は小蛇《こおろち》だった。

倭迹迹日百襲姫命が神との約束を破って、その正体を見てしまうと、神は恥じて御諸山に登ってしまった。そして、倭迹迹日百襲姫命は箸で秘所をついて亡くなり、墓に葬られた。それが箸墓古墳としていまも遺されているが、一説には倭国の女王・卑弥呼の墓ともいわれている。

天皇はまた、財政にも力を注ぎ、人民の戸口調査を行い、「弭調《ゆはずのみつぎ》」「手末調《たなすえのみつぎ》」という税を課した。弭調とは獣肉や皮革など狩猟生産物であり、手末調とは絹や布などの手工業生産物である。この課税によって天神地祇も和み、百穀もよく稔り、家々には物が満ち足りて、天下は平穏になったという。

天皇の善政は他にもあり、海辺の民が、船がないために献上物を運ぶのに苦しんでいると知ると、国々に命じて船をつくらせた。また、「農は天下の本であり、民がたのみにして生きるところである」といい、水が少ない河内の狭山の田圃に池や溝を掘り、人民のなりわいを広めた。

天皇は数々の事績を遺し、『古事記』によると百六十八歳（『日本書紀』では百二十歳）で崩御した。

第十一代　垂仁天皇《すいにん》

御名・異名　活目入彦五十狭茅尊《いくめいりびこいさちのみこと》　生没年　？（？〜？）？（？歳）　在位　九十九年？　父　崇神天皇　母　御間城姫命　皇后　狭穂姫命《さほびめのみこと》（彦坐王の娘）、日葉酢媛命《ひばすひめのみこと》（丹波道主命の娘）

崇神天皇は、自分の後嗣を決めるにあたって、豊城入彦命《とよきいりびこのみこと》と活目入彦五十狭茅尊の二人の皇子に夢を見るよう命じ、その内容で占うことにした。

翌朝、兄の豊城入彦命は「御諸山に登って東に向いて、八度槍を突き出し、八度刀を空に振りました」と夢の内容を報告した。また、弟の活目入彦五十狭茅尊は「御諸山に登って、縄を四方に引き渡し、粟を食おうとする雀を追い払いました」と報告した。

すると崇神天皇は、「兄は東に向いたので、東国を治めるのがよいだろう。弟は四方に心をくばったので、わが位を継ぐのがよいだろう」といった。こうして、活目入彦五十狭茅尊は皇太子となり、のちに崇神天皇が崩御すると即位した（垂仁天皇）。

垂仁天皇は三世紀後半に活躍したと考えられる天皇で、幼いときからしっかりしていて立派だった。壮年になると、並外れて度量が大きくなった。天性に従ってものごとを行い、歪めたり飾ったりしなかったという。

垂仁二年、狭穂姫命を皇后とし、都を纏向《まきむく》の珠城宮《たまきのみや》に遷した。纏向は現在の奈良県桜井市の北部であり、三輪山の西北麓にあたる。

垂仁四年、狭穂姫命の兄・狭穂彦王《さほひこのきみ》が謀反を企て、皇位を奪おうとした。しかし、狭穂姫命が天皇に告げたため、狭穂彦王の城は火攻めにあい、兄妹はともに城のなかで死んだ。

狭穂姫命は誉津別命《ほむつわけのみこと》を産んだが、『日本書紀』によると、この皇子は三十歳になっても赤子のように泣くばかりで、物をいわなかったという。ところが、垂仁二十三年の冬の日、空を飛ぶクグイ（白鳥）を見て、誉津別命が「あれは何ものか」といった。そこで天皇は、天湯河板挙《あめのゆかわたな》に命じて、そのクグイを捕らえさせ、誉津別命に与えた。すると、物をいえるようになった。

『古事記』にも同様の話が記され、天皇の夢に出雲大神が現れ、「わが御殿を天皇の宮殿のように造れば、御子はきっと物をいうようになるだろう」といった。そこで天皇が皇子（『古事記』では本牟智和気王）を出雲に遣わせ、大神を拝ませた。すると皇子が物をいうようになったので、天皇は出雲大社の神殿を新しく造営したという。

天皇は父である崇神天皇同様、天神地祇を祀ることを怠らなかった。垂仁二十五年には、アマテラスオオミカミを倭姫命《やまとひめのみこと》（狭穂姫命のあとの皇后・日葉酢媛命の娘）に託し、鎮座する場所を探させた。倭姫命は諸国をめぐったあと伊勢に至り、アマテラスオオミカミの神託に従い、五十鈴川のほとりに祠を立てた。これが、伊勢神宮の創建である。

天皇はまた、崇神天皇の政策を踏襲して諸国に池や溝をたくさん開かせた。それにより農民は豊かになり、天下は太平になった。こうした善政の他に特筆されるべきことは、殉死の廃止である。垂仁二十八年、天皇は「古の風習といえども良くないことには従わなくてもよい」といって、以後の殉死を止めさせた。

その後、垂仁三十二年に日葉酢媛命が亡くなると、日本の相撲の元祖といわれる野見宿禰《のみのすくね》が土偶をつくり、殉死する人の代わりにした。これが埴輪の起源といわれる。

垂仁天皇の時代は海外との交渉も活発に行われ、崇神天皇の時代に来朝した任那《みまな》の王子・蘇那曷叱智《そなかしち》が帰国した。また、新羅《しらぎ》の王子・天日槍《あめのひほこ》が来朝した。

また、垂仁九十年、天皇は田道間守《たじまもり》を常世国《とこよのくに》に派遣して、不老長寿の果実とされた「非時の香菓《ときじくかくのみ》」（橘のこと）を求めさせた。十年後、田道間守は使命を果し帰国したが、天皇はその前年に『古事記』によると百五十三歳（『日本書紀』では百四十歳）で崩御し、非時の香菓を見ることはなかった。

第十二代　景行《けいこう》天皇

御名・異名 大足彦忍代別尊《おおたらしひこおしろわけのみこと》　生没年 ？（？～？）？（？歳）　在位 六十年？　父 垂仁天皇　母 日葉酢媛命　皇后 播磨稲日大郎姫命《はりまのいなびのおおいらつめのみこと》（若建吉備津日子《わかたけきびつひこ》の娘）、八坂入媛《やさかのいりびめ》（八坂入彦皇子の娘）

垂仁天皇が崩御し、大足彦忍代別尊が即位した（景行天皇）。翌年（景行二年）、景行天皇は播磨稲日大郎姫命を皇后とし、皇后は大碓皇子《おおうすのみこ》と小碓皇子《おうすのみこ》という双子を産んだ。弟の小碓皇子が有名な日本武尊《やまとたけるのみこと》である。

一説によると、この播磨稲日大郎姫命の出産のとき、景行天皇は当時の習俗に従って、臼を背負って家の周りを歩いた。やがて、一人生まれたものの、まだもう一人生まれるまで重い臼を下ろせなかったので、臼に向かって思わず「こんちくしょう！」と叫んだという。

景行天皇は三世紀末から四世紀前半にかけて活躍したと考えられる天皇で、熊襲《くまそ》や蝦夷《えみし》をはじめとする朝廷に帰順しようとしない全国の首長や族長の平定に事績を遺した。

『古事記』や『日本書紀』によれば、その大半は子の日本武尊によって成し遂げられたと伝えられるが、天皇自身も熊襲平定のために出征したことが記されており、雄々しい天皇だった。

景行天皇は志賀（滋賀県大津市）の高穴穂宮《たかあなほのみや》で『古事記』によると百三十七歳（『日本書紀』では百六歳）で崩御した。

第十三代 成《せい》務《む》天皇

御名・異名 稚足彦尊《わかたらしひこのみこと》 生没年 ？（？〜一九五？または三五五？）二九五？または三五五？（？歳） 在位 六十年？ 父 景行天皇 母 八坂入媛 皇妃 弟財郎女《おとたからいらつめ》（建忍山垂根《たけおしやまたりね》の娘）

景行天皇が崩御したあと、日本武尊が健在であれば皇位を継承していたはずだった。ところが、日本武尊は五十《い》葺山《ぶきやま》の山の神のたたりにあって亡くなってしまった。そこで、異母弟の稚足彦尊が即位した（成務天皇）。

成務天皇は四世紀中期に活躍したと考えられる天皇で、同じ日に生まれた武内宿禰と仲がよく、大臣《おおおみ》にした。大臣とは、のちに古代の最高執政官となる職名である。武内宿禰は成務天皇以降五代の天皇につかえたという。

成務天皇はこの武内宿禰とともに政治を行い、成務五年、天皇は諸国に令して、国造《くにのみやつこ》（地方官）や県主《あがたぬし》（皇室直轄地の長）を設けたと伝えられている。また、山河を境にして国県《くにあがた》を分け、縦横の道に従い邑《む》里《ら》を定めた。これによって、人民は安んじて住むようになり、天下は平穏だったという。

国造や県主が成務天皇の時代に設けられたかは定かでないが、地方行政機構の整備に天皇が力を注いだと思われる。

成務天皇は『古事記』によると九十五歳（『日本書紀』では百十七歳）で崩御した。

第十四代　仲哀《ちゅうあい》天皇

御名・異名　足仲彦尊《たらしなかつひこのみこと》　生没年　？（？〜三六二？）三六二？（？歳）
在位　九年？　父　日本武尊　母　両道入姫命《ふたじのいりびめのみこと》（垂仁天皇の皇女）　皇后　気《おき》長足姫尊《ながたらしひめのみこと》（気長宿禰王《おきながのすくねのおおきみ》の娘、神功皇后《じんぐうこうごう》）

成務天皇には男子がいなかったので、足仲彦尊を皇嗣とした。そして、成務天皇が崩御したあと、足仲彦尊が即位した（仲哀天皇）。仲哀天皇は四世紀後半に活躍したと考えられる天皇で、仲哀二年、気長足姫尊を皇后とした。有名な神功皇后である。その年、熊襲《くまそ》が背き貢物をしなかった。そこで仲哀天皇は、熊襲を討つために出征した。そして、仲哀八年、儺県《ながあがた》（福岡県博多地方）の橿日宮《かしひのみや》で、神功皇后に神託があり「熊襲より新羅を討ったほうがよい」といった。

天皇はこの神託が信じられず、熊襲を討ちに行ったが、勝利することができなかった。その翌年、天皇は橿日宮で急に病気になって崩御した。一説には、熊襲との戦いで矢に当たったともいわれるが、いずれにしても神のことばに従わなかったために亡くなったと伝えられている。

第十五代　応神天皇《おうじん》

御名・異名　誉田別尊《ほむたわけのみこと》　生没年　?（?～三九四?）三九四?（?歳）　在位　四十一年?　父　仲哀天皇　母　気長足姫尊（神功皇后）　皇后　仲姫命《なかつひめのみこと》（五百城入彦皇子《いおきいりびこのみこ》の孫）

仲哀天皇の死後、皇太后（神功皇后）が朝鮮に出兵し、新羅を服属させた。そして、筑紫に帰り、皇子を産んだ。こうして誕生したのが誉田別尊だが、出産のとき、この皇子の腕には肉が盛り上がっていた。それが、皇太后が雄々しく男装して鞆《ほむた》（弓の弦が左臂《ひだりひじ》に当たるのを防ぐためにつける革製の道具）をつけたのに似ていた。そこで、それをたたえて誉田天皇といった。

誉田別尊は幼いときから聡明で、ものごとを深く遠くまで見通した。立ち居振舞いにも不思議と聖帝のきざしがあったという。三歳で皇太子となり、摂政として政事を行っていた皇太后が崩御すると、即位した（応神天皇）。

応神天皇は四世紀後半から五世紀前半にかけて活躍したと考えられる天皇で、皇太后のあとを受けて、積極的な外交を行った。高句麗、百済、新羅から入貢があり、それに伴いたくさんの文化や技術も伝えられた。たとえば、応神十六年に百済から王仁《わに》が来朝し、皇太子の菟道稚郎子《うじのわきいらつこ》に諸々の典籍《てんせき》を教えた。この王仁の来朝により、日本に儒学が伝来されたといわれている。

かつては、文字が日本に伝わったのも王仁の来朝によるものといわれてきたが、文字の伝来はずっと古く、一世紀には入っていたと考えられる。

技術についても、応神二十年に漢人の阿知使主《あちのおみ》が大勢の人々を率いて日本に渡来し、漢氏《あや》となって大陸の新技術を伝えた。

また、秦の始皇帝の子孫という秦氏《はた》が日本に渡来したのも天皇の時代といわれ、秦氏は各地に分散して養蚕、機織の技術を広めた。こうして日本は、政治、外交だけでなく、文化や学問においても国家としてより一層発展していった。

応神二十二年、天皇が難波の大隅宮《おおすみのみや》で高台に登って遠くを眺めていると、妃の兄媛《えひめ》が大いに歎いた。そこで天皇が理由を聞くと、「父母が恋しく悲しくなったのです」と答え、「しばらく親元へ帰して欲しい」と願った。すると天皇は、兄媛が何年も両親と会っていないのを思い、ただちに願いを聞いたという。

天皇は『古事記』によると百三十歳（『日本書紀』では百十歳）で崩御した。応神天皇陵といわれる誉田御廟山《こんだごびょうやま》古墳（大阪府羽曳野市）は、国内第二位の大規模な古墳として知られている。

第十六代 仁徳《にんとく》天皇

[御名・異名]大鷦鷯尊《おおさざきのみこと》　[生没年]？（？～四二七？）四二七？（？歳）　[在位]八十七年？　[父]応神天皇　[母]仲姫命　[皇后]磐之媛命《いわのひめのみこと》（葛城襲津彦《かずらきのそつひこ》の娘）、八田皇女《やたのひめみこ》（応神天皇の皇女）　[皇妃]髪長媛《かみながひめ》ほか

応神天皇が崩御したあと、皇太子の菟道稚郎子《うじのわきいらつこ》は、皇位を兄の大鷦鷯尊に譲ろうとした。理由は、大鷦鷯尊のほうが年長であり、かつ仁孝の徳があったからである。しかし、大鷦鷯尊は、父の応神天皇が決めたことに背くことはできないといって、弟の申し出を断った。

そうして二人が譲り合っていると、もう一人の兄である大山守命《おおやまもりのみこと》が、皇太子を殺して皇位を奪おうと企てた。それを知った大鷦鷯尊は、皇太子とともに迎撃し、大山守命を殺した。その後も二人は譲り合い、皇位は三年間空いたままだった。すると、皇太子が自殺し、大鷦鷯尊がやむなく即位した（仁徳天皇）。

なお、ここまでの皇位継承はほとんどすべてが父子による世襲と伝えられているが、実態をそのまま反映しているとは考えにくい。

天皇が生まれた日に、産殿《うぶとの》にミミズクが飛び込んできた。不思議なことに、同じ日に武内宿禰の妻も出産し、産屋《うぶや》にミソサザイが飛び込んできた。父の応神天皇は、これは天の啓示だといって喜び、二人の子に飛び込んできた鳥の名をつけ、その名を交換することにした。それで、仁徳天皇は大鷦鷯尊となり、武内宿禰の子は木菟宿禰《つくのすくね》となった。

仁徳天皇は五世紀前半に活躍したと考えられる天皇で、幼いときから聡明で叡智にあふれていた。容貌が美しく、壮年になると心が広く恵み深かったという。また、応神天皇が菟道稚郎子を皇嗣にすると、弟を補佐し国事を見た。

即位すると、難波の高津宮《たかつのみや》に都を遷したが、宮殿は上塗りも装飾もしなかった。また、屋根の茅も切りそろえなかった。それは天皇が、自分だけのことで人民の耕作や機織《はたおり》の時間を奪ってはいけない、と思ったからだという。

仁徳四年、天皇は高殿に登って一望し、民家から炊煙が上がっていないのを見て、それが人民の貧しさゆえであろうと考えた。そこで、以後三年間課税を停止し、人の苦しみをやわらげようとした。また、その日から着物も履物も破れるまで使い、食べ物は腐るまで捨てなかった。宮殿の垣根や屋根が壊れても修理せず、雨漏りがして室内から星が見えるほどだった。

こうして天皇は、応神天皇の積極的な朝鮮半島への出兵により疲弊した国力を、回復しようと努めた。三年後、人民は豊かになり、国内から天皇の徳を褒める声が起こり、炊煙も上がるようになったという。

国力が回復すると、天皇は生産力を高めるために土木工事にも力を入れた。難波に排水路（堀江）をつくったり茨田堤《まむたのつつみ》（堤防）を築いたりして水害を防いだ。また、山城に大溝を掘って田に水を引き、人民を豊かにした。

天皇は国力を充実させると、外交でも手腕を発揮した。新羅、百済などの諸国が朝貢していたが、仁徳五十三年、新羅が朝貢しなくなり紛争が生じた。天皇は竹葉《たかは》瀬《せ》と田道《たじ》の兄弟を派遣して新羅軍を討った。また、呉《くれ》（宋王朝）とも外交があり、中国の文化を輸入した。ちなみに、天皇は『宋書』に記された「倭国王讃《さん》」と考えられている。

天皇は在位の間、早く起き、遅く寝て政事を行った。税を軽くし恵みを施して人民の困窮を救い、死者を弔い病む者を見舞い、身寄りのない者に恵んだ。この善政によって天下は平穏で、二十余年無事だったという。

天皇は『古事記』によると八十三歳（『日本書紀』では不明）で崩御した。仁徳天皇陵といわれる大山《だいせん》古墳（大阪府堺市）は、国内最大の古墳として知られている。

第十七代 履中《りちゅう》天皇

御名・異名 大兄《おおえの》去《い》来《ざ》穂《ほ》別尊《わけのみこと》 生没年 ?（?〜四三二?）四三二?（?歳）
在位 六年 父 仁徳天皇 母 磐之媛命 皇后 草香幡梭皇女《くさかのはたびのひめみこ》（応神天皇の皇女説と仁徳天皇の皇女説があるも不詳） 皇妃 黒媛《くろひめ》（羽田八代宿禰《はたのやしろのすくね》の娘）ほか

仁徳天皇が崩御したあと、皇太子の大兄去来穂別尊は羽田八代宿禰の娘である黒媛を妃にしようとした。ところが、弟の住吉《すみのえの》仲《なかつ》皇子《みこ》が皇太子と偽り黒媛を犯し、さらに、それが大事に至るのを恐れて皇太子を殺そうとした。そこで大兄去来穂別尊は弟の瑞《みつ》歯《は》別《わけの》皇子《みこ》の協力を得て住吉仲皇子を殺した。そして、大和の磐余稚《いわれのわか》桜宮《さくらのみや》で即位した（履中天皇）。履中天皇は五世紀前半に活躍したと考えられる天皇で、仁徳天皇の時代を受けて天下は太平で、天皇は国力を順調に発展させた。また、木菟宿禰《つくのすくね》や蘇我満智宿禰《そがのまちのすくね》などの重臣に政事を任せた。履中四年、初めて諸国に「国史《ふみひと》」を置いた。国史とは書記官のことであり、これによって中央と地方との間で文書のやりとりが行われるようになった。

第十八代　反正《はんぜい》天皇

御名・異名 多遅比瑞《たじひのみつ》歯《は》別尊《わけのみこと》　生没年 ?（?〜四三七?）四三七?（?歳）
在位 四年?　父 仁徳天皇　母 磐之媛命　皇夫人 津野媛《つのひめ》（木事命《こことのみこと》の娘）ほか

履中天皇には皇子があったが、皇太子には弟の瑞歯別尊を立てた。そして、履中天皇が崩御したあと、瑞歯別尊が即位した（反正天皇）。反正天皇は五世紀前半に活躍したと考えられる天皇で、生まれつき歯が一本の骨のようで歯並びが美しかった。また、井戸で体を洗われたとき、多遅《たじ》の花（イタドリ）が井戸のなかにあったので、多遅比瑞歯別尊とたたえていったという。

反正天皇の時代は、五穀は豊穣で人民は豊かになり、天下太平だった。もし、『宋書』に記された「倭国王珍」が反正天皇のことであれば、天皇は外交にも力を注ぎ、宋王朝に対し、日本における王としての地位だけでなく、南朝鮮における軍政指揮権をも承認するよう求めたことになる。この要求は完全には受け入れられなかったが、宋王朝は天皇に「安東将軍・倭国王」の称号を許した。

第十九代 允恭《いんぎょう》天皇

御名・異名 雄朝津間稚子宿禰尊《おあさづまわくごのすくねのみこと》 生没年 ?(?〜四五四?)四五四?(?歳) 在位 四十二年? 父 仁徳天皇 母 磐之媛命 皇后 忍坂大中姫《おしさかのおおなかつひめの》命《みこと》(稚渟毛二岐皇子《わかぬけふたまたのみこ》の娘)

反正天皇は皇嗣を定めないまま崩御した。そこで、群臣たちは協議し、反正天皇の弟の雄朝津間稚子宿禰尊に天皇の御璽《みしるし》(天皇のしるしである鏡・剣・曲玉の三種の神宝)を奉った。

しかし、雄朝津間稚子宿禰尊は、自分が病身であることや天皇の器ではないことを理由に辞退し続けた。群臣が困り果てていると、忍坂大中姫命が冬の寒い日に凍りつきながら皇位につくよう願った。

それを見て、雄朝津間稚子宿禰尊もさすがに驚き、願いを聞き入れ、即位した(允恭天皇)。

允恭天皇の代から皇位の継承にあたり、皇位のしるしの神器《じんぎ》が受け継がれたことを確認できるが、これ以前からこうしたことは行われていたはずである。

允恭天皇は五世紀中期に活躍したと考えられる天皇で、壮年になって重い病気にかかり、よく歩くこともできなかった。ところが、允恭三年、新羅から良医を招き治療を受けると、まもなく完治したという。

允恭天皇は内政では氏姓の乱れや不正を正した。また、天皇は『宋書』に記された「倭国王済《せい》」といわれ、外交にも力を注いだ。

允恭天皇は在位四十二年で崩御した。

第二十代 安康《あんこう》天皇

御名・異名 穴穂尊《あなほのみこと》 生没年 ?（?〜?）?（?歳） 在位 三年? 父 允恭天皇 母 忍坂大中姫命 皇后 中蒂姫《なかしのひめ》（履中天皇の皇女）

允恭天皇は長子の木梨軽皇子《きなしのかるのみこ》を皇太子に立てた。ところが、木梨軽皇子は同母妹の軽大娘皇女《かるのおおいらつめのひめみこ》と密通してしまい、それが露見した。木梨軽皇子は人民からそしられ、群臣の信頼も失った。群臣がみな木梨軽皇子の弟の穴穂尊につくと、木梨軽皇子は穴穂尊を襲おうとした。しかし、群臣に離反された木梨軽皇子は自殺し、穴穂尊が即位した（安康天皇）。

安康天皇は五世紀後半に活躍したと考えられる天皇で、『宋書』に記された「倭国王興」といわれている。『宋書』に従えば、穴穂尊は四六二年までには天皇に即位し、使者を宋に派遣し、倭国王興の称号を受けたことになる。安康元年、天皇は臣下にだまされ、仁徳天皇の皇子・大草香皇子《おおくさかのみこ》を罪なくして攻め殺してしまった。天皇は、その妻の中蒂姫命と子の眉輪王《まよわのおおきみ》を宮中に召し入れたが、山の宮で宴を開き昼寝をしていると、父の恨みをはらそうとした眉輪王によって刺し殺された。

第2章

王統断絶の危機から大化の改新へ

第二十一代雄略天皇は「大悪天皇」とも「有徳天皇」とも評された。善悪あわせもつその強烈な個性は、それまでの天皇のイメージとは大きく異なるが、より人間味あふれる天皇の姿が伝わってくる。この雄略天皇を含めた仁徳天皇の血統も第二十五代武烈天皇を最後に途絶え、皇統は断絶の危機を迎える。そこに現れたのが継体天皇であり、以後の天皇の血統はすべてこの天皇に発する。第二十九代欽明天皇の時代に仏教が伝来し、蘇我氏と物部氏の対立が激しさを増し、ついに蘇我氏が勝利する。しかし、その蘇我氏の専横を阻止するために中大兄皇子（天智天皇）が立ち上がり、大化の改新が始まった。本章では、仁徳天皇の血統が途絶える時代から古代統一国家の形成期に皇位についた、雄略天皇から第三十九代弘文天皇までの歴代天皇の事績を伝える。

第二十一代　雄略《ゆうりやく》天皇

御名・異名　大泊瀬幼武尊《おおはつせわかたけるのみこと》　生没年　？（？～四八九？）四八九？（？歳）
在位　二十三年？　父　允恭天皇　母　忍坂大中姫命　皇后　草香幡梭姫皇女《くさかのはたひひめのひめみこ》
皇妃　葛城韓媛《かずらきのからひめ》（葛城円大臣《かずらきのつぶらのおおおみ》の娘）ほか

安康天皇の弟の大泊瀬幼武尊は、天皇が眉輪王に刺殺されたという知らせを受けると、その暗殺に兄の八釣白彦皇子《やつりしろひこのみこ》や坂合黒彦皇子《さかあいのくろひこのみこ》らが関与していたのではないかと疑った。そこで、まず八釣白彦皇子を斬り殺し、次に坂合黒彦皇子と眉輪王を焼き殺した。大泊瀬幼武尊の殺戮はそれで止まらず、さらに従兄弟の市辺押磐皇子《いちのべのおしはのみこ》にも及んだ。安康天皇は生前、市辺押磐皇子に皇位を伝えようとしていたが、大泊瀬幼武尊はそれを恨んでいた。そこで、市辺押磐皇子を巻狩りに誘い出し、だまして射殺したのである。

こうして大泊瀬幼武尊は皇位継承の競争相手になりそうな皇子らをすべて抹殺し、泊瀬の朝倉の地にタカミクラ（塩）を設けて即位した（雄略天皇）。泊瀬は、現在の奈良県桜井市初瀬と黒崎辺りである。

埼玉県の稲荷山古墳から出土した鉄剣に銘文（四七一年に書かれたもの）があり、そこに書かれた「獲加多支鹵大王《わかたける》」は雄略天皇のことだといわれている。また、『宋書』に記された「倭国王武」もまた雄略天皇と見られている。これらの史料から、雄略天皇が活躍したのは五世紀後半と考えることができる。

雄略天皇が生まれたとき御殿に神々しい光が満ち、成長してからはそのたくましさは人に抜きん出ていたという。また、強烈な個性をもっていたことから、時の民からまったく相反する評価を受けた。

たとえば、雄略二年、天皇は宮中に招き入れようとした百済の池津媛《いけつひめ》が臣下の石川楯《いしかわのたて》と通じたことに怒り、二人を焼き殺した。またその年、狩りをした際に御者が自分の質問に返事をしないことに腹を立て、斬り殺しもした。このように、天皇は人の話を聞かず独断専行するところがあり、誤って人を殺すことが多かった。そこで世の人々は「大悪天皇」と誹謗《ひぼう》した。その一方で、雄略四年、雄略天皇は葛城山で一事主神《ひとことぬしのかみ》と出会うと、礼をつくし、一緒に狩りを楽しんだ。そこで、世の人々は「有徳天皇」とも評したという。また、『万葉集』の巻頭には「籠《こ》もよ　み籠持ち　掘串《ふぐし》もよ　み掘串持ち　この岡に　菜採《つ》ます児家聞かな　名告《の》らさね」という、菜をつむ女子に語りかけたほのぼのとした長歌が収められているが、雄略天皇の作と伝えられている。

雄略五年、天皇は皇后や妃に養蚕を勧めようと思い、臣下の蜾蠃《すがる》に蚕《こ》を集めるよう命じた。すると蜾蠃は、誤って子どもをたくさん集めてきてしまい、天皇の失笑をかった。また、雄略十五年、天皇は分散していた秦氏の民を集め、絹を租税として献上させたほか、翌年、桑の栽培に適した地を調べ、そこに秦氏を移住させた。このように、天皇は財政面の充実に力を注いだ。

外交面では、天皇自身で新羅を攻めようとしたが、神に戒められ思いとどまった。代わりに紀小弓宿禰《きのおみのすくね》や蘇我韓子宿禰《そがのからこのすくね》、大伴談連《おおとものかたりのむらじ》らを出征させたが、いずれも亡くなってしまった。また、雄略二十年、高麗《こま》（高句麗）が百済を滅ぼした。翌年、天皇は百済の汶州王《もんすおう》（百済第二十二代文周王、在位四七五～四七七）に新都として久麻那利《こむなり》を賜り、国を救い興した。

雄略二十一年、雄略天皇は丹波国からトヨウケノオオミカミ（豊受大神）を伊勢の地に遷し、アマテラスオオミカミ（天照大神）の食物神として祀ることにした。これが伊勢神宮の外宮《げくう》の起源である（アマテラスオオミカミを祀る方は内宮《ないくう》と呼ぶ）。

雄略二十三年七月、天皇は病気になり、万事を皇太子の白髪武広国推稚日本根子《しらかのたけひろくにおしわかやまとねこの》皇子《みこ》（次の清寧天皇）に委ねた。翌月、病状は悪化し、天皇は群臣に対し、別れのことばを述べ、手を握って歎き、『古事記』によると百二十四歳（『日本書紀』では不明）で崩御した。

第二十二代 清寧《せいねい》天皇

御名・異名 白髪武広国推稚日本根子尊《しらかのたけひろくにおしわかやまとねこのみこと》 生没年 ?（?〜?）?（?歳）
在位 五年? 父 雄略天皇 母 葛城韓媛 皇妃 配偶者なし

雄略天皇が崩御したあと、皇太子の白髪武広国推稚日本根子皇子は、すんなりと即位できたわけではなかった。雄略天皇の妃・吉備稚姫《きびのわかひめ》（吉備上道臣《かみつみちのおみ》の娘）の子である星川稚宮皇子《ほしかわのわかみやのみこ》が皇位をうかがい、大蔵の役所を占拠するという事件が起きた。しかし、大伴室屋大連《おおとものむろやのおおむらじ》が兵を送り星川稚宮皇子を焼き殺し、こののちに白髪武広国推稚日本根子皇子が即位した（清寧天皇）。大連は大臣と並ぶ最高官であり、大伴氏と物部氏が独占した。

清寧天皇は五世紀後半に活躍したと考えられている天皇で、生まれたときから髪が白かった。白髪武広国推稚日本根子という名は、その髪の色にちなんだものだ。清寧天皇は長じると人民をいつくしんだ。政事は大伴室屋と平群真鳥《へぐりのまとり》が担当した。清寧二年、天皇は皇后を立てず、子どももいなかったので、諸国に「白髪部《しらかべの》舎人《とねり》」や「白髪部膳夫《しらかべのかしわで》」などの役人を置き、その名を後世に遺そうとした。

第二十三代　顕宗《けんぞう》天皇

御名・異名　弘計尊《おけのみこと》、来目稚子尊《くめのわくごのみこと》、袁祁之石巣別尊《おけのいわすわけのみこと》　生没年　?（?～?）?（?歳）　在位　三年?　父　市辺押磐皇子《いちのべのおしはのみこ》　母　荑媛《はえひめ》（蟻臣《ありのおみ》の娘）
皇后　難波小野王《なにわのおののみこ》（丘稚子王《おかのわくごのみこ》の娘）

雄略天皇が即位前に射殺した市辺押磐皇子には、億計王《おけのみこ》（次の仁賢天皇）、弘計王という皇子がいた。二人の皇子は父が射殺されたことを聞くと、自分たちにまで危害が及ぶことを恐れ、丹波国に身を隠した。

その後、雄略天皇が崩御し、清寧天皇が即位すると、二人はつかえていた者に身分を明かした。子どもがいなかった清寧天皇は、この知らせを聞くと感激し、「ちょうどよい後継ぎができた」といって喜んだ。清寧天皇は二人を宮中に迎え入れ、清寧四年に兄の億計王を皇太子に立て、弟の弘計王を皇子にした。

その翌年、清寧天皇が崩御したが、億計王は皇位に就こうとしなかった。というのも、身分を明かそうと発案し、実際にみなの前で公表したのは弟の弘計王だったからである。

兄の億計王は、この弟の賢さと勇気に敬服し、早くから弘計王こそ天皇になる人物だと考えていた。それで、弘計王に皇位を譲ろうとしたのである。

しかし、弘計王も兄が皇位につくべきだといって固辞し、二人は譲り合った。そこで、その間、弘計王の姉の飯豊女王《いいどよのひめみこ》（飯豊青尊《いいどよのあおのみこと》）が政治を行った。このことから、飯豊女王を皇位についた女帝だと見る説もある。

その飯豊女王が亡くなると、億計王と群臣は、弘計王に皇位につくようさらに要請し、弘計王もようやく聞き入れ、即位した（顕宗天皇）。

顕宗天皇は五世紀後半に活躍したと考えられている天皇で、長らく丹波国で苦難に耐えてきたため、人民の憂いや苦しみをよく知っていた。それで、虐げられた者を見ると、たいへん苦しんだ。そんな天皇の政治は徳をもって行われ、貧しき者に恵み、寡婦を養ったため、人民は親しみなついたという。

顕宗二年、天皇は父の仇を討とうと思い、「雄略天皇の墓を壊し、遺骨を砕いて投げ散らしたい」と兄の億計王に語った。しかし、億計王に諫められ、思いとどまった。

顕宗天皇の時代、天下は平安で、人民は雑徭《ぞうよう》、歳役に使われることがなかった。また、穀物がよく稔り、農民も豊かだったという。

顕宗三年、天皇は近飛鳥八釣宮《ちかつあすかやつりのみや》で『古事記』によると三十四歳（『日本書紀』では不明）で崩御した。

第二十四代　仁賢天皇《にんけん》

御名・異名　億計王《おけのみこ》、大脚《おおし》、嶋郎《しまのいらつこ》　生没年　?（?〜?）?（?歳）　在位　十一年?　父　市辺押磐皇子　母　荑媛　皇后　春日大娘皇女《かすがのおおいらつめのひめみこ》（雄略天皇の皇女）

顕宗天皇が即位したあとも、兄の億計王は皇太子のままだった。それで、顕宗天皇が崩御すると、億計王が即位した（仁賢天皇）。

仁賢天皇は五世紀後半に活躍したと考えられている天皇で、幼いときから聡明で、敏才多識だった。壮年になると恵み深く、謙虚で穏やかな人柄だったという。

仁賢天皇が即位した翌年、顕宗天皇の皇后である難波小野王が自殺した。天皇が皇太子のとき、難波小野王は宴会の席で立ったまま刀子《とうす》（短刀）を皇太子の皿の上に置いたり、立ちながら皇太子を呼んだりした。この無礼な行いをした難波小野王は、皇太子が天皇となると、罰せられることを恐れて自殺したのである。

仁賢天皇の時代は国内に心を悩まされるようなことは何事もなく、天下は仁に帰し、人民はみなその業に安んじていた。五穀は豊穣で蚕や麦の出来はよく、都も地方も平穏で戸口はますます繁栄したという。
仁賢十一年、仁賢天皇は崩御した。享年は不明である。

第二十五代 武烈《ぶれつ》天皇

御名・異名 小泊瀬稚鷦鷯尊《おはつせのわかさざきのみこと》 生没年 ?（?〜?）?（?歳） 在位 八年?
父 仁賢天皇 母 春日大娘皇女 皇后 春日娘子《かすがのいらつめ》（父不詳）

仁賢天皇が崩御すると、大臣の平群真鳥は好き勝手に政治を行うようになり、やがて国王になりたいと思うようになっていった。そして、権力を誇示するかのようなふるまいが見られるようになった。

たとえば仁賢天皇は生前に唯一の皇子である小泊瀬稚鷦鷯尊を皇太子に立てていたが、真鳥は皇太子のためだと偽って宮殿を造り、自分が住みついてしまった。

また、真鳥の子である鮪《しび》は、小泊瀬稚鷦鷯尊が娶ろうと思っていた影媛と通じ、皇太子に恥をかかせた。怒った小泊瀬稚鷦鷯尊は、臣下の大伴金村連《おおとものかなむらのむらじ》が率いる兵を送り、鮪を殺した。さらに、真鳥の家を焼き払い、真鳥も殺害した。

その後、小泊瀬稚鷦鷯尊は即位し（武烈天皇）、金村が大連となった。

武烈天皇は五世紀末期に活躍したと考えられている天皇で、妊婦の腹を裂いて胎児を見るなど暴虐な振る舞いが多い「悪王」としてその名を知られている。だが、天皇の暴虐を伝える『日本書紀』の記事は、この天皇の代で仁徳天皇の血統が途絶えたことを理由づけるために造作されたものであり、史実ではなかったとの見方が有力だ。

武烈八年、武烈天皇は列城宮《なみきのみや》で崩御した。享年は不明である。

第二十六代 継体《けいたい》天皇

御名・異名 男大迹王《おおどのおおきみ》、彦太尊《ひこふとのみこと》 **生没年** ？（？～五二七？）五二七？（？歳） **在位** 二十五年？ **父** 彦主人王《ひこうしのおおきみ》（応神天皇の五世の孫？） **母** 振媛《ふるひめ》（垂仁天皇の七世の孫） **皇后** 手白香皇女《たしらかのひめみこ》（仁賢天皇の皇女） **皇妃** 目子《めのこ》媛《ひめ》（尾張《おわり》連草香《のむらじくさか》の娘）ほか

武烈天皇は皇子も皇女ももうけないまま世を去った。そのため、皇嗣がいなくなるおそれがあった。

そこで大伴金村は、仲哀天皇の五世の孫である倭彦王《やまとひこのおおきみ》を迎えようとして、丹波に武備を整えた使者を派遣した。ところが、倭彦王は朝廷の使者のいかめしいさまを見て恐れ、山の中に逃げ隠れてしまった。

金村が次に迎えようとしたのが、越前の三国にいた、応神天皇の五世の孫である男大迹王だった。半信半疑の男大迹王は、三国から河内の樟葉宮《くすはのみや》（大阪府枚方市樟葉）に移ったものの、「自分には天子の才能がなく力不足である」といって皇位につくことを辞退した。それでも金村ら群臣がなおも懇願し、ようやく即位した（継体天皇）。

継体天皇は壮年になると、人を愛し賢人を敬い、心広く豊かな人柄だったという。また、倭彦王が逃げてしまったあと、金村は群臣に「(男大迹王は) 情け深く親孝行であり、皇位を継がれるのにふさわしい」といい、群臣もまた「(天皇家の) ご子孫を充分に選んでみると、賢者は男大迹王だけのようだ」といった。天皇は農業や養蚕を怠っては富み栄えることはできないと考え、自ら耕作し、皇妃も自ら養蚕をした。こうして農業や養蚕の重要性を人民に知らしめた。このかいあって、天皇の時代は土地が肥え、五穀豊穣だったという。外交では、金村が百済の要求に応じて任那の四県を割譲した。ところが、これによって任那が新羅に降伏してしまったので、継体二十一年、近江の毛野臣《けなのおみ》率いる六万の兵を任那に送った。

すると新羅は、ひそかに反逆の機会をねらっていた筑紫国造磐井に賄賂を贈り、決起をすすめた。

磐井は決起し、新羅の思惑どおり毛野臣の軍は前進できなくなった。そこで天皇は、物部麁鹿火大連《もののべのあらかひのおおむらじ》を大将軍にして筑紫に派遣した。翌年、麁鹿火は磐井を討ち、乱を平定した。これが「磐井の乱」と呼ばれる古代の争乱である。

継体二十五年、天皇は病気が重くなり、磐余玉穂宮《いわれのたまほのみや》で『古事記』によると四十三歳(『日本書紀』では八十二歳)で崩御した。

第二十七代　安閑天皇《あんかん》

御名・異名　勾大兄尊《まがりのおおえのみこと》、広国押武金日尊《ひろくにおしたけかなひのみこと》　生没年　？（？～五三五？）五三五？（？歳）　在位　五年？　父　継体天皇　母　目子媛　皇后　春日山田皇女《かすがのやまだのひめみこ》（仁賢天皇の皇女）

継体天皇には皇后の子である天国排開広庭尊《あめくにおしはるきひろにわのみこと》（のちの欽明天皇）がいたが、年長の勾大兄尊を皇太子に立てていた。継体天皇は崩御したその日、息を引きとる前に勾大兄尊に皇位を譲った。

勾大兄尊は、継体天皇が越前三国にいたころからの妃・目子媛《めのこひめ》の間にもうけた長子である。こうして勾大兄尊は即位した（安閑天皇）が、幼いころから器量がすぐれ、人君にふさわしい人柄だったという。継体天皇からの信頼も厚く、皇太子の時代には天皇をよく補佐した。

安閑天皇には四人の妻がいたが、皇嗣ができなかった。そこで天皇は、皇后や妃の名を後世にのこすために屯倉《みやけ》（朝廷の直轄領）を諸国に設けた。

五三五年（安閑二）、安閑天皇は五穀豊穣で辺境に憂えもなく、万民が生業に安んじて飢餓がないことを喜び、人々に飲食を賜り五日間の宴を催した。

そして同年十二月、安閑天皇は勾金橋宮《まがりのかなはしのみや》（奈良県橿原市曲川町）で『古事記』では不明（『日本書紀』によると七十歳）で崩御した。

第二十八代 宣化《せんか》天皇

御名・異名 檜隈高田《ひのくまのたかた》、武小広国押楯尊《たけおひろくにおしたてのみこと》 生没年 ?（?〜?）?（?歳）
在位 五年? 父 継体天皇 母 目子媛 皇后 橘仲皇女《たちばなのなかつひめみこ》（仁賢天皇の皇女）

安閑天皇に皇嗣がいなかったので、弟の檜隈高田皇子が即位した（宣化天皇）。宣化天皇は清らかですっきりとした人柄で、才能や地位などを誇り王者のような顔つきをすることがなかったという。大伴金村と物部麁鹿火を大連としたが、さらに蘇《そ》我稲目宿禰《がのいなめのすくね》を大臣とした。

天皇は「食は天下の本である」といって、非常事態から人民を守るために各地の屯倉から籾《もみ》を運ばせ、筑紫の那津《なのつ》（博多大津）の口に集めた。

外交では、新羅が任那に害を加えたので、金村の子の磐《いわ》と狭手彦《さてひこ》を派遣して任那を助けた。『肥前国風土記』や『万葉集』には、狭手彦が筑紫から朝鮮半島へ出征するとき、愛人の松浦佐用媛《まつらさよひめ》が山の上から領布《ひれ》をふって別れを惜しんだという話が記されている。宣化四年、天皇は檜隈廬入野宮《ひのくまのいおりのみや》で崩御した。

第二十九代　欽明《きんめい》天皇

御名・異名　天国排開広庭尊《あめくにおしはるきひろにわのみこと》　生没年　五〇九？（？〜？）五七一（六十三歳？）　在位　三十三年？　父　継体天皇　母　手白香皇女　皇后　石姫皇女《いしひめのひめみこ》（宣化天皇の皇女）　皇妃　蘇我堅塩媛《そがのきたしひめ》（蘇我稲目の娘）、蘇我小姉君《そがのおあねのきみ》（蘇我稲目の娘）ほか

宣化天皇が崩御したあと、継体天皇の嫡子である天国排開広庭尊はすぐには即位しようとしなかった。そして、群臣に「自分は年が若く知識も浅いので、政事を行うことができない。山田皇后《やまだのきさき》（安閑天皇の皇后）は政務に明るく慣れているので、決裁は皇后にお願いするように」といった。

しかし、これを聞いた山田皇后はおそれかしこまり、辞退した。また、山田皇后は群臣に「天国排開広庭尊は老人を敬い、幼少の者を慈しむ明君である」といい、「皇位についてもらうようお願いしなさい」といった。こうして、ようやくその即位は実現した（欽明天皇）。

欽明天皇は、大伴金村と物部尾輿《もののべのおこし》を大連、蘇我稲目を大臣として政務を任せた。

ところが、金村はかつて任那を百済に割譲したことを尾輿に非難され、それを気にかけ、病と称して出仕しなくなった。すると、欽明天皇は金村に「長く忠誠をつくしてきたのだから、人の噂など気にかけるな」と優しくことばをかけ、罪とすることはなかったが、この一件で金村は失脚し、以後、大伴氏に代わり物部氏と蘇我氏が中心になって政治を行うようになった。

欽明天皇在位中の最大のできごとは、仏教伝来と任那への出兵である。この両者は深くつながっている。朝鮮半島で新羅が強大化する形勢のもと、その圧迫を受ける百済が日本の軍事的援助を求めて仏教を伝えてきたのであり、同じく新羅による任那併合に対抗して日本からの出兵もなされたのである。

欽明天皇は百済の聖明王から仏像、仏具、経論を献上され、派遣された使者から仏教の功徳を聞くと大いに喜んだ。しかし、仏教を受けいれるべきかどうかをひとりで決めることなく、群臣にたずねた。

すると、稲目は「西の諸国はみな礼拝しているので、日本も礼拝すべき」と答えた。一方、尾輿と中臣鎌子《なかとみのかまこ》は「蕃神《あたしくにのかみ》（仏のこと）を拝めば国つ神の怒りを受ける」といって反対した。

そこで、欽明天皇が稲目に試しに礼拝させてみると、国に疫病が流行り、若死にする人民が多く出た。尾輿と鎌子は「これこそ仏教を礼拝したことが原因だ」といって、天皇の許しを得て仏像を捨てたり寺を焼いたりした。

ちなみに、この仏教伝来の年代については五三八年説が有力だが、『日本書紀』の五五二年（欽明十三）説も朝鮮半島の情勢と外交過程を考慮すると、一概には否定しがたい。五六二年（欽明二十三）、新羅はついに任那を滅ぼした。そこで欽明天皇は、紀男麻呂《きのおまろ》を大将軍として新羅に兵を送ったが、任那を回復することはできなかった。

五七一年（欽明三十二）、欽明天皇は病が重くなり、崩御した。

第三十代　敏達《びだつ》天皇

御名・異名 訳《お》語《さ》田《だの》渟《ぬ》中《な》倉《くらの》太《ふと》珠《たま》敷《しきの》尊《みこと》 **生没年** 五三八（五七二～五八五）五八五（四十八歳） **在位** 十四年 **父** 欽明天皇 **母** 石姫皇女 **皇后** 息長《おきながの》広姫《ひろひめ》（息長《おきながの》眞手《まての》王《おおきみ》の娘）、豊《とよ》御《み》食《け》炊《かしき》屋《や》姫《ひめ》（額田部皇女、推古天皇）

欽明天皇は崩御する前、病床に皇太子の訳語田渟中倉太珠敷尊を呼び、「あとのことはおまえに任せる。おまえは新羅を討って、任那を封じ建てろ」と遺言した。こうして欽明天皇が崩御したあと、訳語田渟中倉太珠敷尊が即位した（敏達天皇）。

敏達天皇は物部守屋（尾輿の子）を大連、蘇我馬子（稲目の子）を大臣として政治に当たらせたが、二人は仏教をめぐって激しく対立した。敏達天皇自身は仏法を信じることなく文章や歴史に関心があったが、馬子が仏教を崇拝することを許していた。

ところが、五八五年（敏達十四）、国に疫病が起こり多くの死者が出ると、排仏派が仏教のせいだと敏達天皇に訴え、寺や仏像を焼き、さらに尼を捕らえ鞭で打った。

その年、敏達天皇は、任那復興のため使者を派遣しようとしたが、天皇と守屋が突然、疱瘡《ほうそう》になり、計画は中止となった。

その後、国中に疱瘡による死者が出ると、人々は「仏像を焼いた罪だろう」といったという。同年、敏達天皇は病が重くなり、崩御した。

第三十一代　用明《ようめい》天皇

御名・異名 大兄《おおえ》、橘《たちばなの》豊日尊《とよひのみこと》、池辺《いけべ》　生没年 五四〇？（五八五〜五八七）五八七（四十八？歳）　在位 二年　父 欽明天皇　母 蘇我堅塩媛　皇后 穴穂部間人皇女《あなほべのはしひとのひめみこ》（用明天皇の異母妹）

敏達天皇には押坂彦人大兄皇子《おしさかのひこひとのおおえのみこ》という皇子がいたが、天皇が崩御したあと、皇子は皇位につかなかった。後を継いだのは、欽明天皇の第四子で、敏達天皇の弟にあたる橘豊日尊である（用明天皇）。

用明天皇は仏法を信じ、神道を尊んだという。先代同様、崇仏派の蘇我馬子が大臣に、排仏派の物部守屋が大連になったが、仏教をめぐって激しく対立する二人の間で、天皇は両方の立場を容認しながら政治を見た。

用明元年、ひそかに皇位をねらっていた穴穂部皇子《あなほべのみこ》（天皇の異母弟）が豊御食炊屋姫《とよみけかしきやひめ》（敏達天皇の皇后、のちの推古天皇）に言い寄ったが、敏達天皇の寵臣・三輪君《みわのきみ》逆《さかう》に妨げられた。すると皇子は守屋を遣わし、三輪君逆を殺させた。

用明二年、用明天皇は病気になり、仏教に帰依したいと群臣に相談すると、馬子と守屋が対立し、守屋を助けようとした中臣勝海が舎人《とねり》に殺された。天皇はそんな両派の抗争のなかで、崩御した。

第三十二代　崇峻《すしゅん》天皇

御名・異名 泊瀬部皇子《はつせべのみこ》　生没年 ？（五八七～五九二）五九二（？歳）
在位 六年　父 欽明天皇　母 蘇我小姉君　皇妃 大伴《おおともの》小手子《こてこ》（大伴糠手子《ぬかでこ》の娘）ほか

用明天皇が崩御すると、物部守屋は穴穂部皇子《あなほべのみこ》を天皇にしようとした。ところが、このはかりごとを知った蘇我馬子は、兵を遣わして穴穂部皇子を殺し、さらに、守屋を滅ぼそうとした。

こうしてついに、抗争を続けていた馬子と守屋が雌雄を決することになった。

馬子が率いる軍勢には欽明天皇の第十二子である泊瀬部皇子や用明天皇の皇子である厩戸皇子《うまやとのみこ》（聖徳太子）が加わった。一方の守屋は稲を積んでとりでを築き、馬子の軍勢を迎え撃った。

戦いは守屋軍の勢いが強く、馬子の軍勢は三度も退却するほどだった。しかし、守屋が木の上から射落とされ殺されると、守屋の軍勢はくずれた。

この戦いによって長く権力の中枢にいた物部氏は滅び、蘇我氏が権勢を誇るようになった。

その後、泊瀬部皇子が即位した（崇峻天皇）。崇峻天皇は任那の再建に力を注いだが、進展はなかった。やがて馬子と対立するようになり、馬子は腹心の東漢直《やまとのあやのあたい》駒《こま》に天皇を殺させた。享年は不明である。

第三十三代 推古《すいこ》天皇

御名・異名 額田部《ぬかたべ》、豊御食炊屋姫《とよみけかしきやひめ》 生没年 五五四（五九二～六二八）六二八（七十五歳） 在位 三十七年 父 欽明天皇 母 蘇我堅塩媛

崇峻天皇が暗殺されたあと、国内はしばらく騒然としていたのだろう。皇位は空いたままだった。群臣は敏達天皇の皇后である豊御食炊屋姫に皇位につくよう要請したが、皇后は辞退した。しかし、群臣がなおも要請し続けると、三度目でようやく皇后は聞き入れ、即位した（推古天皇）。

推古天皇は容姿端麗で、物事を処すに乱れることがなかったという。十八歳で敏達天皇の皇后となり、三十四歳のときに天皇が崩御した。そして、三十九歳のときに崇峻天皇が暗殺され、皇位を継いだ。日本最初の女帝である。

天皇は即位すると、すぐに厩戸皇子（聖徳太子）を皇太子に立て、政治をすべて任せた。いわゆる聖徳太子の摂政である。また、天皇の母は蘇我稲目の娘の堅塩媛であり、実力者の蘇我馬子とは叔父と姪の関係にあった。

当時の政治の実態は、天皇のもとに太子と馬子が協力し合ってことを進めたと見

られている。

推古天皇時代の内政として有名なものに、「冠位十二階」と「十七条憲法」の制定がある。冠位十二階は冠の種類によって位階を「徳仁礼信義智」の大小十二に明示したもの。十七条憲法は日本最初の成文法で、「和をもって尊し」で知られるように、官吏や貴族が守るべき政治道徳を記したものである。いずれも、太子が中心になって制定したもので、太子の政治理念が表れている。

外交でも、中国と対等であろうとする太子の姿勢が色濃く出た。六〇七年（推古十五）、遣隋使の小野妹子《おののいもこ》が隋の煬帝に渡した国書の書き出しには「日出処《ひいずるところの》天子、書を日没処《ひぼっするところの》天子に致す、恙《つつが》なきや」とあり、日本の君主も中国の君主も、ともに最高君主である「天子」として対等であることを主張して、煬帝を立腹させたという。

翌六〇八年（推古十六）、妹子が帰国すると、再度妹子を隋に遣わしたが、そのとき持たせた国書には「東の天皇が謹んで西の皇帝に申し上げます」と書いた。これが、「天皇」という称号が公式に使われた最初である。

宗教政策としては、天皇と皇太子はともに仏教の興隆をはかり、各地に寺が建てられたり高麗や百済から僧が渡来したりした。五九六年（推古四）には法興寺（飛鳥寺）が落成し、六〇五年（推古十三）には仏像が造られ元興寺（飛鳥寺は法興寺ともよばれたが、平城京内に移されてから元興寺とよばれた）に安置された。その一方で神祇も敬い、天皇は群臣に神祇の祭祀を怠ることがないよう詔《みことのり》した。また、皇太子と馬子は、群臣を率いて神祇を祀り拝んだ。

六二一年（推古二十九）、太子が亡くなった。諸王や群臣、天下の人民は大いに悲しみ、泣き叫ぶ声がちまたにあふれたという。太子が亡くなったあと、天皇は馬子の助けを借りながら政治を行った。

六二三年（推古三十一）に新羅が任那を討つと、天皇は新羅に兵を送った。すると、新羅は降伏した。

六二四年（推古三十二）、馬子が天皇の直轄領のひとつである葛城県《かずらきあがた》を、元は蘇我氏の本拠地だったという理由で、私領として賜りたいと願い出た。

ところが天皇は、「馬子大臣は自分の叔父であり、これまでいかなることも聞き入れてきた。しかし、いま県を失えば、後世の帝が『愚かな女が天下を治めたために県が亡んでしまった』といわれるだろう。そうなれば、自分だけが不明とされるばかりでなく、大臣も不忠とされ、後世に悪名をのこすことになるだろう」といって許さなかった。

六二六年（推古三十四）に馬子が亡くなり、二年後に天皇も病が重くなり、崩御した。

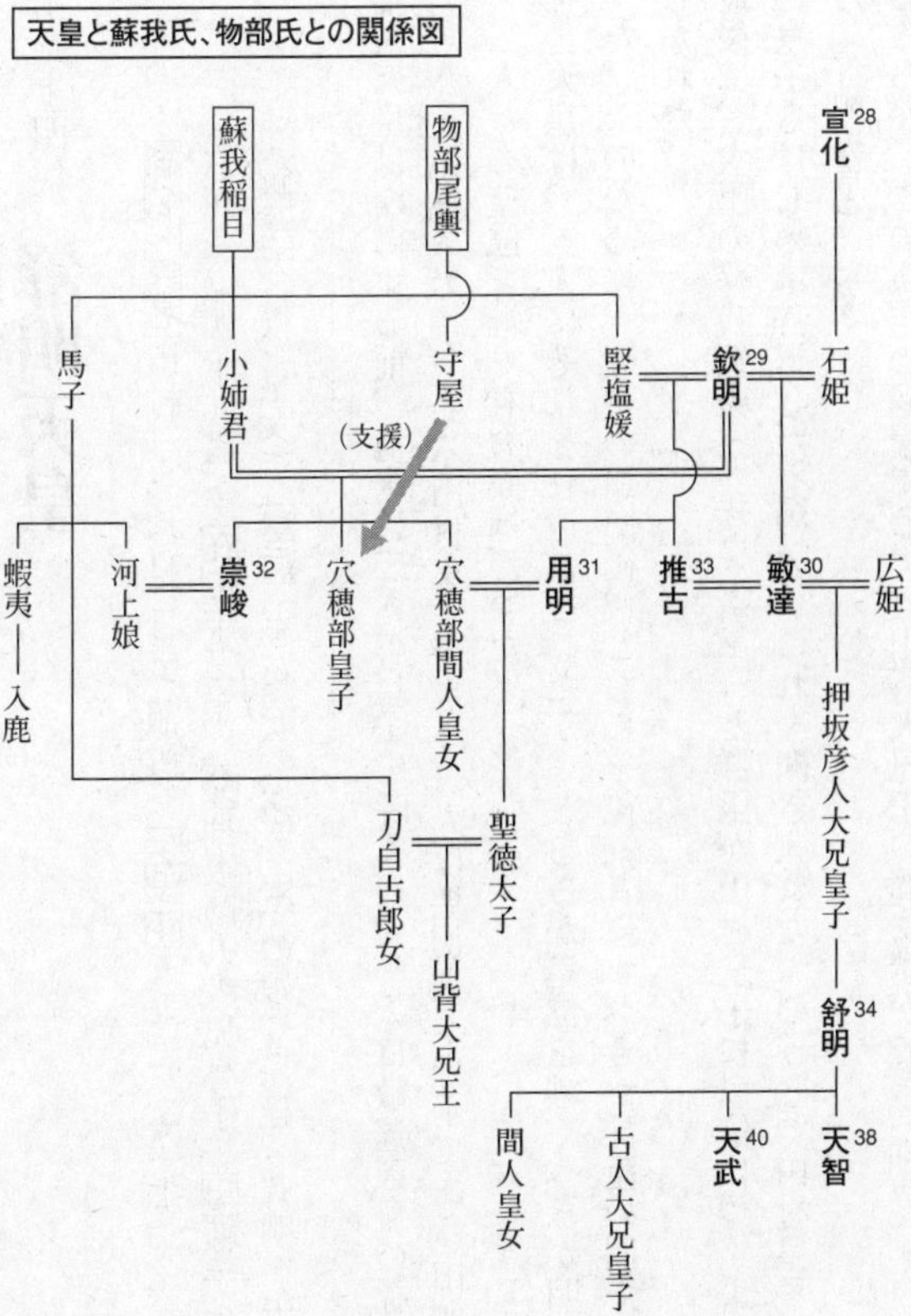
天皇と蘇我氏、物部氏との関係図
蘇我稲目
物部尾輿
宣化 28
馬子
小姉君
守屋
堅塩媛
欽明 29
石姫
（支援）
蝦夷
入鹿
河上娘
崇峻 32
穴穂部皇子
穴穂部間人皇女
用明 31
推古 33
敏達 30
広姫
押坂彦人大兄皇子
刀自古郎女
聖徳太子
山背大兄王
舒明 34
間人皇女
古人大兄皇子
天武 40
天智 38

第三十四代　舒明《じょめい》天皇

御名・異名 田村《たむら》、息長足日広額尊《おきながたらしひひろぬかのみこと》 生没年 五九三（六二九〜六四一）六四一（四十九歳） 在位 十三年 父 押坂彦人大兄皇子 母 糠手姫皇女《ぬかでひめのみこ》（敏達天皇の皇女） 皇后 宝皇女《たからのひめみこ》（茅渟王《ちぬのおおきみ》の娘、皇極〈斉明〉天皇）

推古天皇は崩御する前、病床に二人の皇子を呼んだ。一人は敏達天皇の孫で、押《おし》坂彦人大兄皇子《さかのひこひとのおおえのみこ》の子である田村皇子。もう一人は聖徳太子の子である山背大兄《やましろのおおえの》王《みこ》。二人とも皇位を継ぐ有力候補だった。

推古天皇は、二人にそれぞれ遺言をしたが、どちらが皇位を継ぐべきか明言しなかった。そのために、天皇の崩御後、どちらを後継者にすべきか群臣の間でも意見が分かれた。

最後は、大臣の蘇我蝦夷《そがのえみし》（蘇我馬子の子）と群臣が田村皇子に皇位につくよう要請し、皇子もはじめは辞退したものの、これを聞き入れた。こうして田村皇子が即位した（舒明天皇）。

ところが、この決定の過程で蝦夷と山背大兄王の間に溝ができた。

舒明天皇は外交に力を注ぎ、六三〇年（舒明二）に遣唐使を派遣した。また、新羅、高麗、百済などとの交流を盛んに行った。

六四一年（舒明十三）、舒明天皇は百済宮（奈良県橿原市飯高町）で崩御した。

第三十五代 皇極天皇《こうぎょく》

御名・異名 宝、天豊財重日足姫尊《あめとよたからいかしひたらしひめのみこと》 生没年 五九四（六四二〜六四五）六六一（六十八歳） 在位 四年 父 茅渟王 母 吉備姫王《きびつひめのおおきみ》（欽明天皇の孫）

舒明天皇は生前、子の天命開別皇子《あめのみことひらかすわけのみこ》（中大兄皇子《なかのおおえのみこ》のちの天智天皇）を皇太子に立てていた。皇子は舒明天皇の殯《もがり》（埋葬までの間、死体を安置して儀礼を行うこと）のときに、十六歳で霊に向かって「しのびごと」（故人を偲んで述べることば。弔辞）を述べた。

しかし、皇位を継ぐには若過ぎると判断されたのか、即位したのは舒明天皇の皇后である宝皇女だった（皇極天皇）。

皇極天皇の時代は異常気象が頻繁に現れ、長雨や日照りが続いたり暖冬や冷夏になったりした。六四二年（皇極元）にも日照りが続き、牛馬を殺して諸社の神に祈ったり河の神に祈ったりしたが、雨乞いの効き目はなかった。蘇我蝦夷もたくさんの僧を集め、雨乞いのための読経をさせたが、たいした効果はなかった。

そんななか、天皇は南淵（明日香村）の川上で、自ら跪き四方を拝し、天を仰いで祈った。すると雷が鳴り、大雨が降った。雨は五日間降り続け、国中の農民はみな喜び、「たいへんな徳をお持ちの天皇だ」といったという。

皇極天皇は先代にならい蝦夷を大臣としたが、もっぱら政治を行ったのは蝦夷の子の入鹿《いるか》だった。その権勢は父の蝦夷よりも強かったという。その蘇我氏の専横が頂点に達したのが皇極天皇の時代だった。

六四二年（皇極元）、蝦夷は自分の祖廟を葛城の高宮に建て、天子にしか許されていない「八佾《やつら》の舞」という行事を行った。また、多くの人民を使って、蝦夷と入鹿のために双墓《ならびのはか》（大小二つの円墳を連接した古墳）を造らせた。さらに、翌六四三年（皇極二）、蝦夷はひそかに紫の冠を入鹿に授け、大臣になぞらえた。

その入鹿は、古人大兄皇子《ふるひとのおおえのみこ》（中大兄皇子の異母兄）を天皇にしようと企てた。そして同年十一月、入鹿は皇位継承の有力候補であった山背大兄王を殺そうとして斑鳩に兵を送った。山背大兄王は、いったんは逃げ延びたものの、再び斑鳩に戻り、子弟妃妾《うからみめ》とともに自決した。

そんな蘇我氏の専横が続くなか、日本の将来を憂えた二人の人物が知り合い、思いを一つにした。一人は中大兄皇子であり、もう一人は中臣鎌子（のちの中臣鎌足）である。

六四五年（皇極四）六月、中大兄皇子と鎌子は入鹿の暗殺を企て、入鹿をだまして大極殿に呼び出した。そして、蘇我倉山田石川麻呂《そがのくらやまだいしかわまろ》がにせの「三韓の上表文」を読んでいるときに、中大兄皇子と臣下の者が入鹿に襲いかかり、斬り殺した。

このとき、計画では臣下の者が入鹿に襲いかかるはずだったが、恐れたじろいで動くことができなかった。倉山田石川麻呂は臣下の者が現れないので全身から汗が吹き出て、声は乱れ手が震えた。すると、それを見た入鹿が「なぜ震えているのか？」と問うと、倉山田石川麻呂は「天皇のおそばに近いので恐れ多くて汗が流れるのです」と答えたという。

そして、ついにたまりかねた中大兄皇子が自ら剣を抜いて「やあ」と大声を発して斬りかかった。

中大兄皇子と臣下の者に斬りつけられた入鹿は、天皇がいた御座の下に転げながらにじり寄って、「私にどんな罪があるのでしょうか」といった。天皇は非常に驚き、中大兄皇子に「これはいったい何事か」と問うと、皇子は地に伏して「入鹿は皇室を滅ぼし、皇位を傾けようとしています」と訴えた。

その後、中大兄皇子は法興寺に入り、蝦夷の攻撃に備えた。また、蝦夷に味方しようとした軍勢に使者を送り、思いとどまらせた。こうして、追いつめられた蝦夷は自害し、蘇我氏本宗家は滅んだ。

第三十六代　孝徳天皇《こうとく》

御名・異名 軽《かる》（皇極天皇の弟）、天万豊日尊《あめよろずとよひのみこと》 生没年 五九六（六四五～六五四）六五四（五十九歳） 在位 十年 父 茅渟王 母 吉備姫王 皇后 間人《はしひとのひめみこ》皇女（舒明天皇の皇女）

蘇我蝦夷、入鹿の父子が殺されると、皇極天皇は皇位を子の中大兄皇子に譲ろうとした。ところが、中大兄皇子は皇位を受けず、皇極天皇の弟の軽皇子を推薦した。こうして軽皇子が即位した（孝徳天皇）。

孝徳天皇は有名な「大化の改新」の時代の天皇であり、難波遷都、冠位の改定、評《こおり》制の実施など多くの事績を遺した。しかし、政治の中心に立ち国政の改革を行ったのは、皇太子になった中大兄皇子と、その腹心で内臣《うちつおみ》になった中臣鎌足の二人である。

新政権は発足するとすぐに飛鳥寺の大槻の下に群臣を集め、孝徳天皇への忠誠を誓わせた。また、「大化」という年号を立てた。大化とは「天子の広大な徳を人民に及ぼす」という意味の言葉であり、これが日本の年号の初めである。さらに、十二月には都を大和から難波に遷した。

六四六年（大化二）正月一日には、四か条からなる「改新の詔」が出されたが、正月一日に国政の改革に関わる詔が出されるのは異例のことだった。それだけ改革にかける新政権の意気込みは熱かったのだろう。

新政権は、従来の氏姓制度による皇室や豪族の支配に代わるものとして、中国の律令制度にならった中央集権的・官僚制的な支配体制をめざした。しかし、入鹿の暗殺から数か月の間に打ち出された急激な改革は、周囲に不満や反感を呼ぶことにもなった。

六四五年（大化元）には、入鹿を後ろ楯としていた古人大兄皇子の反乱計画を密告する者が現れ、中大兄皇子は部下に古人大兄皇子を奇襲させ、古人大兄皇子とその一族を滅ぼした。

また、六四九年（大化五）には、右大臣の蘇我倉山田石川麻呂による中大兄皇子殺害計画が密告され、追いつめられた石川麻呂が自殺し、妻子もあとを追った。だが、これは濡れ衣だったことがのちに明らかになっている。

翌六五〇年（大化六）、穴戸国《あなとのくに》（長門国）が白い雉を奉ると、朝廷はこれを瑞祥《ずいしょう》（めでたいしるし）とし、年号を「白雉《はくち》」に改元したが、これが日本最初の改元である。そして、この年の十二月、孝徳天皇は新しい宮である難波長柄豊碕宮にうつった。

ところが、その後、孝徳天皇と中大兄皇子の間に溝が生じるようになり、中大兄皇子は都を大和に戻したいといい出した。天皇が反対すると、中大兄皇子は皇極上皇や弟の大海人皇子、さらには天皇の皇后（間人皇女）らを連れて大和に戻ってしまった。

翌六五四年（白雉五）、失意の孝徳天皇は病気になり、孤独のなかで息を引き取った。

第三十七代　斉明《さいめい》天皇

御名・異名 宝、天豊財重日足姫尊　生没年 五九四（六五五～六六一）六六一（六十八歳）　在位 七年　父 茅渟王　母 吉備姫王

孝徳天皇が崩御したあとも、天皇の有力候補だった中大兄皇子は皇位を受けず、六五五年（斉明元）、皇極上皇が重祚《ちょうそ》（退位した天皇が再び即位すること）した（斉明天皇）。これが重祚の初めての例である。天皇は蘇我入鹿暗殺の舞台となった飛鳥《あすか》板蓋宮《いたぶきのみや》で即位した。ところが、その冬に宮殿が罹災《りさい》し、一時、都を飛鳥川原宮に遷した。その後、六五六年（斉明二）、後飛鳥岡本宮《のちのあすかおかもとのみや》に遷した。

斉明天皇の時代、有間皇子《ありまのみこ》（孝徳天皇の皇子）が蘇我赤兄《そがのあかえ》にそそのかされて謀反をはかり、捕らえられた。有間皇子は天皇のいた紀伊に送られ、そこで中大兄皇子が尋問すると、「天と赤兄が知っているでしょう。私はまったくわかりません」と答え、藤白坂で処刑された。外交では、六六〇年（斉明六）、新羅が唐と連合して百済を滅ぼした。百済の要請を受けた天皇は、翌六六一年（斉明七）、救援のために中大兄皇子を従え出陣した。そして、筑紫の朝倉宮にうつったが、そこで崩御した。

第三十八代　天智天皇《てんじ》

御名・異名　葛城《かずらき》、中大兄、天命開別尊　生没年　六二六（〈称制六六一〉六六八～六七一）六七一（四十六歳）　在位　（称制七年）四年　父　舒明天皇　母　皇極・斉明天皇　皇后　倭姫王《やまとひめのおおきみ》（古人大兄皇子の娘）

斉明天皇が崩御したあとも、中大兄皇子は即位せず、喪服の白い麻衣を着て政務を執り続けた。このように、新帝が即位の儀を行わずに政務を執ることを「称制」という。

六六三年（天智二）六月、百済の王・豊璋《ほうしょう》が重臣の鬼室福信《きしつふくしん》を謀反の疑いで斬り殺した。すると、新羅がこのときとばかりに百済に攻め入った。皇子は百済を救うために大軍を送り、八月二十七日、白村江《はくすきのえ》（「はくそんこう」ともいう）で唐・新羅連合軍と戦った。白村江は朝鮮西南部を流れる錦江の古名である。この「白村江の戦い」で日本軍は大敗し、撤退を余儀なくされ、百済は滅亡した。

しかし、唐は日本とは友好関係を結びたかったようで、翌六六四年（天智三）五月、百済の占領軍司令官の地位にあった唐の武官・劉仁願《りゆうじんがん》が、日本に使者を遣わし上表文と献物を献上した。それでも皇子は、警戒心をゆるめることなく、対馬、壱岐、筑紫などに防人《さきもり》と烽《とぶひ》を置き、唐の侵攻に備えた。防人とは辺境を防備する兵である。また、烽とは「のろし台」のことであり、国境に何か異変が起きたときに煙を立てて通信した。

さらに皇子は、筑紫に大きな堤を築いて、水を貯えた。これを「水城《みずき》」といった。

六六七年（天智六）三月、皇子は外敵の襲来に備えるために都を近江の大津宮に遷した。しかし、この遷都は人民に歓迎されなかったので、遠まわしにいさめる者が多かった。また、「童謡《わざうた》」も多かったという。童謡とは元は子どもの歌謡であったが、風刺や異変の前兆を歌うものである。

歴代の天皇が都をかまえた大和の地を離れ、片田舎の近江に都を遷したことが、人民に理解されなかったのだろう。

のちに歌人・柿本人麻呂は、廃墟となった近江の都に立ち寄り、歌をつくった。そのなかで、「いかさまに思ほしめせか（どのように思われたのか）」といって、遷都した天智天皇の心情をしのんでいる。

六六八年（天智七）一月、その大津宮で皇子は正式に即位した（天智天皇）。父・舒明天皇の時代に皇太子になって以来、実に二十年以上も皇太子のまま政務を執り続けたが、ここでようやく皇位についたわけである。

六六九年（天智八）十月、腹心として常に天皇を支えてきた中臣鎌足が病のため亡くなった。享年五十六。天皇は鎌足を病床に見舞い、「望むことがあれば何でもいうがよい」といった。すると鎌足は、「私の葬儀は簡素にしていただきたい」と答えたという。

天皇は、亡き鎌足に「大織冠《だいしきのこうぶり》」と大臣の位を授けた。大織冠とは「たいしょくかん」ともいい、最高の冠位のことである。古代、この冠位を授けられたのは鎌足ただ一人であり、ゆえに鎌足の異名ともなった。

天皇はまた、鎌足に「藤原」の姓《うじ》をたまわった。これが藤原氏の起源であり、のちに鎌足の子孫が永きにわたり栄華を誇ることになる。

天皇の政治では、六六八年（天智七）に「近江令」二十二巻が完成し、六七一年（天智十）から施行された。近江令は「飛鳥浄御原令」とともにのちの「大宝律令」の基礎となった法典である。また、六七〇年（天智九）に「庚午年籍《こうごねんじゃく》」と呼ばれるわが国で最初の全国的な戸籍が制定された。

六七一年（天智十）、天皇は「漏剋《ろこく》」を新しい台の上に置き、初めて時を知らせた。漏剋とは「水時計」のことであり、中国では古くから使われていた。銅壺にたたえた水が孔から漏出《ろうしゅつ》することで、時を刻む目盛りが現れるしかけになっている。

この漏剋を、天皇は斉明天皇の皇太子時代に自分でつくっていたが、天皇になって本格的に人民に時を知らせることにしたのだろう。

その年の正月、天皇は大友皇子《おおとものみこ》（のちの弘文天皇）を太政大臣とした。太政大臣は近江令によって制定された最高の官であり、天皇に代わって国政を統理《とうり》する、現代でいえば総理大臣にあたる職である。

天智天皇は大友皇子にこの要職を授けたが、先に即位した際に自分の弟の大海人皇子を皇太子に立てていた。そのため、この大友皇子の太政大臣任命がのちに災いを呼ぶことになる。

同年九月、天皇は病気になり、翌月、病状が重くなると、大海人皇子を呼んだ。そして、「私の病は重いので、あとのことをおまえに任せたい」といった。ところが大海人皇子は、「天皇には皇后（倭姫王）を立て、政治は大友皇子が行うのがよろしいでしょう。私は天皇のために出家して仏道の修行をしたい」と答え、即位を辞退した。

天皇が大海人皇子の申し出を許すと、大海人皇子は頭髪をおろし、沙門《ほうし》の姿になった。そして、仏道の修行をしに吉野へ向かった。

十二月、天皇が大津宮で崩御すると、大海人皇子の所を得ていない苦しい心情を比喩的に風刺する童謡がつくられた。それはまた、やがて訪れる内乱を予言した歌でもあった。

第三十九代　弘文《こうぶん》天皇

御名・異名 伊賀《いが》、大友　生没年 六四八（六七一？～六七二？）六七二（二十五歳）　在位 八か月？　父 天智天皇　母 伊賀采女宅子娘《いがのうねめやかこのいらつめ》　皇后 十《とお》市《ち》皇女《ひめみこ》（天武天皇の皇女）

大友皇子が即位したことを伝える確かな記録や史料はのこされていない。正史といわれる『日本書紀』にも「弘文天皇」の巻はない。ところが、平安時代以降の文献の記述などを根拠に、一八七〇年（明治三）、明治天皇が弘文天皇という諡号を贈り、歴代天皇に加わることになった。

奈良時代の漢詩集『懐風藻』によると、大友皇子は容貌風采が立派で、博学であった。また、文武の才に秀で、人望が厚かったという。

六七一年（天智十）正月、天智天皇の弟で皇太子の大海人皇子が吉野へ向かう際、左大臣の蘇我赤兄臣や右大臣の中臣金連《なかとみのかねのむらじ》らが見送ったが、ある者が「虎に翼をつけて放つようなものだ」といった。

その危惧は的中し、翌年六月、大海人皇子は、大友皇子を擁する近江朝が自分を亡き者にしようとしていると思い、戦いを決意した。こうして、大友皇子と大海人皇子の間で、皇位継承をめぐる戦いが約一か月にわたって繰り広げられた。これが古代史上最大の内乱といわれる「壬申の乱」である。

最後は、大友皇子が追いつめられ、自害した。享年二十五。

第3章

律令国家の完成から平安遷都へ

日本古代史の最大の内乱である「壬申の乱」に勝利した第四十代天武天皇は、国際的な危機意識と自身の卓越したリーダーシップにより、天皇を中心とした強力な統治体制の確立をめざした。その方針は持統天皇にも受け継がれ、国号も倭から「日本」へと改められた。東大寺の大仏の造営で知られるように、第四十五代聖武天皇をはじめとするこの時代の歴代天皇は仏教への帰依が深く、全国に寺院が建てられた。第四十八代称徳天皇が崩御すると、それまで続いていた天武天皇の血統ではない天智天皇の孫である光仁天皇が即位した。その子の桓武天皇は都を平安京に遷し、平安時代の幕が開けられた。本章では、律令国家の完成から平安遷都による新しい時代までに皇位についた、天武天皇から第五十五代文徳天皇までの歴代天皇の事績を伝える。

第四十代 天武《てんむ》天皇

御名・異名 大海人、天渟中原瀛真人尊《あまのぬなはらおきのまひとのみこと》 生没年 六三一？・（六七三～六八六）六八六（五十六？歳） 在位 十四年 父 舒明天皇 母 皇極・斉明天皇 皇后 鸕野讃良皇女《うののさららのひめみこ》（天智天皇の皇女、持統天皇）

六七二年（天武元）、大海人皇子は飛鳥に新しい宮殿を建て、その冬、都を遷した。これがのちに飛鳥浄御原宮《あすかきよみはらのみや》と称された宮殿である。その翌年の六七三年（天武二）、大海人皇子はその飛鳥浄御原宮で即位した（天武天皇）。

天武天皇は生まれつきすぐれた素質をもち、成人になると雄々しく武徳にすぐれた人になった。また、天文や占星術をよく行ったという。

天皇の天文や占星術への関心は、壬申の乱の渦中においてもいかんなく発揮された。天皇の軍勢が吉野を発ち、東国《あずまのくに》に向かったときのことである。横川という所に着こうとするころ、空に黒雲が広がり天を覆った。すると天皇は、筮竹《ぜいちく》（占いに使う竹）を取り出し、自ら占った。そして、「これは天下が二つに分かれるしるしだ。しかし、最後は私が天下を取るだろう」といった。

即位後の六七六年（天武五）にも、天文の観察や吉凶を占うための占星台を初めて建てており、その関心の深さがうかがえる。

天皇はまた、壬申の乱の際にアマテラスオオミカミ（天照大神）を遠くから拝み、戦に勝利した。そのため即位後、大来皇女《おおくのひめみこ》を伊勢神宮の斎王とした。斎王とは「いつきのみこ」ともいい、伊勢神宮に奉仕する天皇の未婚の皇女をいう。天皇は神祇の復興にも力を注ぎ、六八一年（天武十）には諸国の神社の社殿を修理させている。

その一方で、仏教をも敬い、六七三年（天武二）に川原寺で初めて「一切経」の写経を始めた。

また、六八〇年（天武九）に皇后の鸕野讃良皇女が病気になると、その平癒のために薬師寺の建立を発願した。ちなみに、その薬師寺が完成するのは、文武天皇の時代である。

六八一年（天武十）、天武天皇は、天智天皇が制定した近江令をさらに整備しようとして、新しい法典の制定を宣言した。こうしてつくられたのが「飛鳥浄御原令」である。

天武天皇はまた、同年、国史の編纂に着手した。歴代天皇の系譜である「帝紀」や諸種の説話などを検討し、史実を確定して記録するよう命じたのである。これによって、のちにわが国最古の歴史書である『古事記』『日本書紀』が成立することになる。

天武天皇はさらに、六八四年（天武十三）、諸氏の姓《かばね》を改めて、真人《まひと》、朝臣《あそん》、宿禰《すくね》、忌寸《いみき》、道師《みちのし》、臣《おみ》、連《むらじ》、稲置《いなき》という「八色《やくさ》の姓」を制定した。

これは伝統的な姓制度を再整備し、皇室との系譜上の距離によって諸氏族を再編成するねらいがあった。

このように天武天皇は、天智天皇が進めた改新の政治をさらに発展、整備しながら、天皇・皇族を中心とした強力な統治体制の確立をめざした。

ところが、六八五年（天武十四）九月、天武天皇は病気になった。そこで、三日間、川原寺や飛鳥寺などで誦経《ずきょう》させ、寺に稲を納めた。十一月には法蔵法師がオケラの煎じたものを献上した。また、同月、天皇の魂が遊離しないよう招魂《みたまふり》（鎮魂祭）も行った。

さらに、翌年の六八六年七月、年号を「朱鳥《あかみとり》」に改めた。これもまた天皇が赤色を重んじたことから、病気の平癒を祈った改元だった。

その後も、天皇のためにさまざまなことが行われたが、同年九月、天皇の病気はついに平癒することなく、崩御した。

第四十一代　**持統《じとう》天皇**

御名・異名 鸕野讚良、高天原広野姫尊《たかまのはらのひろのひめのみこと》、大倭根子天之広野日女尊《おおやまとねこあめのひろのひめのみこと》
生没年 六四五（〈称制六八六〉六九〇〜六九七）七〇二（五十八歳） 在位（称制四年）八年 父天智天皇 母蘇我遠智娘《そがのおちのいらつめ》（蘇我倉山田石川麻呂の娘）

大海人皇子の妃であった鸕野讚良皇女は、皇子に従い吉野に入った。大海人皇子が戦を決意し吉野を発ち、東国に向かったあとも、皇子に従った。そして、鸕野讚良皇女は大海人皇子とともに作戦を練ったという。

六七三年（天武二）、大海人皇子が即位し（天武天皇）、鸕野讚良皇女は皇后に立った。皇后になったあとも、いつも天皇を助け天下を安定させ、常に政治の面でも助言し、補佐することが多かったという。

このように、皇后は政治についても高い能力を備え、六八六年（朱鳥元）九月に天武天皇が崩御したあと、即位の式は挙げなかったが、政務を執り続けた。いわゆる「称制」（新帝が即位の儀を行わずに政務を執ること）である。

同年十月、天武天皇の皇子である大津皇子《おおつのみこ》の謀反が発覚し、持統天皇は皇子を処刑した。大津皇子の母は大田皇女《おおたのひめみこ》といい、天皇の姉にあたる。大津皇子は文武にすぐれ、政治にたずさわり、天武天皇を助けた。周囲からの人望も厚く、皇太子の草《くさ》壁皇子《かべのみこ》（持統天皇の皇子）に次ぐ地位にあった。その大津皇子は草壁皇子と対立していたが、謀反の真相は不明である。

大津皇子の享年は二十四。妃の山辺皇女《やまのべのひめみこ》（天智天皇の皇女）は髪を振り乱し、裸足で走っていって殉死したという。天皇にすれば、我が子の皇位継承を脅かす存在がなくなったことで一安心したところかもしれないが、三年後の六八九年（持統三）に草壁皇子が亡くなった。草壁皇子の享年も二十八という若さである。草壁皇子は皇太子として天皇を補佐し、皇位を継ぐものと思われていただけに、天皇の悲しみもひとしおだったにちがいない。

六八九年（持統三）、天皇は飛鳥浄御原令《あすかきよみはらりょう》を施行し、国号をそれまでの「倭」から「日本」に改めた。

六九〇年（持統四）、天皇は正式に即位した（持統天皇）。持統天皇は新しい宮殿の造営に着手し、六九四年（持統八）に藤原宮が完成すると、都を遷した。新しい都の藤原京は大和三山に囲まれ、日本で初めて条坊制（東西・南北に走る道路で区画する制度）を採用した都城である。

持統天皇の時代には、重要な祭儀が相次いで行われた。一つは六九〇年（持統四）に行われた伊勢神宮の内宮の「式年遷宮」である。式年遷宮とは、神宮の正殿をはじめ諸殿舎を二十年ごとに新たに造り替え、殿内の装束・神宝をすべて新調して大神を遷す、神宮の重要な儀式をいう。その発端は、天武天皇が壬申の乱の際に神宮に戦捷祈願したことにはじまり、持統天皇が先帝の意志を継いで行ったものだ。

六九二年（持統六）には外宮の式年遷宮も行われた。以来、室町時代後期に内乱のために百年ほど中絶したが、それを乗り越えて今日まで千三百年もの長きにわたって続けられている。

もう一つの重要な祭儀は、六九一年（持統五）十一月に行われた「大嘗祭《おおにえのまつり》」である。大嘗祭とは、「だいじょうさい」ともいわれ、天皇が即位したあと公民が耕作した稲を皇祖神に供え、天皇も共食する一世一代の収穫祭のことをいう。『日本書紀』によれば、六七三年（天武二）に天武天皇が大嘗祭を行ったと記されているが、持統天皇の時代に飛鳥浄御原令によって制度的に確立された。

天皇は在任中、弱者へ施しをすることが多かった。身寄りのない者や老齢者などに布帛《ぬのきぬ》を賜ったり、高麗や新羅の渡来人に土地や食糧を与え生活できるようにしたりした。六九七年（持統十一）、天皇は皇太子の軽皇子（草壁皇子の皇子、次の文武天皇）に皇位を譲った。

第四十二代 文武《もんむ》天皇

御名・異名 軽《かる》（珂瑠）、天之真宗豊祖父天皇《あまのまむねとよおおじのすめらみこと》、倭根子《やまとねこ》豊祖父天皇《とよおおじのすめらみこと》

生没年 六八三（六九七〜七〇七）七〇七（二十五歳） **在位** 十一年 **父** 草壁皇子（岡宮天皇） **母** 阿陪《あべの》（阿閇）皇女《ひめみこ》（天智天皇の皇女、元明天皇）

皇夫人 藤原宮子（藤原不比等の娘）ほか

六九七年（持統十一）、持統天皇は孫の軽皇子に皇位を譲った（文武天皇）。しかし、即位した文武天皇は十五歳だったので、持統天皇は「太上天皇《だいじようてんのう》（上皇）」と称し、天皇を後見した。これが太上天皇の最初である。

文武天皇は天性ゆったりとした性格で、恵み深く、怒りを外に表すことがなかったという。また、儒教や歴史の書物を読み、とくに弓を射るのが上手だったというから、まさに文武両道に秀でた天皇だったのだろう。

天皇の最大の事績は、七〇一年（大宝元）の「大宝律令」の撰定である（施行は七〇二年）。天皇は飛鳥浄御原律令をさらに拡充整備するために、七〇〇年（文武四）三月に藤原不比等らに改定作業を命じた。その一年後、対馬から金が出たという話

があり、それを瑞祥《ずいしょう》として年号を「大宝」に改めた。

天皇の時代は日照りの日が多く、しきりに雨乞いの儀式を行った。水不足による凶作、飢饉、疫病も頻繁に起こった。そのたびに天皇は、食糧を与えたり納税（稲）を軽減したりした。また、疫病の報告を受けると、医師と薬を送り病人を救った。

六九九年（文武三）、役小角《えんのおづぬ》を伊豆に流した（流罪）。小角は役行者《えんのぎょうじゃ》ともいわれる呪術者で、後世「修験道の開祖」といわれた人物である。この小角が呪術によって世人を妖惑《ようわく》したとして流刑に処した。

七〇〇年（文武四）に道昭《どうしょう》和尚が亡くなった。道昭は玄奘三蔵《げんじょうさんぞう》を師として修行し、斉明天皇の時代に帰国した。道昭の教えをこう者が多かったが、その葬儀は遺言により「火葬」によって行われた。これが日本における火葬の始まりといわれている。

七〇二年（大宝二）十二月に太上天皇（譲位した持統天皇）が崩御した。太上天皇は死を前に、喪服を着ることや死者を悼んで泣き叫ぶ儀式を禁じたほか、役人は通常どおり任務を行い、葬儀は倹約するよう遺詔《いしょう》したという。

七〇七年（慶雲四）六月、文武天皇は崩御した。天皇もまた、死者を悼んで泣き叫ぶ儀式は三日間、喪服を着るのは一か月だけにするよう遺詔したという。

第四十三代 元明《げんめい》天皇

御名・異名 阿陪《あべ》（阿閇）、日本根子《やまとねこ》天津《あまつ》御代《みしろ》豊国成姫《とよくになりひめの》天皇《すめらみこと》 生没年 六六一（七〇七〜七一五）七二一（六十一歳） 在位 九年 父 天智天皇
母 蘇我姪娘《そがのめいのいらつめ》（蘇我倉山田石川麻呂の娘）

文武天皇には首皇子《おびとのみこ》（のちの聖武天皇）という皇子がいたが、崩御したときにはまだ七歳だった。そこで、天皇の母の阿陪皇女が即位した（元明天皇）。元明天皇は礼節を重んじ、当時、役人たちの間で礼節が失われつつあるのを糾弾し、悪習を改めさせた。また、人民を差別なく救うことを優先し、政治を行った。

七〇八年（和銅元）正月、武蔵国の秩父から和銅（自然銅）が献上され、天皇はこれを瑞祥《ずいしょう》とし、年号を「和銅」に改めた。そして、「和銅開珎《わどうかいちん》（「わどうかいほう」ともいう）の銀銭と銅銭を鋳造し、使用させた。

七一〇年（和銅三）三月、藤原京から、平城京《へいじょうきょう》（現在の奈良市西方の一帯）に都を遷した。平城京も藤原京と同じく中国式の都城であった。現在、藤原京は十条×十坊と考えられており、平城京は藤原京ほど広くはなかった。

第四十四代 元正《げんしょう》天皇

御名・異名　氷高《ひだか》、新家《にいのみ》、日本根子高瑞浄足姫天皇《やまとねこたかみずきよたらしひめのすめらみこと》　生没年　六八〇（七一五～七二四）七四八（六十九歳）　在位　十年　父　草壁皇子　母　元明天皇

元明天皇の皇女である氷高内親王が母から皇位を譲られ、即位した（元正天皇）。元正天皇は考えが奥深く、言葉が礼法にかなっていたという。

元正天皇は、国家が栄え、よく治まるためには人民が富まなくてはならないと考え、産業を奨励した。そのためには、水田耕作だけでなく畑を大切にし、稲と麦をともに植えるよう勧めた。

七一七年（霊亀三）九月、元正天皇は美濃国当耆郡《たきのこおり》に行幸し、多度山《たどさん》（養老山）の泉で手や顔を洗ったところ、肌が滑らかになった。また、痛いところを洗うと、痛みがなくなったという。そこで天皇はこれを瑞祥《ずいしょう》として、十一月、年号を「養老」と改めた。

七一八年（養老二）、元正天皇は大宝律令を改訂し「養老律令」を撰定した（施行

は七五七年）。また、七二〇年（養老四）には『日本書紀』を完成させた。さらに、七二三年（養老七）には『三世一身法《さんぜいっしんのほう》』を制定し、開墾を奨励した。

七二四年（神亀元）二月、元正天皇は皇位を皇太子の首皇子（のちの聖武天皇）に譲った。

第四十五代　聖武《しょうむ》天皇

御名・異名　首《おびと》、天璽国押開豊桜彦尊《あめしるしくにおしはらきとよさくらひこのみこと》、勝宝感神聖武皇帝《しょうほうかんしんしょうむこうてい》　生没年　七〇一（七二四～七四九）七五六（五十六歳）　在位　二十六年　父　文武天皇　母　藤原宮子　皇后　藤原安宿媛《あすかべひめ》（光明子《こうみょうし》、光明皇后、藤原不比等の娘）

文武天皇の皇子として生まれた首皇子は、七歳のときに天皇が崩御したため、すぐには皇位を継ぐことがなかった。七一四年（和銅七）、十四歳で皇太子となったが、皇位は皇子の祖母（元明天皇）や伯母（元正天皇）が継ぎ、皇子の成長を待った。そして、七二四年（神亀元）二月、二十四歳になった首皇子が即位した（聖武天皇）。

聖武天皇は仏教を深く信仰し、七四一年（天平十三）には国分寺の建立を命じ、七四七年（天平十九）には東大寺の大仏（盧舎那仏）の鋳造を始めた。国分寺は、その名が現代にものこっているが、奈良時代の国ごとに置かれた官製の寺である。鎮護国家・鎮災致福を説く仏教を人民の精神的支柱として、中央集権を強化しようとした。

東大寺の大仏の造営には、七十万両（一万トン余り）の銅を要したといわれている。七四九年（天平二十一）二月、陸奥国から日本で初めて金が産出し、献上された。天皇はこれを喜び、四月に東大寺に行幸し、大仏を拝んで自らを「三宝《ほとけ》の奴《やっこ》」と称し、産金に感謝した。そして、年号を「天平感宝」に改めた。

こうした天皇の仏教への信仰もあり、この時代は仏教が大いに興隆した。

また聖武天皇の時代は、天皇・皇族を中心とする政治が行われたが、それを揺るがすような事件があった。七二九年（神亀六）二月、左大臣の長屋王《ながやおう》が呪詛を行い、国家を傾けようとした、という密告があった。

この密告により長屋王は軍に家を囲まれ自尽したが、のちに、この事件は誣告《ぶこく》によることが判明した。これが「長屋王の変」といわれる事件である。

長屋王は高市皇子（天武天皇の皇子）の子であり、皇親勢力の中心人物である。その長屋王が左大臣に任命され実権を握ったことは、これから権勢を広げようとする藤原氏にとって決して喜ばしいことではなかった。そのため、この事件は藤原氏の陰謀とも考えられている。

また、天皇が即位したとき母の宮子（藤原不比等の娘）に「大夫人」の尊称を与えようとしたが、これに異議を唱えたのが長屋王だった。長屋王は『公式令』の規定に反するとし、「皇太夫人」と改めさせた。こうした長屋王の清廉さは、権勢を拡大

聖武天皇

しようとする藤原氏にとって目障りな存在であった。

この年の六月、甲羅に「天王貴平知百年」(天皇の政治は貴く平和で百年続く)と読める文言が記された亀が献上され、天皇はこれを大瑞《たいずい》だとして年号を「天平」に改めた。

同年八月、安宿媛《あすかべひめ》(藤原不比等の娘)が皇后に立てられた。これまで皇后は皇族から立つことが慣習となっていたが、天皇はその慣習を破り、安宿媛を立てた。

皇后は光明子《こうみょうし》、光明皇后ともいい、仏教を深く信じた。その慈悲の心から、七三〇年(天平二)、皇后宮職《こうごうぐうしき》(皇后の付属機関)に「施《せ》薬院《やくいん》」を設け、貧しい病人に薬を与えた。また、この年、貧窮者や孤児の救済施設である「悲田院《ひでんいん》」を設置した。

七三七年(天平九)、疫病が流行し、不比等の子である武智麻呂《むちまろ》、房前《ふささき》、宇合《うまかい》、麻呂《まろ》が相次いで病死した。四人はそれぞれ南家（武智麻呂）、北家（房前）、式家（宇合）、京家（麻呂）という藤原四家の祖である。このうち南家、式家、京家はまもなく衰退したが、北家はのちに冬嗣《ふゆつぐ》、良房《よしふさ》らが出て栄え、藤原氏の主流となった。

聖武天皇は同年の春以来、疫病や旱魃によって多くの人民や役人が死んだことに深く心を痛め、その災厄が自分の不徳のいたすところだと詔《みことのり》した。そして、人民のために免税措置をとった。

七四〇年（天平十二）、藤原広嗣《ひろつぐ》が大宰府で挙兵した。広嗣は先に疫病で亡くなった宇合の子で、藤原氏の有力人物が相次いで亡くなり、代わりに橘諸兄《たちばなのもろえ》や僧玄昉《げんぼう》、吉備真備《きびのまきび》などが重用されたことから、藤原氏の劣勢をはね返そうとした。しかし、広嗣は追討軍に滅ぼされ、処刑された。ちなみに、玄昉は皇太夫人宮子の病を看護したことから信任を得て、政界にも権力をふるった。

七四九年（天平感宝元）七月二日、聖武天皇は皇位を皇太子の阿倍内親王に譲った（孝謙天皇）。同日、年号を「天平勝宝」に改めたが、一年に二度の改元はきわめて異例である。

第四十六代　孝謙天皇《こうけんてんのう》

御名・異名　阿倍、高野姫尊、宝字称徳孝謙皇帝《ほうじしょうとくこうけんこうてい》、法基尼　生没年　七一八（七四九～七五八）七七〇（五十三歳）　在位　十年　父　聖武天皇　母　藤原安宿媛

七三八年（天平十）、聖武天皇の皇女・阿倍内親王が皇太子に立った。初めての女性の皇太子である。その十一年後、天皇から皇位を譲られ、即位した（孝謙天皇）。

このとき孝謙天皇は三十二歳だったが、聖武天皇が上皇となり、引き続き政務を見た。また、七五六年（天平勝宝八）に聖武上皇が崩御したあとは、母の光明皇后が後見した。

孝謙天皇は国を治める基本は「孝」であるとし、家ごとに「孝経」一巻を所蔵させた。また、天皇も先代同様、仏教への信仰が深く、七五二年（天平勝宝四）、東大寺の大仏が完成すると、開眼供養を行った。

孝謙天皇は自ら文武の官人を引き連れ、盛大な仏事を主催した。僧侶一万人の読

経のなか、波羅門僧《ばらもん》（インド人）の菩提僊那《ぼだいせんな》によって大仏の目が点じられた。その儀式はすばらしく、仏教伝来以降、かつてないほど大がかりな法会だったという。

七五三年（天平勝宝五）、唐の高僧・鑑真《がんじん》が日本に到着した。鑑真は東大寺に戒壇（授戒の儀式を行う壇）を設立し、聖武上皇や孝謙天皇に授戒した。

孝謙天皇は独身で皇子も皇女もいなかったために、皇位継承がこの時代の大きな問題になった。七五六年（天平勝宝八）、聖武上皇の遺詔により、道祖王《ふなどおう》（天武天皇の孫）が皇太子に任命されたが、翌年（天平宝字元）、服喪中《ふくも》にもかかわらずふしだらであったという理由で、皇太子を廃された。

そこで孝謙天皇は、皇太子を誰にすべきか群臣にたずねた。すると、藤原仲麻呂が大炊王《おおいおう》（天武天皇の孫、次の淳仁天皇）を推挙した。仲麻呂は、疫病で亡くなった武智麻呂の子で、兄の豊成が右大臣になったのに伴い、政界に進出してきた実力者である。

その仲麻呂には真従《まより》という息子がいたが、これが亡くなると、その妻を大炊王に娶らせ、自宅の田村第《たむらてい》に住まわせていた。つまり、仲麻呂は大炊王を皇太子にすることで、自らの権勢を拡大しようとしたわけである。

孝謙天皇の仲麻呂への信頼は大炊王を皇太子に立て、また平城宮の改修にあたり田村宮（田村第のこと）に移るほど、厚かった。その仲麻呂は紫微内相《しびないしょう》に任命された。皇后宮職を改称したものを「紫微中台《しびちゅうだい》」といい、紫微内相とは、その長官のことであり、軍事大権を含めた天皇大権の多くを代行する権力を仲麻呂は握ったのである。

こうして仲麻呂が台頭してくると、橘奈良麻呂（諸兄の子）がそれを廃そうとクーデターを計画した。しかし、計画は事前に密告され、一味は捕らえられ、奈良麻呂はその答弁書のなかで仲麻呂の失政を糾弾した。

翌年、孝謙天皇は皇位を皇太子に譲った。

第四十七代　淳仁《じゅんにん》天皇

御名・異名 大炊《おおい》、淡路公、淡路廃帝　**生没年** 七三三（七五八〜七六四）七六五（三十三歳）　**在位** 七年　**父** 舎人親王（崇道尽敬皇帝、天武天皇の皇子）　**母** 当麻山背《たいまのやましろ》（当麻老《たいまのおゆ》の娘）　**皇妃** 粟田諸姉《あわたのもろね》

孝謙天皇は皇位を皇太子の大炊王に譲り上皇となり、大炊王が即位した（淳仁天皇）。天皇の後ろ盾となったのが、実力者の藤原仲麻呂である。唐好みの仲麻呂は孝謙上皇に「宝字称徳孝謙皇帝」という称号を贈った。仲麻呂はまた、天皇から「恵美押勝《えみのおしかつ》」の姓名を与えられた。ところが、七六二年（天平宝字六）、孝謙上皇と淳仁天皇の関係が不和となり、上皇が再び執政権を握った。その後、上皇の押勝（藤原仲麻呂）に対する信頼も薄れ、七六四年（天平宝字八）九月、押勝は謀反を起こしたが、捕らえられ斬られた。翌月、孝謙上皇は淳仁天皇を捕らえ、帝位を廃し、淡路国に幽閉した。これにより、天皇は「淡路廃帝」と呼ばれるようになった。翌年（天平神護元）十月、淳仁天皇は幽閉先から脱出したが、捕らえられ、その翌日に亡くなった。歴代天皇に加えられたのは、一八七〇年（明治三）のことである。

第四十八代　称徳天皇《しょうとく》

御名・異名 阿倍、高野姫尊、宝字称徳孝謙皇帝《ほうじしょうとくこうけんこうてい》、法基尼《ほうきに》 生没年 七一八（七六四〜七七〇）七七〇（五十三歳） 在位 七年 父 聖武天皇 母 藤原安宿媛《あすかべひめ》

七六一年（天平宝字五）、孝謙上皇と淳仁天皇は、平城宮《ならのみや》を改造するために近江国の保良宮《ほらのみや》に移った。そこで上皇は僧道鏡と出会い、その後、朝廷は大きく揺らいでいった。

道鏡は河内の弓削《ゆげ》氏の出身（天智天皇の孫とする異説もある）。若いときに葛城山で修行し、験者として名声を得た僧である。その道鏡が保良宮で上皇を看病したことから、たちまち上皇の信任を得るようになったという。

その後も、孝謙上皇の道鏡への寵愛は一層大きくなり、再び執政権を握るようになった背景にも、道鏡の思惑がはたらいたと見られている。また、恵美押勝（藤原仲麻呂）の乱も、上皇に寵愛される道鏡を妬んだ押勝が、道鏡を排除しようとして失敗した事件である。

七六三年（天平宝字七）、孝謙上皇は少僧都《しょうそうず》（僧官の一つ）の慈訓《じきん》法師を解任し、その職に道鏡を新たに任命した。

そして押勝の乱のあと、上皇は道鏡を大臣禅師とし、出家した大臣が誕生した。七六四年（天平宝字八）、孝謙上皇は淳仁天皇の帝位を廃し、再び即位（重祚）した（称徳天皇）。称徳天皇は譲位後の七六二年（天平宝字六）に出家しており、仏門にありながら重祚するのはきわめて異例である。翌年、天皇は年号を「天平神護」と改めた。

同年十月、淡路廃帝（淳仁天皇）が亡くなると、称徳天皇は道鏡を太政大臣禅師とし、文武百官に礼拝させた。さらに天皇は、翌年（天平神護二）十月、道鏡を法王とした。法王は官の最高位であり、天皇に準ずるものである。こうして道鏡は法王にまでのぼりつめたが、称徳天皇の寵愛はまだ止まることをしらなかった。

七六九年（神護景雲三）九月、祭祀を司る者が道鏡に媚び、宇佐八幡宮の神のお告げと偽って「道鏡を皇位につければ天下は太平になる」といった。そこで称徳天皇は和気清麻呂を宇佐八幡宮に遣わし、神託を聞かせた。

すると、八幡大神から「わが国家は開闢より君臣の秩序は定まっている。臣下をもって君主とすることはいまだかつてなかった。皇位には必ず皇統の人を立てよ。無道の人は早く排除せよ」と神託があり、清麻呂はそのまま天皇に報告した。

道鏡は怒り、清麻呂の官職を解いて左遷した。また、称徳天皇も清麻呂の官籍を奪い、大隅国に配流《はいる》した。こうして道鏡の野望は砕かれたが、その後も天皇の寵愛は変わることなく続いた。

そんななか、七七〇年（宝亀元）八月、称徳天皇は崩御した。

第四十九代 光仁《こうにん》天皇

御名・異名 白壁《しらかべ》、天宗高紹天皇《あめむねたかつぎのすめらみこと》 生没年 七〇九（七七〇～七八一）七八一（七十三歳） 在位 十二年 父 施基皇子《しきのみこ》（春日宮天皇《かすがのみやのすめらみこと》、天智天皇の皇子） 母 紀橡姫《きのとちひめ》（紀諸人《きのもろひと》の娘） 皇后 井上《いのえ》内親王（聖武天皇の皇女）
皇夫人 高野新笠《たかののにいがさ》（和乙継《やまとのおとつぐ》の娘）ほか

称徳天皇が崩御すると、群臣は白壁王を皇太子に立てた。これまでしばらく天武天皇の子孫が天皇や皇太子になっていたが、白壁王は天智天皇の孫である。皇太子は、天皇が崩御し力を失った道鏡を下野国の薬師寺別当に左遷した。そして七七〇年（宝亀元）十月、即位した（光仁天皇）。御年六十二歳。また、年号を「宝亀」と改めた。

光仁天皇は、それまでの皇位継承をめぐる争いに巻き込まれないよう、酒を好きなだけ飲んでは行方をくらましてきた。そのために、災難にあうことがなかったという。ところが、七七二年（宝亀三）、井上皇后が皇太子の他戸《おさべ》親王《しんのう》を皇位につけるため光仁天皇を呪詛したとして皇后を廃された。また、他戸親王も皇太子を廃された。

翌年（宝亀四）正月、光仁天皇は山部《やまべ》親王（次の桓武天皇）を皇太子に立てた。また、同年、天皇は井上内親王と他戸親王を大和国宇智郡に幽閉した。

七八一年（天応元）四月、光仁天皇は山部親王に皇位を譲り、十二月、病のため崩御した。

第五十代　桓武《かんむ》天皇

御名・異名　山部《やまべ》、日本根子皇統弥照尊《やまとねこあまつひつぎいやてらすのみこと》、延暦帝、柏原帝　生没年　七三七（七八一〜八〇六）八〇六（七十歳）　在位　二十六年　父　光仁天皇
母　高野新笠　皇后　藤原乙牟漏《おとむろ》（藤原良継《よしつぐ》の娘）　皇妃　藤原旅子《たびこ》（藤原百川《ももかわ》の娘）ほか

光仁天皇から皇位を譲られた皇太子の山部親王が即位した（桓武天皇）。翌日、桓武天皇は皇太子に弟の早良《さわら》親王を立てた。桓武天皇の代から、践祚《せんそ》の儀（皇位のしるしの神器を受け継ぐ）と即位式（高御座《たかみくら》に昇って皇位についたことを臣下に表明する）とは分離し、践祚の儀のあとに即位式を行うようになった。ちなみに、現在の皇室典範に、「天皇が崩じたときは皇嗣が直ちに即位する」と定めているのは、皇位につくことを表現したもので、二つの儀礼の分離を否定したものではない。

桓武天皇は、光仁天皇の時代に中務卿《なかつかさきょう》に任じられ、官人生活を経験した。中務卿とは、天皇に侍従し、詔勅の文案や上表の受納を司る中務省《なかつかさしょう》の長官である。こうした経験もあって、天皇は親政をめざした。

桓武天皇

桓武天皇は新しい政治を行うために都を奈良から山城へ遷そうと考え、七八四年（延暦三）、長岡京の造営に着工した。この新京の造営を推進したのが、天皇の信任が厚かった藤原種継《たねつぐ》（藤原宇合の孫）である。

種継は天皇の信任を背景に造営を強行したが、大伴家持《おおとものやかもち》・継人《つぐひと》らが造営に反対した。そして、七八五年（延暦四）、種継が新京の造営工事を検分していると、継人ら反対派に襲われ、翌日、自邸で亡くなった。

この暗殺事件に皇太弟の早良親王が関係しているとされ、親王は皇太子を廃された。早良親王は乙訓《おとくに》寺に十日ほど幽閉されたが、その間、食を絶った。そうして体力が衰えた親王は、淡路国に流される途上で亡くなった。

新京の造営はこの事件によって中絶されたが、七八七年（延暦六）十月、天皇は長岡京へ遷都した。しかし、皇居はまだ完成していなかった。

桓武天皇は新京へ移ったものの、七八九年（延暦八）十月に母の高野新笠が亡くなり、翌年（延暦九）三月には皇后の藤原乙牟漏が崩じた。また、早良親王を廃したあと、新たに皇太子に立てた安殿《あて》親王（桓武天皇の皇子、次の平城天皇）も病気になった。さらに疫病も流行した。

桓武天皇は、これらが早良親王の祟りによるものだと考え、七九四年（延暦一三）十月、新たに都を遷した。これが平安京である。平安京の宮殿の配置はそれまでと異なり、天皇の日常の政務の場である内裏《だいり》と公式の儀式の場である朝堂院《ちょうどういん》が分離した。これは官僚組織の拡大に伴い、天皇が役人の末端まで把握することが不可能になり、全官人を総括する太政官を通して政務を見るようになった事実を反映している。

平安京は、途中の平清盛の福原遷都を除き、以後、一八六九年（明治二）の東京遷都まで帝都として存続した。また、この平安京への遷都が平安時代の幕開けである。

ちなみに、八〇〇年（延暦十九）、桓武天皇は早良親王に「崇道天皇」という追号を贈っている。また、光仁天皇の時代に天皇を呪詛した罪で皇后を廃され、幽閉先で亡くなった井上内親王の皇后位も回復させた。井上内親王の怨霊も祟りをもたら

している と考えられたからである。

桓武天皇は官人を統制する一方で、有能な人材を出身門閥に関係なく官人に登用した。また、律令制の再編・強化に力を注いだ。

人民に対しては、雑徭《ぞうよう》（公民に課せられた労役）の半減や兵士の廃止などを行い、農民の負担を軽減した。

桓武天皇が積極的に進めたのが、蝦夷対策である。七九七年（延暦十六）、天皇は坂上田村麻呂を征夷大将軍に任命し、東北地方を中心にした蝦夷の平定にあたらせた。坂上家は渡来系の武門として有名な家系で、田村麻呂の父・苅田麻呂《かりたまろ》も武術にすぐれ、天皇から寵愛された。

桓武天皇はまた、中国文化の導入にも力を入れ、八〇四年（延暦二十三）、最澄・空海・橘逸勢《たちばなのはやなり》らを遣唐使に随行させた。帰国後、最澄は天台宗を、空海は真言宗をそれぞれ伝え、開祖となった。また、孝謙天皇の時代にクーデターを計画した橘奈良麻呂の孫である橘逸勢は、書家として知られ「三筆」の一人に数えられている。

八〇六年（大同元）、天皇は崩御した。

第五十一代　平城《へいぜい》天皇

御名・異名 安殿《あて》、日本根子天推国高彦尊《やまとねこあめおしくにたかひこのみこと》、奈良帝　生没年 七七四（八〇六〜八〇九）八二四（五十一歳）　在位 四年　父 桓武天皇　母 藤原乙牟漏　皇妃 藤原帯子《たらしこ》（藤原百川の娘）、藤原薬子《くすこ》（藤原種継《たねつぐ》の娘）ほか

桓武天皇が崩御すると、群臣は皇太子の安殿親王に皇位につくよう要請した。親王はこれを受け即位した（平城天皇）。

平城天皇は即位とともに年号を「大同」と改めた。また、弟の神野《かみの》親王（のちの嵯峨天皇）を皇太子に立てた。さらに天皇は、七九四年（延暦十三）に亡くなった妃の藤原帯子に、皇后の称号を追贈した。

八〇七年（大同二）四月、平城天皇は参議（大臣、納言に次ぐ重職）を廃し、新たに観察使（六道の国司・郡司の職務執行状況を監査・報告する官職）を設置した。こうして天皇は、官司の統廃合に力を注いだ。

同年十月、桓武天皇の皇子である伊予親王が謀反の疑いをかけられ、母とともに川原寺《かわら》（奈良県明日香村）に幽閉された。事件の真相は、藤原仲成（藤原種継の子）と

妹の薬子による陰謀であり、親王は無実であった。しかし伊予親王は毒を仰いで自殺した。

八〇九年（大同四）四月、平城天皇は病気を理由に皇位を皇太弟の神野親王に譲った。

平城天皇は詩文に長け、その詩が『凌雲集』や『古今集』に収められている。

第五十二代　嵯峨《さが》天皇

御名・異名　神野　生没年　七八六（八〇九～八二三）八四二（五十七歳）
在位　十五年　父　桓武天皇　母　藤原乙牟漏　皇后　橘《たちばなの》　嘉智子《かちこ》（檀林皇后《だんりんこうごう》、橘清友《きよとも》の娘）

平城天皇から皇位を譲られた皇太弟の神野親王が即位した（嵯峨天皇）。平城天皇は上皇となったが、まだ三十四歳の若さだった。

翌年（弘仁元）、平城上皇に寵愛されていた藤原薬子が兄の藤原仲成と謀り、上皇に重祚をすすめた。上皇はこの策謀に乗り、平城京で重祚しようとしたが、失敗した。

そこで、平城上皇らは東国に逃れようとしたが、仲成が坂上田村麻呂に射殺された。上皇が剃髪し入道となると、薬子は毒を仰いで自殺した。これが「薬子の乱」と呼ばれる朝廷の内紛である。

皇族が姓を賜って臣籍を降下する例は以前からあったが、嵯峨天皇は宮廷費を削減するため皇子や皇女を臣籍に降下させることとし、八一四年（弘仁五）、源　信《みなもとのまこと》

嵯峨天皇

をはじめ八人の皇子女に姓を与えた。信は「嵯峨源氏の祖」といわれている。

　嵯峨天皇は詩文と書にすぐれ、詩は『凌雲集』に収められ、書は橘逸勢、空海とともに「三筆」の一人に数えられている。

　また、天皇には小野篁《たかむら》との有名なエピソードがある。内裏に「無悪善」という落書があり、天皇はこれを篁に読ませた。すると篁は「さがなくてよからん」と読んだ。「さが」は「よこしま」という意味と天皇の「嵯峨」を掛けたものであり、この落書は天皇を呪ったものだった。

　嵯峨天皇はこんな落書ができるのは篁以外にいないと思い、篁に疑いをかけた。そこで篁は、嫌疑を晴らすために天皇から出された難題を読み解くことになった。

　その内容はこの話を伝える『宇治拾遺物

語』『江談集』『十訓抄』によって異なるが、『宇治拾遺物語』では「子」の字を十二書いたものだった。篁はそれを「猫の子の子猫、獅子の子の子獅子」と読んで、疑いを晴らしたという。

八二三年（弘仁十四）、天皇は皇位を皇太弟の大伴親王（のちの淳和天皇）に譲った。

第五十三代　淳和《じゅんな》天皇

御名・異名　大伴《おおとも》、日本根子天高譲弥遠尊《やまとねこあめたかゆずるいやとおのみこと》、西院帝　生没年　七八六（八二三〜八三三）八四〇（五十五歳）　在位　十一年　父　桓武天皇　母　藤原旅子　皇后　正子《まさこ》内親王（嵯峨天皇の皇女）　皇妃　高志《こし》内親王（桓武天皇の皇女）ほか

嵯峨天皇から皇位を譲られた皇太弟の大伴親王が即位した（淳和天皇）。嵯峨天皇もまた兄の平城上皇同様、三十代の若さで退位し、上皇となった。

淳和天皇は、人民が疲弊しているとの報告を聞き、大嘗会《だいじょうえ》（大嘗祭の節会）の神事を派手にすることなく、倹約に努めた。

淳和天皇の時代は、政治が非常に安定した時期であり、天皇は検非違使庁（主に京都の治安維持を担当する官庁）を設置したり、『経国集』（勅撰の漢詩文集）の編集などを行ったりした。

また、人民の要求にこたえ池を設けたり、良官能吏を上級貴族に登用したりした。

八二五年（天長二）、桓武天皇の孫の高棟王《たかむねおう》に「平朝臣」の姓を賜り、臣籍に降下した。これが桓武平氏の一流となった。

八三三年（天長十）二月、淳和天皇は皇位を皇太子の正良《まさら》親王（嵯峨天皇の皇子、次の仁明天皇）に譲った。

第五十四代　仁明天皇《にんみょう》

御名・異名 正良《まさら》、深草帝　生没年 八一〇（八三三〜八五〇）八五〇（四十一歳）　在位 十八年　父 嵯峨天皇　母 橘嘉智子　女御 藤原順子《じゅんし》（「のぶこ」ともいう。藤原冬嗣の娘）、藤原沢子《たくし》（藤原総継《ふさつぐ》の娘）ほか

淳和天皇には多くの皇子がいたが、皇太子に立てたのは、嵯峨天皇の皇子である正良親王だった。その正良親王が天皇から皇位を譲られ即位した（仁明天皇）。仁明天皇は即位すると、淳和天皇の皇子である恒貞《つねさだ》親王を皇太子に立てた。

八四〇年（承和七）に淳和上皇が、八四二年（承和九）に嵯峨上皇が相次いで崩御した。嵯峨上皇は国忌をせず葬儀もつつましくするよう遺詔したという。

その直後に、橘逸勢と伴健岑《とものこわみね》（大伴氏の一族）が皇太子を奉じて謀反を企てたとして流罪にされた。恒貞親王も皇太子を廃された。しかし、この事件は藤原良房（藤原冬嗣の子）が他氏を排斥して権勢を拡大しようとした陰謀であり、恒貞親王は無実だった。これが「承和の変」と呼ばれる政変である。

翌年（承和十）、仁明天皇は良房の妹・順子の子である道康《みちやす》親王（次の文徳天皇）を

皇太子に立てた。こうして藤原氏は承和の変によって権勢を広げた。
八五〇年（嘉祥三）二月、天皇は出家し、翌月、崩御した。

第五十五代　文徳《もんとく》天皇

御名・異名　道康《みちやす》、田邑帝　生没年　八二七（八五〇〜八五八）八五八（三十二歳）　在位　九年　父　仁明天皇　母　藤原順子　女御　藤原明子《あきらけいこ》（藤原良房の娘）

仁明天皇が出家した翌日に崩御すると、群臣は道康親王に皇位につくよう強く要請し、親王が即位した（文徳天皇）。

文徳天皇には、紀名虎《きのなとら》の娘・静子との間にもうけた惟喬《これたか》親王という第一皇子がいた。天皇はこの惟喬親王を可愛がり、皇太子に立てようと思っていた。

しかし、即位した八五〇年（嘉祥三）の十一月に、右大臣・藤原良房の娘・明子との間に惟仁《これひと》親王（次の清和天皇）が産まれた。すると文徳天皇は、実力者である良房に遠慮して、惟喬親王ではなく惟仁親王を皇太子に立てた。このとき惟仁親王は、まだ生後八か月であった。

このように、天皇が妃の生家に遠慮することはその後の天皇にも見られるようになった。

文徳天皇

八五四年（斉衡元）に左大臣の源常《ときわ》が亡くなると、八五七年（天安元）二月、文徳天皇は良房を太政大臣に任命した。左大臣を飛び越えた就任である。そして、右大臣には良房の弟の良相《よしみ》が任命され、藤原氏の権勢はますます拡大した。

惟仁親王が皇太子になったあと、親王が相次いで出家した。

八五一年（仁寿元）には仁明天皇の皇子の常康《つねやす》親王が、八五六年（斉衡三）には同じく仁明天皇の皇子の国康《くにやす》親王が、さらに八五八年（天安二）には文徳天皇の皇子の毎有《ことあり》親王が出家している。

八五八年（天安二）八月、文徳天皇は突然病気になり崩御した。享年三十二の若さだった。

第4章

藤原摂関政治の始まりと終焉

第五十六代清和天皇は幼帝であり、代わりに外祖父の藤原良房が摂政として全権を握った。人臣摂政の始まりだ。こうして藤原氏の摂関政治が始まり、道長の時代に全盛期を迎える。その間、歴代天皇は藤原氏へ遠慮したり対立したりした。第五十九代宇多天皇は藤原基経と対立し、菅原道真を重用して律令国家の再編のために親政を行った。その宇多天皇は譲位後、出家して最初の「法皇」になった。第七十一代後三条天皇のときに宇多天皇以来百七十年ぶりに藤原氏を外戚としない天皇が即位した。本章では、藤原摂関政治が繰り広げられ、やがて終焉を迎える時代に皇位についた、清和天皇から後三条天皇までの歴代天皇の事績を伝える。

第五十六代

清和天皇《せいわてんのう》

御名・異名 惟仁《これひと》、水尾帝《みずのおてい》、素真 生没年 八五〇(八五八〜八七六)八八〇(三十一歳) 在位 十九年 父 文徳天皇 母 藤原明子 女御 藤原高子《たかいこ》(藤原長良《ながら》の娘)、藤原多美子《たみこ》(藤原良相の娘)ほか

文徳天皇が急逝し、皇太子の惟仁親王が即位した(清和天皇)。御年九歳。初めての幼帝の登場である。当然、清和天皇は政治を見ることができず、代わりに外祖父の藤原良房が実質上の摂政として全権を握った。

摂政とは、天皇に代わって政務を行う官のことで、天皇が幼少であったり女帝であったりしたときに皇族がその地位についた。過去の例では、応神天皇のときの神功皇后や推古天皇のときの聖徳太子が挙げられる。皇族以外で摂政となったのは、良房が最初である。

幼帝が出現した背景には、皇位の権威が確立し、皇統も安定した事実があった。

八六六年(貞観八)三月、平安京の応天門が炎上した。大納言の伴善男《とものよしお》は、この炎上が左大臣・源信《まこと》の放火によるものだと訴えた。ところが、良房の工作によって

信は無実となり、逆に善男の子・中庸《なかつね》が罪にきせられた。そして、善男の一家をはじめ、共謀者とされた紀豊城らが流罪になった。これが「応天門の変」と呼ばれる疑獄事件である。

善男は古代の有力氏族・大伴氏の後裔であり、その祖父や父は藤原種継事件のときに罰せられた。しかし、善男は仁明天皇の信任を得て要職につき、清和天皇になってからも重用され、八六四年（貞観六）に大納言に任命された。

大納言は、行政の最高機関である太政官の次官のことで、天皇のそばに仕え、さまざまな政務に参画し、大臣が不在のときは代わって政務を行った。

その要職の大納言に昇進した善男は、左大臣の信と権力を争っていたが、その矢先の炎上事件であった。

この事件によって、名門の大伴氏は没落し、紀氏も中央政界から退けられた。また、無実とされた信も事件のあとは出仕することがなくなり、狩猟にあけくれたという。

こうして、藤原氏に対抗できる有力氏族が力を失ったことで、藤原氏の一門に中央権力が集中し、朝廷支配体制が確立された。そして同年八月、良房が正式に摂政に任命された。この時期の良房を中心にした藤原氏の政治は、「前期摂関政治」と呼ばれている。

八七二年（貞観十四）九月、良房が亡くなったが、その二か月後には、良房の兄・長良の子であり、良房の養子になった基経《もとつね》が摂政に任命された。八七六年（貞観十八）十一月、清和天皇は皇位を皇太子の貞明《さだあきら》親王（次の陽成天皇）に譲った。そして八七九年（元慶三）に出家し、翌年、崩御した。享年三十一の若さだった。

天皇と藤原氏との関係図・1

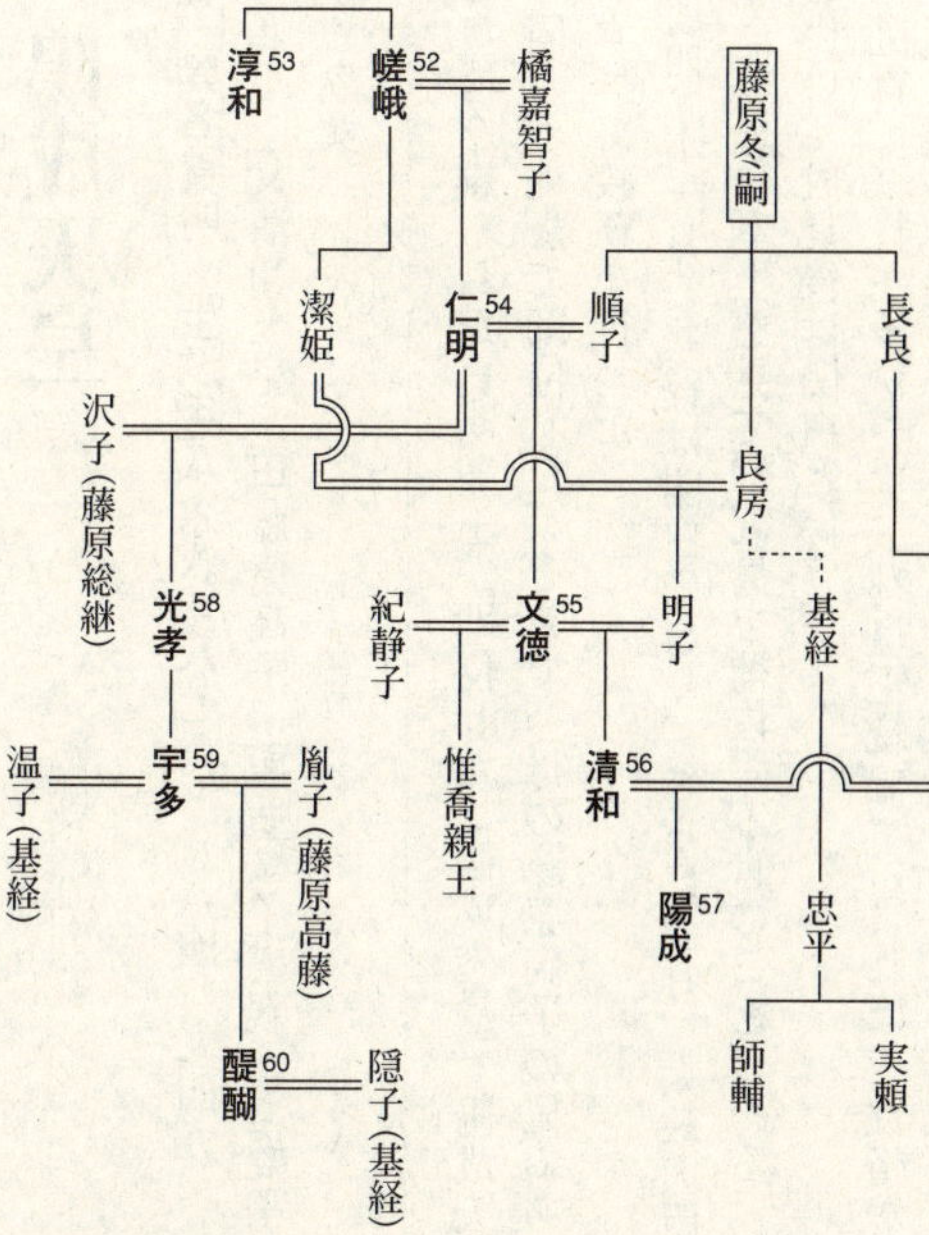

（　）内は父親の名前

----- は養子関係

第五十七代　陽成天皇《ようぜい》

御名・異名 貞明《さだあきら》　生没年 八六八（八七六〜八八四）九四九（八十二歳）
在位 九年　父 清和天皇　母 藤原高子　皇后 綏子《やすこ》内親王（姣子女王《よしこじょおう》、光孝天皇の皇女）

清和天皇から皇位を譲られた貞明親王が即位した（陽成天皇）。陽成天皇もまた、父の清和天皇と同じく九歳で即位した。そこで、母の藤原高子の兄である藤原基経が摂政となり、すべて政務を行った。

八八〇年（元慶四）十一月、基経は関白になり、さらに翌月、太政大臣になった。関白とは、天皇より先に奏上を見て、天皇を補佐する官のことである。天皇が幼少のときは摂政といい、成長後は関白という。

陽成天皇には乱行、奇行が多かった。『神皇正統記』によれば、性格が荒々しく帝王の器にふさわしくなかったという。また、『愚管抄』には、「もののけによるわざわいがひどく、狂気のふるまいはことばにできないほどだった」と記されている。

陽成天皇はこうした乱行、奇行によって基経ら群臣を再三悩まし、何度も譲位を迫られた。そして、ついに八八四年（元慶八）、基経によって皇位を廃され、二条院に遷された。その際、基経は陽成天皇に「花見の行幸」といつわり内裏から連れ出したという。

第五十八代　光孝天皇《こうこう》

御名・異名　時康《ときやす》、小松帝　生没年　八三〇（八八四～八八七）八八七（五十八歳）　在位　四年　父　仁明天皇　母　藤原沢子　女御　班子女王《なかこじょおう》（桓武天皇の孫）ほか

陽成天皇が十七歳で皇位を廃されたあと、仁明天皇の皇子で五十五歳の時康親王が即位した（光孝天皇）。光孝天皇の即位を支持したのは、実力者の藤原基経である。

基経は天皇を幼い頃から見守っていた。ある日、藤原良房の大宴会があり、そこに天皇（時康親王）も基経も臨席した。すると、配膳係が主賓の良房の御前に、大宴会には欠かすことのできない雉《きじ》の足を出し忘れた。配膳係がそれに気づき、光孝天皇の御前から雉の足を取り、良房の御前に据えると、天皇は御前の燈火をそっと消した。配膳係の落ち度を隠した天皇の様子を見て、基経はすばらしい方だと感嘆したという。

基経はまた、陽成天皇の後継者を決めるために何人もの親王のもとを回ったが、

どの親王も大騒ぎした。ところが、光孝天皇だけは破れた御簾《みす》のなかで縁が切れた畳に座り、泰然としていたという。それを見て基経は、「この方こそ帝位につくべきだ」と思ったという。

光孝天皇は在位の間、すべてを基経に任し、特筆すべきこともなかった。八八七年（仁和三）八月、病気のため崩御した。

第五十九代　宇《う》多《だ》天皇

御名・異名 定省《さだみ》、空理、金剛覚、寛平帝　生没年 八六七（八八七〜八九七）九三一（六十五歳）　在位 十一年　父 光孝天皇　母 班子女王　女御 藤原胤子《いんし》（「たねこ」ともいう。藤原高藤《たかふじ》の娘）、藤原温子《おんし》（「よしこ」ともいう。藤原基経の娘）ほか

光孝天皇には多くの皇子がいたが、ほとんどが源氏姓を賜り臣籍に降下した。第七皇子といわれる源定省もその一人であったが、天皇によくつかえ、性格も心がひろく思いやりがあったことから、八八七年（仁和三）八月、光孝天皇は定省の源氏姓を削って親王にした（三年間だけ臣籍にあった）。

その翌日、光孝天皇は定省親王を皇太子に立て、崩御した。実力者の藤原基経は、この親王が皇太子に立ったことを喜ばなかった。なぜなら、親王は光孝天皇の他の皇子にくらべ自分の意志や考えをしっかりともっていたため、全権を握っていたい基経にすれば、のぞましくなかったからである。

同年十一月、皇太子の定省親王が即位した（宇多天皇）。二十一歳の若さである。

宇多法皇

いったん臣籍に降下しながら皇籍に復して皇位についたのは、きわめて異例なことである（唯一の例）。宇多天皇は即位後、すぐに基経と衝突した。天皇は基経を関白に任命するため勅書を出したが、そのなかに「阿衡《あこう》に任ず」とあったことから、両者が対立することになった。

阿衡とは摂政・関白の異名だが、基経に庇護されていた学者の藤原佐世《すけよ》が、「阿衡とは位のみで職を伴わないので、政務を行う必要はない」と述べたことから、基経は出仕しなくなった。

この事件の背景には、当時の学者同士の競争があった。当時、佐世と肩を並べていたのが橘広相《たちばなのひろみ》であり、広相の娘・義子が宇多天皇の女御になっていたことから、天皇の信任も厚かった。

論争になった詔書も、広相が起草したものだった。事件は、広相を妬んでいた佐世が、この一件により広相を陥れようとしたものと見られている。

翌年（仁和四）六月、宇多天皇は勅書の「阿衡に任ず」が自分の意に背くものであるという宣命を出し、事態を収拾した。こうして、天皇は基経の前に敗北感を味わった。

しかし、八九一年（寛平三）一月、基経が亡くなると、宇多天皇は関白を置かず、律令国家の再編のために親政を行った。天皇は親政のために菅原道真を抜擢し、重用した。このとき、宇多天皇二十五歳、道真四十七歳であった。

道真は家学である文章道にすぐれ、官僚としても文人としても活躍し、宇多天皇の信任も厚かった。

八八九年（寛平元）、宇多天皇は皇子の敦仁《あつひと》親王（次の醍醐天皇）を皇太子に立てたが、このとき天皇が意見を求めたのは道真ただ一人だったという。

また、阿衡事件で流罪になりそうになった広相を、間に入って救ったのも道真だった。

八九四年（寛平六）、宇多天皇は道真を遣唐使に任命したが、同年九月に道真の進言により遣唐使の派遣が停止された。当時、唐は末期を迎えており、国交を続ける意味がなくなっていたからである。

宇多天皇は地方にも心を配り、諸国に博士や医師を置いたり、防衛にも力を入れたりした。また、八九六年（寛平八）には、農民の荒田・閑地の占有や五位以上の私営田を禁止した。こうした天皇の親政は「寛平の治」と呼ばれた。

宇多天皇は学問に熱心で、この時代にさまざまな文化が栄えた。紀長谷雄《きのはせお》を侍講《じこう》（君主に侍して学問を講義する人）にして漢書を読んだほか、八九二年（寛平四）には、菅原道真編の『類聚国史《るいじゅうこくし》』が成立した。『類聚国史』は六国史の記事を神祇、帝王、後宮などの事項別に分類し、年代順に収録した勅撰史書である。

現存最古の漢和辞典である『新撰字鏡《じきょう》』が僧の昌住《しょうじゅう》によって著されたのもこの時代だ。また、八八九年（寛平元）十一月に賀茂臨時祭が初めて行われた。

八九七年（寛平九）、宇多天皇は皇太子の敦仁親王に譲位して、上皇となった。まだ三十一歳の若さであった。天皇は譲位にあたり、十三歳の皇太子に天皇の心得とすべきことを書き贈った。これが『寛平御遺誡《ごゆいかい》』であり、古来の天皇の金科玉条とされた。

御遺誡はかなりの部分が欠けているが、現在伝えられるもののなかには、自身の在位中の失政を隠すことなく認め、新帝に同じ過ちをさせないようにという配慮がにじみ出ている。

また、道真や平季長《たいらのすえなが》、長谷雄などのすぐれた点を挙げ、推挙した。さらに、賞罰を公平にし、喜怒を表さず、事を進めるにあたっては先例を考えるよう訓じている。

宇多天皇の代より、わずかの例外を除き、崩後の称号として生前の聖徳をたたえる諡号は長く停止され(江戸時代の第百十九代光格天皇で復活)、御在所その他による追号が贈られることになった。ちなみに、「宇多」は譲位後の御在所による追号である。

第六十代　醍醐《だいご》天皇

【御名・異名】敦仁《あつぎみ》（初名は維城《これき》）、金剛宝、延喜帝　【生没年】八八五（八九七～九三〇）九三〇（四十六歳）　【在位】三十四年　【父】宇多天皇　【母】藤原胤子　【皇后】藤原穏子《おんし》（「やすこ」ともいう。藤原基経の娘）　【皇妃】為子《ためこ》内親王（光孝天皇の皇女）ほか

宇多天皇から皇位を譲られた皇太子の敦仁親王が即位した（醍醐天皇）。敦仁親王は父・宇多天皇が皇籍を離脱していたときに産まれており、この皇位継承も異例である（唯一の例）。

醍醐天皇は十三歳と若かった。そこで八九九年（昌泰二）二月、醍醐天皇は左大臣に藤原時平《ときひら》、右大臣に菅原道真を任命した。道真の登用は、宇多上皇の推挙によるものである。

宇多上皇はこうして道真に政治を任せると、自らは出家して仁和寺《にんなじ》に入り、法皇となった。法皇とは、太上天皇（上皇）が出家した場合の称号であり、宇多法皇は「寛平法皇」とも呼ばれた。このとき法皇はまだ三十三歳と若く、醍醐天皇の時代

は法皇が政治の中心であった。

醍醐天皇は成長とともに学問に励む一方で、父である宇多法皇に孝養を尽くした。また、法皇の意向に従い、道真を重用した。ところが、九〇一年（延喜元）一月、道真が醍醐天皇を廃し、天皇の弟の斉世《ときよ》親王を立てようとしたとして、醍醐天皇は道真を大宰権帥《だざいごんのそつ》（大宰府の長官）に左遷した。また、道真の子息もみな解任された。

この事件は時平の中傷によるものだったが、斉世親王が道真の娘を妃にしていたこともあって、天皇の怒りはおさまらなかった。知らせを受けた宇多法皇は、天皇を説得すべく参内しようとしたが、とりついでもらえなかった。

この事件によって、醍醐天皇は宇多法皇から独立して執政することになり、それとともに時平が権力をふるうようになった。

醍醐天皇にしても老年の道真よりも若い時平のほうが接しやすかったのか、『大鏡』に次のような話が載せられている。

醍醐天皇が世の中の度を過ごした贅沢を取り締まろうと腐心していると、ある日、時平が禁制を破った装束を身につけて宮中に参内した。

それを目にした天皇が蔵人を呼び、「左大臣がたとえ臣下で最高位の身とはいえ、格別に美麗な服装をしていることは不都合なことである。すぐに退出するよう申し

醍醐天皇

伝えよ」と命じた。

蔵人は権力者の時平を前に震えながら天皇のことばを伝えると、時平は恐れ慎み、あわてて退出した。その後も時平は「天皇のおとがめが重い」といって、一か月ほど家に閉じこもったままだった。

これにより、世の中の贅沢の風はなくなったが、実はこれは醍醐天皇と時平が示し合わせて行ったことだという。

九〇九年（延喜九）四月、時平が亡くなると、弟の藤原忠平《ただひら》が政治を見た。忠平は性格が温厚かつ聡明であり、醍醐天皇とも対立することがなかった。

醍醐天皇の時代の政治は「延喜の治」と称されたが、それは律令政治の最後の段階でもあった。

また、文化においても特筆すべき時代で

あり、九〇一年（延喜元）八月には、勅撰の歴史書である『日本三代実録』が完成した。これは宇多天皇が編纂を命じたもので、途中停滞したが、醍醐天皇の時代に再開した。

また、最初の勅撰和歌集である『古今和歌集』が完成したのも、醍醐天皇の時代である。

九三〇年（延長八）九月、体調を悪くしていた醍醐天皇は、皇位を皇太子の寛明《ゆたあきら》親王（次の朱雀天皇）に譲り、それからまもなく崩御した。

第六十一代　朱雀《すざく》天皇

御名・異名　寛明《ゆたあきら》、仏陀寿　生没年　九二三（九三〇～九四六）九五二（三十歳）　在位　十七年　父　醍醐天皇　母　藤原穏子　女御　熙子《きし》女王（「ひろこじょおう」ともいう。保明《やすあきら》親王の娘）、藤原慶子《けいし》（「よしこ」ともいう。藤原実頼の娘）

醍醐天皇から皇位を譲られた寛明親王が即位した（朱雀天皇）。寛明親王の生誕の前後に、同母兄で皇太子である保明《やすあきら》親王と、その子の慶頼《よしより》王が相次いで亡くなった。これは菅原道真の怨霊によるものと考えられたため、母の穏子は寛明親王が三歳になるまで、幾重にも張られた几帳《きちょう》（間仕切り）から一歩も出さずに育てたという。

朱雀天皇は、性格が温和で摂政・関白の藤原忠平との間はうまくいき、この間に摂関政治の基礎ができあがった。

しかし、関東では平将門《たいらのまさかど》が反乱を起し、西国では瀬戸内海の藤原純友《すみとも》も乱を起した。この「承平《じょうへい》・天慶《てんぎょう》の乱」はようやく鎮圧することができたが、富士山の噴火や地震・洪水などの天変地異も多く、これらはみな道真の祟りと噂された。

朱雀天皇は皇子に恵まれないまま二十四歳という若さで同母弟の成明《なりあきら》親王に譲位し（村上天皇）、六年後には崩御した。

皇子はなかったが、女御の熙子女王との間に「えもいわれぬ美しさ」の昌子《しょうし》内親王（「まさこ」ともいう）をもうけた。

第六十二代　村上《むらかみ》天皇

御名・異名 成明《なりあきら》、天暦帝　生没年 九二六（九四六〜九六七）九六七（四十二歳）　在位 二十一年　父 醍醐天皇　母 藤原穏子　皇后 藤原安子《あんし》（「やすこ」ともいう。藤原師輔《もろすけ》の娘）　女御 徽子《きし》女王（「よしこ」ともいう。重明《しげあきら》親王の娘）、藤原芳子《ほうし》（「よしこ」ともいう。藤原師尹《もろただ》の娘）ほか

朱雀天皇から皇位を譲られた成明親王が即位した（村上天皇）。即位三年後、父帝時代からの関白藤原忠平が没したが、村上天皇は、その後は関白も太政大臣もおかず親政に努めた。

国司や官人の勤務評価を厳正にし税収の安定をはかりつつ、倹約と諸芸が奨励された治世は、のちに醍醐天皇の治世とともに「延喜《えんぎ》・天暦《てんりやく》の聖代」といわれた。

左右大臣の藤原実頼《さねより》・師輔兄弟は、親政をめざす村上天皇に密着することで権勢を確保した。とくに弟の師輔は、天皇と娘・安子との間に産まれた第二皇子憲平《のりひら》親王（次の冷泉天皇）が皇太子となったため、安子が皇后になると、兄・実頼の勢威をしのぐようになった。

師輔はほどなく没したが、その子孫が摂関政治の主流を占めた。

村上天皇は後宮に、女御、更衣を九人入れ、のちの冷泉天皇、円融天皇など男女十九人をもうけた。そのなかの一人具平《ともひら》親王の末裔は村上源氏として、のちの宮廷政治に大きな影響を与えた。

村上天皇はまた、文芸に秀で、『後撰和歌集』を勅撰したり内裏歌合を催行したりしたほか、琴・琵琶などの楽器にも精通し、平安文化を開花させた。

天皇と藤原氏との関係図・2

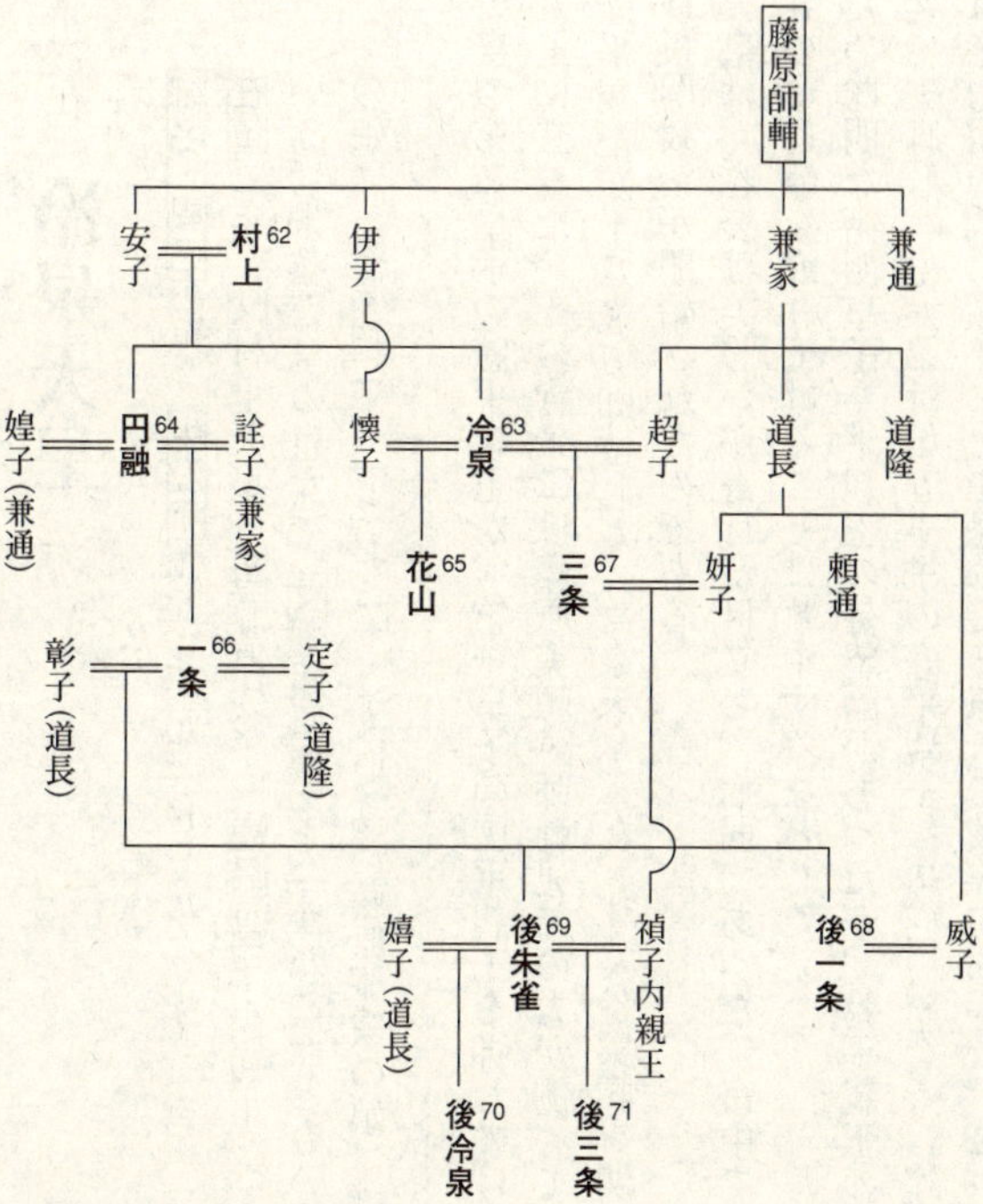

（　）内は父親の名前

第六十三代 冷泉天皇《れいぜい》

御名・異名 憲平《のりひら》 生没年 九五〇（九六七〜九六九）一〇一一（六十二歳） 在位 三年 父 村上天皇 母 藤原安子 皇后 昌子《しょうし》内親王（「まさこ」ともいう。朱雀天皇の皇女） 女御 藤原懐子《かいし》（「かねこ」ともいう。藤原伊尹《これただ》の娘）、藤原超子《ちょうし》（「とおこ」ともいう。藤原兼家《かねいえ》の娘）ほか

村上天皇の第二皇子の憲平親王が、第一皇子の広平《ひろひら》親王を押しのけて、生後まもなく皇太子に立った。その背景には藤原実頼・師輔兄弟の力が働いていた。その憲平親王が十八歳で即位した（冷泉天皇）が、すぐに実頼を関白とした。ここに再び摂関政治が開始されたのである。

冷泉天皇は、容姿は美しいが奇行が目立ち、病弱であった。宮中で一日中鞠をつき、天井の梁に鞠を蹴り上げることに熱中するなどした。

このため聡明な第四皇子為平《ためひら》親王の待望論があったが、為平親王の舅・源高明《たかあきら》が安和《あんな》の変で失脚し、皇太弟は第五皇子の守平《もりひら》親王（次の円融天皇）に決まった。これは権力が源氏に傾くことを恐れた藤原氏の策謀であった。これによって藤原

氏の権力は確立し、摂関政治が完成を迎えた。

左大臣高明は安和の変によって大宰権帥に左遷され、左大臣には右大臣藤原師尹《もろただ》が就任した。

変の五か月後、冷泉天皇は三年という短期で退位した。

第六十四代 円融《えんゆう》天皇

御名・異名 守平《もりひら》、覚如、金剛法 生没年 九五九（九六九〜九八四）九九一（三十三歳） 在位 十六年 父 村上天皇 母 藤原安子 皇后 藤原媓子《こうし》（「てるこ」ともいう。藤原頼忠《よりただ》の娘） 女御 藤原詮子《せんし》（「あきこ」ともいう。東三条院、藤原兼家《かねいえ》の娘）ほか

冷泉天皇から皇位を譲られた守平親王が十一歳で即位した（円融天皇）。摂政には藤原実頼、伊尹《これただ》、兼通が次々とあたり、特に兼通と弟の兼家との間では激しい権力争いが行われ、円融天皇は十六年の在位中、それに悩まされ続けた。

十四歳で元服した円融天皇に、まず兼通が娘の媓子を入内《じゅだい》させた。しかし五年後、兼通が死ぬと弟の兼家が娘の詮子を入内させ、媓子は皇子がないまま没し、詮子に懐仁《やすひと》親王（「かねひと」ともいう。のちの一条《いちじょう》天皇）が産まれた。

ところが、兼家を嫌っている天皇は、あとから入内し皇子もない遵子を女御とした。怒った兼家は自宅に引きこもって参内せず、詮子と懐仁親王も退出させて天皇に会わせないようにした。これにより、天皇はしぶしぶ譲位を決意した。

第六十五代

花山《かざん》天皇

御名・異名　師貞《もろさだ》、入覚　生没年　九六八（九八四～九八六）一〇〇八（四十一歳）　在位　二年　父　冷泉天皇　母　藤原懐子　皇后　藤原忯子《しし》（「よしこ」ともいう。藤原為光《ためみつ》の娘）

冷泉天皇の第一皇子である師貞親王は、円融天皇の即位とともに生後十か月足らずで皇太子になった。これは外祖父の藤原伊尹《これただ》が摂政だったからである。しかし、師貞親王が十七歳で即位した（花山天皇）ときにはすでに伊尹はこの世になく、弟の兼家の時代であった。

兼家は自分の外孫（懐仁《やすひと》親王、次の一条天皇）を早く皇位につけたいと望んでいた。花山天皇の在位が短かったのは、有力な外戚がなかったことの結果である。

花山天皇は清涼殿の狭い坪庭で馬を乗りまわしたり、即位式では冠が重いと嫌がったり、父・冷泉天皇の血のせいか奇矯な言動が多く、そうしたことも短命に終わるひとつの要因だった。

しかし、退位の直接の原因となったのは突然の出家であり、これは外孫の皇太子懐仁親王を即位させようとする兼家の策謀であった。

花山天皇は即位の年に入内した忯子《しし》をことのほか寵愛した。忯子がそばにいなければ夜も日も明けぬというほどの愛し方だったが、忯子は翌年、子どもを宿したまま崩じてしまった。

最愛の人を亡くして動揺した天皇は内裏を抜け出し行方不明になった。宮中では大騒ぎになったが、天皇は東山の花山寺《かざんじ》（元慶寺《がんぎようじ》）に入って出家してしまっていたのである。まだ十九歳という若さであった。

『大鏡』によれば、忯子をなくしたショックに乗じて、兼家の三男・道兼《みちかね》が自分も天皇と一緒に出家するとそそのかし、花山寺に導いて出家させたという。

そして道兼はそのまま逃げ帰ってしまい、花山天皇はだまされたことを知って歯ぎしりしたと伝えられている。

天皇退位の最大の功労者だった道兼は短期だが一条天皇の関白となった。

出家後の花山法皇は仏道に励み、比叡山・熊野・播磨などでさまざまな厳しい修行をおさめ、たいへんな法力を身につけたという。各地の寺に伝説的な足跡がのこっており、西国巡礼の祖ともいわれている。

法皇はまた風流者《ふりゆうざ》としても有名で、和歌・絵画・建築・工芸・造園などに非凡な才能を示した。絵画の才能については、『大鏡』に次のような話が載せられてい

花山法皇

る。

花山院は絵をよく描いたが、走っている車を描くのに薄墨をぼかしていろどり、いかにも飛ぶように走っているかのように描いたという。

また、男が筍の皮を指にはめて、あかんべえをして子どもをおどし、子どもが顔を赤くしてこわがっている絵や、金持ちや貧乏人の家のなかの生活の様子を描いた絵などがあるが、どれもこれも真に迫ったものだったという。

また、藤原公任《きんとう》の撰した『拾遺集《しゅういしゅう》』を増補して『拾遺和歌集』を編纂、そのなかには勅撰和歌集では初めて連歌《れんが》を収録している。

花山天皇は、即位の日に帳《とばり》を上げ下げする下級女官を見初めて、いきなり引き入れて交わるなど色好みでも有名だが、法皇となってもその癖は治らず、昔の乳母と懇《ねんご》ろになって皇子をつくり、さらにその乳母の娘も寵愛して皇子をもうけるなどした。

また、忯子の妹と関係をもとうとして藤原伊周《これちか》に誤解され、矢を射掛けられたこともあった。矢の一本は法皇の袖を突きぬけ、もう一本は従者を死亡させたという。

第六十六代　一条《いちじょう》天皇

御名・異名　懐仁《やすひと》、精進覚、妙覚　生没年　九八〇（九八六～一〇一一）一〇一一（三十二歳）　在位　二十六年　父　円融天皇　母　藤原詮子　皇后　藤原定子《ていし》（「さだこ」ともいう。藤原道隆《みちたか》の娘）　中宮　藤原彰子《しょうし》（「あきこ」ともいう。上東門院、藤原道長の娘）ほか

円融天皇の第一皇子である懐仁親王は、五歳のとき花山天皇の皇太子となり、天皇の出家事件によって七歳で皇位についた（一条天皇）。はじめ外祖父の藤原兼家が摂政となったが、兼家の死後はその子・道隆、道兼が摂政・関白として就任した。しかし二人とも病没し、弟の道長が右大臣、左大臣として実権を握り、藤原氏の全盛期となった。

一条天皇は十一歳で元服、藤原道隆の娘・定子を中宮として九九九年（長保元）には敦康《あつやす》親王が生まれた。しかし翌年、道長は娘の彰子を中宮に立て、一人の天皇に二人の后という初めての例をつくった。

十三歳の彰子は二十歳の天皇にとって遊び相手のような幼い姫だったが、この彰

子にも一〇〇八年（寛弘五）に敦成《あつひら》親王（のちの後一条《ごいちじょう》天皇）、翌年には敦良《あつなが》親王（のちの後朱雀《ごすざく》天皇）が産まれて、ここに道長の権勢は確立した。

敦良新皇の誕生については、『江談抄』に次のような話が載せられている。

彰子が一条天皇の女御であったとき、帳のなかに犬の子が入ってきた。それを見つけた彰子は非常にあやしみ恐れて、父の道長に話した。道長は学者の大江匡衡《おおえのまさひら》を呼んで内密に、この件を問うと、匡衡は「たいへんな御慶賀です」と答えた。道長が「なぜだ？」と聞くと、匡衡は「皇子が現れるしるしです。犬の字は点を大の下につければ太の字になります。上につければ天の字になります。これを思うに、皇子が現れるにちがいありません」と答えた。

その後、道長が大いに喜んでいる間に彰子が懐妊し、敦良新皇が産まれたという。

しかし、一条天皇の定子への情は依然として深く、定子との間の第一皇子で才能も豊かな敦康親王を次の皇太子にしたかったが、いかんせん道隆はすでになく後ろ盾がない。心ならずも彰子の生んだ敦成親王を後継者として三十二歳の生涯を閉じた。

一条天皇は「我、人を得たること、延喜・天暦にも超えたり」といったと伝えられるが、温和な人柄で学を好み、多くの人に慕われ廷臣の信頼を集めた。権勢をふるう道長のやり方に不満を抱くこともあったが、特に衝突するようなこともなく協調して政務を運営した。

寒い夜にわざわざ衣を脱ぎ、「人々が寒がっているのに自分だけ暖かくして寝ているわけにはいかない」というエピソードも伝わっているが、人を思う心の豊かな天皇であった。

こうした人柄のためか、「四納言」といわれる藤原斉信《ただのぶ》、公任、行成、源俊賢《としかた》らの才人が政務をたすけ、名僧源信や陰陽師の安倍晴明など多彩な人材が一条天皇の時代に才能を発揮した。

さらに、後宮には才媛才女が集っており、皇后定子につかえる清少納言は『枕草子』を書き、中宮彰子につかえる紫式部と和泉式部は、それぞれ『源氏物語』『和泉式部日記』を書いて華やかな朝廷文化を今日に伝えている。

後世、清少納言と紫式部のライバル関係が盛んにいわれたが、実際には二人は一度も面識がなかった。清少納言は九九三年（正暦四）冬頃から私的な女房として定子につかえ、紫式部は彰子の女房兼家庭教師役として一〇〇五年（寛弘二）十二月からつかえている。定子は一〇〇〇年に没しており、紫式部が彰子に伺候したのは清少納言が宮仕えを退いてから後のことである。

第六十七代　三条天皇《さんじょうてんのう》

御名・異名　居貞《おきさだ》、金剛浄　生没年　九七六（一〇一一〜一〇一六）一〇一七（四十二歳）　在位　六年　父　冷泉天皇　母　藤原超子《ちょうし》　皇后　藤原娍子《せいし》（「すけこ」ともいう。藤原済時《なりとき》の娘）　中宮　藤原妍子《けんし》（「きよこ」ともいう。藤原道長の娘）ほか

冷泉天皇の第二皇子である居貞親王が一条天皇の即位に伴い、外祖父・藤原兼家の後押しで皇太子となった。居貞親王は兼家には可愛がられたが、即位した（三条天皇）ときは三十六歳であり、すでに世は道長の時代になっていた。

三条天皇は権力から孤立していたうえに病身であり、在位中は道長の専横に悩まされ続けた。

三条天皇は東宮時代に大納言藤原済時《なりとき》の娘・娍子《せいし》を入内させて、第一皇子の敦《あつ》明《あきら》親王ほか多くの皇子女をもうけていたが、道長は二女の妍子《けんし》を入内させ、即位の翌年には妍子は娍子より先に立后して中宮となった。

三条天皇は娍子にも后の地位をと願い、立后の式を挙げた。ところが、道長の画

策によって式に出る公家は皆無だったので、急遽、病気で引きこもっていた小野宮実資《さねすけ》が参宮して儀式を執り行ったという。

道長のいやがらせはさらに度をまし、三条天皇の眼病が悪化するとそれを口実に退位を迫った。天皇は「自分の体の具合がいいと、左大臣の機嫌が悪い」と嘆いた。

また皇太子には、三条天皇の意に反して一条天皇の第二皇子の敦成《あつひら》親王（道長の孫にあたる）が立てられた。

第六十八代　後一条天皇《ごいちじょう》

御名・異名 敦成　生没年 一〇〇八（一〇一六〜一〇三六）一〇三六（二十九歳）在位 二十一年　父 一条天皇　母 藤原彰子（上東門院）　中宮 藤原威子《いし》（「たけこ」ともいう。藤原道長の娘）

一条天皇の第二皇子で道長の孫にあたる敦成親王は、産まれてすぐに親王宣下され、四歳で皇太子となった。九歳で三条天皇の譲りを受けて即位し（後一条天皇）、道長とその子の頼通《よりみち》が摂関として政務を行った。

後一条天皇が即位すると、約束どおり三条天皇の皇子・敦明《あつあきら》親王が皇太子になったが、まもなく本人から辞意が道長に伝えられた。これは道長らのいじめや嫌がらせによるものである。

後一条天皇は即位の翌々年、道長の娘で叔母にあたる威子《いし》を中宮とした。天皇は十一歳、威子は十九歳であったが、これで道長の娘三人は同時に后位につくことになった。太皇太后（一条天皇の中宮彰子）、皇太后（三条天皇の中宮妍子）、それに皇后（後一条天皇の中宮威子）である。

道長はこのとき「この世をば我世とぞ思ふ望月のかけたる事もなしと思へば」と詠んで我が世の春の感慨を述べている。

後一条天皇は、この時代には珍しく威子のほかに妃をもたなかったが、従順な性格の天皇には道長や威子への遠慮があったのかもしれない。

後一条天皇は、皇子女は内親王二人のみで世継ぎの皇子に恵まれぬまま二十九歳で崩御した。

第六十九代

後朱雀天皇《ごすざく》

御名・異名 敦良《あつなが》、精進行　生没年 一〇〇九（一〇三六～一〇四五）一〇四五（三十七歳）在位 十年　父 一条天皇　母 藤原彰子（上東門院）皇后 禎子《ていし》内親王（「よしこ」ともいう。陽明門院、三条天皇の皇女）中宮 藤原嫄子《げんし》（「もとこ」ともいう。敦康《あつやす》親王の娘）女御 藤原生子《せいし》（「なりこ」ともいう。藤原教通《のりみち》の娘）、藤原延子《えんし》（「のぶこ」ともいう。藤原頼宗の娘）ほか

一条天皇の皇子で後一条天皇の同母弟である敦良親王は、敦明親王が皇太子を辞退したため、その後を受けて皇太子となり、二十八歳で即位した（後朱雀天皇）。きかん気な性格で、諸制度の厳格な運用を励行させたという。

この時代の大きな問題は比叡山の不穏な動きであり、京中には放火が頻発した。後朱雀天皇はこれを「徳のない自分が皇位についているからだ」といって強い責任感を示した。

皇太子時代に道長の末娘で叔母にあたる嬉子《きし》（「よしこ」ともいう）が東宮妃とし

て入内、親仁《ちかひと》親王（次の後冷泉天皇）が産まれたが、嬉子は産後の肥立ちが悪く二日後に急逝した。

その後、従姉妹である三条天皇の皇女・禎子内親王が入内して尊仁《たかひと》親王（のちの後三条天皇）が産まれた。

後朱雀朝末期には天然痘が大流行し、後朱雀天皇もこれに罹患《りかん》した。さまざまな治療を試みたが、その甲斐なく三十七年の生涯を閉じた。

第七十代 後冷泉天皇《ごれいぜい》

御名・異名 親仁《ちかひと》 生没年 一〇二五（一〇四五〜一〇六八）一〇六八（四十四歳） 在位 二十四年 父 後朱雀天皇 母 藤原嬉子 皇后 章子《しょうし》内親王《ないしんのう》（「あきこ」ともいう。二条院、後一条天皇の皇女）、藤原寛子《かんし》（「ひろこ」ともいう。藤原頼通《よりみち》の娘）、藤原歓子《かんし》（「よしこ」ともいう。藤原教通の娘） ほか

後朱雀天皇の第一皇子である親仁親王が、四歳で皇太子になり、天皇の病気のため二十一歳で皇位についた（後冷泉天皇）。

当時、一〇五二年（永承七）に末法に入ると信じられていて、疫病や災害、不幸な事件などはみな末法の世の現れとされた。京では高陽院、京極殿、一条院、東寺、法成寺に火災が起こり、御所でも大極殿におよぶ火災があった。また、一〇五一年（永承六）には陸奥で「前九年の役」が起こり、やはり末法の世かと人々を不安に陥れた。前九年の役は源頼義・義家親子が奥羽の豪族・安倍頼時とその子貞任《さだとう》、宗任《むねとう》らを

討伐した十二年にわたる戦であるが、後三年の役とともに源氏が東国に勢力を築く契機となった。

後冷泉天皇は宇治殿（藤原頼通）にすべてを任せたまま一〇六八年（治暦四）、四十四歳で崩御した。

藤原氏の権勢はあいかわらずであったが、後冷泉天皇に皇子がなかったため異母弟の尊仁《たかひと》親王が皇位につくことになった（次の後三条天皇）。

第七十一代　後三条天皇《ごさんじょう》

御名・異名 尊仁《たかひと》、金剛行、延久帝　生没年 一〇三四（一〇六八〜一〇七二）一〇七三（四十歳）在位 五年　父 後朱雀天皇　母 禎子内親王（陽明門院）皇后 馨子《けいし》内親王（「かおるこ」ともいう。後一条天皇の皇女）女御 藤原茂子《もし》（「しげこ」ともいう。藤原公成《きんなり》の娘）、藤原昭子《しょうし》（「あきこ」ともいう。藤原頼宗《よりむね》の娘）、源基子《みなもとのきし》（「もとこ」ともいう。源基平の娘）ほか

後朱雀天皇の第二皇子である尊仁親王は、母が三条天皇の皇女禎子内親王（陽明門院）であり、宇多天皇以来百七十年ぶりに藤原氏を外戚としない天皇の誕生となった。

尊仁親王は一〇四五年（寛徳二）、兄の後冷泉天皇の践祚《せんそ》にあたって皇太弟となったが、その後、二十四年という長い東宮生活を送った。

これは生母が藤原氏の出でないため関白藤原頼通《よりみち》に疎んじられたせいで、頼通は後冷泉天皇に皇子（自分の孫）が授かるのを待っていたのである。

しかし、ついに皇子の誕生はなく、尊仁親王が即位した（後三条天皇）。

後三条天皇は幼少のころから聡明であったが、皇太子として長い年月を送る間に、摂関家のやり口や政治の裏表をつぶさに観察し、天皇がとるべき独自の道を信念として身につけた。

関白には頼通の弟・教通《のりみち》を任じたが、藤原氏のくびきから解放された後三条天皇は、身分は低いものの博学のきこえ高い大江匡房《おおえまさふさ》ほか下級役人なども登用し、積極的に親政を行った。

まず即位の翌年、「延久の荘園整理令」を発布して財政の再建をはかった。荘園の収入が摂関家や寺社などに集中して国家財政を細らせていたが、違法性のある荘園を公領に返させて、国家財政の再建を行うものだった。

荘園整理令は醍醐天皇の時代からたびたび発令されていたが、特に延久の荘園整理令は藤原氏の専横の源である経済力にメスを入れたものとして有名である。

また、これに伴って記録所（記録荘園券契所《きろくしょうえんけいけいじょ》）を設置し、不正荘園の調査や摘発、書類不備の荘園の没収などを行った。これには反摂関家的な源経長、匡房らが起用されている。

さらに絹布の制や公定升《こうています》（公式の度量衡）の制定など、数々の事績をあげた。人の言葉をよく聞く後三条天皇の高潔な人柄と深い学識は、強い政治力と相まって人々を信服させた。

一〇七二年（延久四）十二月、後三条天皇は在位四年半で茂子との間に産まれた皇太子貞仁《さだひと》親王に皇位を譲り（白河天皇）、基子との間の実仁《さねひと》親王を皇太弟にあてた。早く譲位したのは病気のためか院政を始めるためか、古くから意見が分かれるが、摂関政治との結びつきを断ち、皇室中心の政治をめざしていたことは確かだ。

翌年四月に出家し、五月に四十歳で崩御すると、後三条天皇に反目し続けた藤原頼通も「末代の賢主を失った」と嘆息したという。

第5章

院政の始まりから鎌倉幕府の終焉へ

本来、「中継ぎ」として即位したはずの第七十二代白河天皇は、譲位後も上皇、法皇として「院政」を行った。院政は鳥羽上皇、後白河上皇と続き、その後も断続的に江戸時代まで行われた。その権力は朝廷も摂関家をもしのぐ強大なものだったが、台頭してきた源平の武家政権と対立することになった。武士が力を伸ばしてきたのに伴い、「保元・平治の乱」をはじめ源平合戦など戦乱が続いた。頼朝により鎌倉幕府が開かれたが、やがて実権は北条氏に移り、後鳥羽上皇は倒幕のために立ち上がった（承久の乱）。この戦乱に勝利した幕府もやがて衰退し、公家勢力の反撃が始まる。本章では、院政の始まりから鎌倉幕府の終焉までの時代に皇位についた、白河天皇から第九十五代花園天皇までの歴代天皇の事績を伝える。

第七十二代 白河天皇《しらかわ》

御名・異名 貞仁《さだひと》、融観、六条帝 生没年 一〇五三（一〇七二～一〇八六）一一二九（七十七歳） 在位 十五年 父 後三条天皇 母 藤原茂子《しげこ》 皇后 藤原賢子《けんし》（源顕房《あきふさ》の娘、養父・藤原師実《もろざね》） 女御 藤原道子《どうし》（「みちこ」ともいう。藤原能長《よしなが》の娘） ほか

後三条天皇が皇太子のとき産まれた第一皇子である貞仁親王は、母の茂子の養父・藤原能信《よしのぶ》の庇護のもとに育った、能信は後三条天皇の即位に力があった。貞仁親王は幼少時代は父とともに藤原氏に冷遇されたが、父の即位によってようやく親王となり、二十歳で皇位を継いだ（白河天皇）。

実は後三条天皇の意向は、白河天皇の異母弟である実仁《さねひと》親王（母は源基子）、さらにその弟・輔仁《すけひと》親王に皇位を継がせることであり、白河天皇の即位は中継ぎ的なものであった。それで皇太子には実仁親王が立てられたが、一〇八五年（応徳二）、十五歳で病没してしまった。

この場合、先帝の遺志では輔仁親王が皇太子に立つはずであったが、白河天皇は

翌年、寵愛が深かった中宮の賢子が産んだ自分の第二皇子・善仁《たるひと》親王を皇太子に立てると、その日のうちに譲位して即位させてしまった（堀河天皇）。

　これは同年に没した賢子を悼む気持ちとともに、藤原氏が勢力を後退させるなか、政治の実権を取り戻し、自らの直系による皇位継承をめざす意図によるものだった。

　ちなみに、賢子が死んだとき、白河上皇は遺骸を抱いて放さなかったという。また、賢子との間の媞子《ていし》内親王を最も愛していたが、この内親王が亡くなると深く悲しんで出家した。

あるいは、後でふれる崇徳天皇の出生の秘密のように、上皇には近親者や近臣への特別な執着があったのだろうか。

　譲位された堀河天皇はまだ八歳であり、白河上皇の院政はごく自然な形で始まった。堀河天皇は病弱な上におとなしい性格でもあり、崩御するまでの二十二年の在位中、政治は上皇に任せきりであった。

　堀河天皇が崩御すると、その子の宗仁親王が五歳で即位した（鳥羽天皇）。これも当然のように白河上皇が後見することになり、さらに鳥羽天皇の皇子が五歳になると、上皇は鳥羽天皇に譲位させて、その子の顕仁親王を即位させた（崇徳天皇）。

　白河上皇は、堀河天皇の在位中はまだ藤原氏の勢力に遠慮して十分専制的ではなかったが、孫・鳥羽天皇の十七年間、さらにひ孫・崇徳天皇の六年間にわたって強力な政治を行い、院政という新たな政治形態を生みだした。

こうしてこれまで摂関家という天皇の母系が握っていた権力が、白河上皇という父系に移ったのである。

これによって白河上皇は「治天の君」となった。治天の君とは天下を治める事実上の君主である。父の後三条天皇は藤原氏の束縛をようやく離れて政治を行ったが、上皇はその勢いに乗じて、さらに自由で思いのままに政治の実権をふるうことができたのである。

引き続き摂政関白はおかれたが、やがて名目上の存在となり、実権を失っていった。白河上皇は父同様に自身の判断で政務をとり、受領階級や武家出身の近臣を用いて専制的な政治を行った。

白河上皇は荘園整理などに力を入れ、新しく台頭した武士層との連携で摂関家の権勢を弱めることに努めた。

また、院の護衛のために武装集団「北面の武士」を創設した。これは儀礼的な存在ではなく、本格的な武力をもつ集団であった。院の御所の北側を詰め所にしたためこの名がついた。

メンバーは主として在地武士や受領武士などであり、平正盛・忠盛親子も属していた。このことが後の平家台頭のきっかけとなった。また、歌人として有名な西行などもここに属していた。

白河上皇は、気丈で繊細、豪胆でかつ些細といった超ワンマンタイプだったが、その専制君主ぶりを伝えるエピソードは多い。

一一一〇年（天永元）、金泥で書写した一切経を法勝寺で供養しようとしたところ、雨で三度も延期になった。ようやく供養できた日も雨が降ったので、怒った上皇は雨を器に受けて獄舎に入れたという。

また、白河上皇は「賀茂川の水、双六《すごろく》の賽《さい》、山法師は、これ朕が心に従わざるもの」と嘆いたが、逆にそれは鴨川の洪水、サイコロの目、比叡山の僧兵以外のことなら何でも自分の思い通りなったということである。

長年上皇につかえた藤原宗忠《むねただ》は、日記に次のように書いている。

「天下に君臨して五十七年、意のままに除目叙位《じもくじょい》を行った。その威光と権力は四海に満ち、天下これに帰服した。是非の判断は思い切りよく、賞罰はわかりやすいが好き嫌いは激しい。貧富の差別も顕著で男女のえこひいきも多いので、天下の秩序が乱れて皆気持ちの休まることがなかった」

女性関係も派手で、平清盛が白河上皇のご落胤であるとか、崇徳天皇は上皇の子であるという噂が根強くあった。

その一方で仏教に深く帰依し、在位中に法勝寺を建立したのをはじめ、尊勝寺、最勝寺、円勝寺を次々に建立した。こうしたことも、摂関家に代って政治を取り戻し、皇室の経済力と台頭してきた武士の財力によって可能になったことである。一〇九六年（永長元）、最愛の皇女・媞子内親王の死を悼んで出家し、法皇となった。

晩年はしきりに殺生禁断の令を出し浄土信仰を深めたが、にわかに倒れ、七十七年の生涯を閉じた。

第七十三代　堀河天皇《ほりかわてんのう》

御名・異名　善仁《たるひと》　生没年　一〇七九（一〇八六～一一〇七）一一〇七（二十九歳）　在位　二十二年　父　白河天皇　母　藤原賢子　皇后　篤子《とくし》内親王（後三条天皇の皇女）　女御　藤原苡子《いし》（藤原実季《さねすえ》の娘）ほか

白河天皇の第二皇子である善仁親王が、八歳で即位した（堀河天皇）。父帝とはちがって優しく温和な性格で、政治の表舞台に立つことはほとんどなく、学問と和歌、管弦に情熱を注いだ。十一歳で元服すると叔母で三十歳近い篤子内親王が入内して妃となった。妻というよりは母代わりのような后の薫陶をうけ、「末代の賢王」といわれるまで徳を磨き、剛毅な関白藤原師通《もろみち》の補佐によって朝廷の政治を取りしきった。このころは白河上皇の院政もまだ名ばかりのものだった。篤子との間に皇子女はなく、大納言藤原実季の娘・苡子の間に産まれた宗仁《むねひと》親王（次の鳥羽天皇）を皇太子とした。苡子は産後すぐに亡くなったため、宗仁親王は白河法皇のもとで養育された。堀河天皇はもともとあまり丈夫な体ではなかったが、二十七歳のころ病を発し、二十九歳で崩御した。

第七十四代 鳥羽天皇《とば》

御名・異名 宗仁《むねひと》、空覚 生没年 一一〇三（一一〇七〜一一二三）一一五六（五十四歳） 在位 十七年 父 堀河天皇 母 藤原苡子 皇后 藤原璋子《しょうし》（待賢門院《たいけんもんいん》、藤原公実《きんざね》の娘）、藤原泰子《たいし》（高陽院《かやのいん》、藤原忠実《ただざね》の娘）、藤原得子《とくし》（美福門院《びふくもんいん》、藤原長実《ながさね》の娘）

堀河天皇の第一皇子である宗仁親王は、誕生後すぐに母が没したため、祖父の白河法皇に引きとられて育った。その後、父帝の崩御により五歳で即位した（鳥羽天皇）が、幼少だったために白河法皇の院政はさらに強固なものとなり、すべてが法皇の意のままだった。

鳥羽天皇が十五歳になると、法皇の意向によって権大納言藤原公実の娘璋子が女御として入内、翌年中宮となった。璋子は法皇の養女になっていたが、実はすでに法皇と関係ができており、その後も関係は続いたという。

璋子はまもなく顕仁《あきひと》親王（次の崇徳《すとく》天皇）を生んだが、これは法皇の子であるといわれ、天皇は顕仁親王を「叔父子《おじご》」と呼んで冷遇した。しかし、法皇はこのひ孫

鳥羽院

（実は自分の子？）の速やかな即位を望み、鳥羽天皇に譲位を迫った。

圧倒的な祖父を前に対抗するすべはなく、二十一歳の天皇はいわれるままに位を譲り、法皇と璋子との奇妙な三角関係もそのまま続いたという。それでも鳥羽上皇と璋子との間には雅仁《まさひと》親王（のちの後白河《ごしらかわ》天皇）が生まれた。

一一二九年（大治四）、白河法皇が崩じると、ようやく鳥羽上皇は表舞台に登場し、祖父とよく似た院政を開始するとともに、これまたよく似た独善ぶりを発揮した。

まず、祖父ににらまれて宇治にこもっていた藤原忠実を呼び戻し、その子・頼長《よりなが》を重用した。忠実は、一一二〇年（保安元）に白河法皇が熊野に参詣している間に娘の泰子を鳥羽天皇に入内させ、一一三四年（長承三）、泰子は女御から皇后になった。これが白河法皇を怒らせ、忠実の関白を停めてしまったのである。また、祖父が寵愛した璋子を遠ざけ、権中納言藤原長実の娘・得子を女御として寵愛するようになった。さらに、前述したように泰子も立后させているので、鳥羽上皇は三人の后を迎えたことになる。得子が体仁《なりひと》親王を生むと、上皇は崇徳天皇に譲位を迫り、わずか三歳の体仁親王を皇位につけた（近衛《このえ》天皇）。ところが、近衛天皇は皇子がないまま十七歳で夭逝してしまった。

そこで崇徳上皇は、先にやむなく譲位した自分が重祚《ちょうそ》するか、自分の子の重仁《しげひと》親王が皇位を継ぐことを望むが、鳥羽法皇（一一四一年出家）は聞き入れず、崇徳上皇の弟である雅仁親王を皇位につけた（後白河天皇）。こうして崇徳上皇の出番を完全にふさいだのである。

このように、鳥羽法皇と崇徳上皇との父子関係は冷たいものだったが、そんななか一一四三年（康治二）に疱瘡《ほうそう》がはやり、崇徳上皇もわずらってしまった。すると、鳥羽法皇が崇徳上皇を見舞いにいったという話もある

鳥羽法皇の強引な皇位継承と摂関家の内紛がのちの「保元《ほうげん》の乱」を招くことになるが、晩年の法皇は大乱が生じることを予感して、源氏と平氏の兵力を結集して内裏の警護を厳重にした。中世的な支配体制の基盤をつくった法皇は、保元の乱の前夜、緊張の高まるなか五十四歳で崩御した。

第七十五代　崇徳《すとく》天皇

御名・異名 顕仁《あきひと》、讃岐院　生没年 一一一九（一一二三〜一一四二）一一六四（四十六歳）　在位 十九年　父 鳥羽天皇　母 藤原璋子（待賢門院）
皇后 藤原聖子《せいし》（皇嘉門院《こうかもんいん》、藤原忠通《ただみち》の娘）

鳥羽天皇の第一皇子である顕仁親王は、実は祖父の白河法皇の子であると噂された。五歳で父の譲位により即位した（崇徳天皇）が、これは祖父の意向によるものであった。崇徳天皇は法皇の庇護下にあるうちは順調であったが、法皇が没すると状況は一変した。

鳥羽上皇が、寵妃《ちょうひ》美福門院得子が産んだ体仁《なりひと》親王（次の近衛天皇）を皇位につけるために、崇徳天皇に退位を迫ったのである。天皇は心ならずも譲位して上皇となった。実に近衛天皇三歳、崇徳上皇二十三歳である。上皇といっても実権は鳥羽法皇が握っており、崇徳上皇の不満は募っていった。

ところが近衛天皇は生来病弱で、皇子女をもうけないまま十七歳で亡くなった。このため崇徳上皇は再度自分が皇位につくか、わが子の重仁《しげひと》親王の即位に望みをかけた。しかし、近衛天皇の母である美福門院が、「近衛の若死には崇徳の呪詛のせいだ」と鳥羽法皇に訴えたため、法皇は自分と待賢門院との間に産まれた雅仁親王（のちの後白河天皇）を皇位につけ、雅仁と藤原懿子《いし》（大納言藤原経実《つねざね》の娘）の間の守《もり》仁《ひと》親王（のちの二条天皇）を東宮とした。

こうして完全に望みを断たれた崇徳上皇はクーデターの挙に出た。一一五六年（保元元）、鳥羽法皇の崩御を機に、平忠正や源為義（鎮西八郎）ら武士を率いて権力奪回を試みた。これが「保元の乱」である。

しかし、鳥羽法皇は生前、平清盛・源義朝ら有力な武士集団に後白河天皇を守るように命じており、彼らの奇襲攻撃によって崇徳上皇側はあえなく敗退した。その結果、崇徳上皇は讃岐（香川）に流され、その後は「讃岐院」と呼ばれた。

讃岐では仏教に帰依し、戦死者の供養と反省の意を込めて熱心に写経した。そしてこれを寺に収めてほしいと朝廷に差し出したところ、後白河天皇が「呪詛が込められているのではないか」と許さず、突き返されてしまった。

怒った讃岐院は、返された写本に舌を噛み切った血で「大魔王となって日本国を転覆させよう」という誓いを書き、海に沈めた。それ以来、恨みをのんで爪や髪を伸ばし続け、悪鬼のような姿で亡くなった。享年四十六であった。

火葬の煙は都に向かってたなびき、ほどなく「平治の乱」をはじめ凶事が相次い

崇徳院

だため、人々はこれを崇徳上皇の祟りだと噂した。崇徳上皇の祟りを題材にした『雨月物語』の「白峯」には、大魔王と化した上皇が「世の中の乱れは自分がなすわざなり。平治の乱をおこし、死してなお朝家に祟りをなす。見よ、やがて天下に大乱を生じさせてやる」と呪いのことばをはく下りが、おどろおどろしく書かれている。

その一方で、上皇の作った「瀬をはやみ岩にせかるるたき川のわれてもすゑにあはんとぞおもふ」という恋歌は「百人一首」に選ばれており、大魔王のイメージとは別の繊細な上皇をそこに見ることができる。

のちに、明治天皇は即位に際して使者を讃岐に送り、崇徳上皇の霊を京都へ帰還させて白峯神宮を創建した。

第七十六代　近衛《このえ》天皇

御名・異名　体仁《なりひと》　生没年　一一三九（一一四一〜一一五五）一一五五（十七歳）　在位　十五年　父　鳥羽天皇　母　藤原得子（美福門院）　皇后　藤原多子《たし》（藤原公能《きんよし》の娘）、藤原呈子《ていし》（九条院、藤原伊通《これみち》の娘）

鳥羽天皇の第九皇子である体仁親王が、生後三か月で崇徳天皇の皇太弟となり、わずか三歳で即位した（近衛天皇）。鳥羽上皇に溺愛された近衛天皇は、十七歳で早世するまで、病と称して御帳《みちょう》（貴人の御座所の帳《とばり》）から出ることはほとんどなかったという。

十二歳の正月、当時左大臣であった藤原頼長の養女・多子が入内して皇后となり、四月には頼長の兄・忠通も養女・呈子を入内させて中宮とした。いずれも将来、外祖父として政治を左右しようとする目論見である。忠通《ただみち》・頼長《よりなが》は兄弟とはいっても異母兄弟であり、年齢は二十四歳もちがって反目する仲だった。幼い天皇は二人の確執の間で政治をとることもなく、眼病のために十七歳の若さで崩御した。皇子女はなかった。

天皇と平氏との関係図

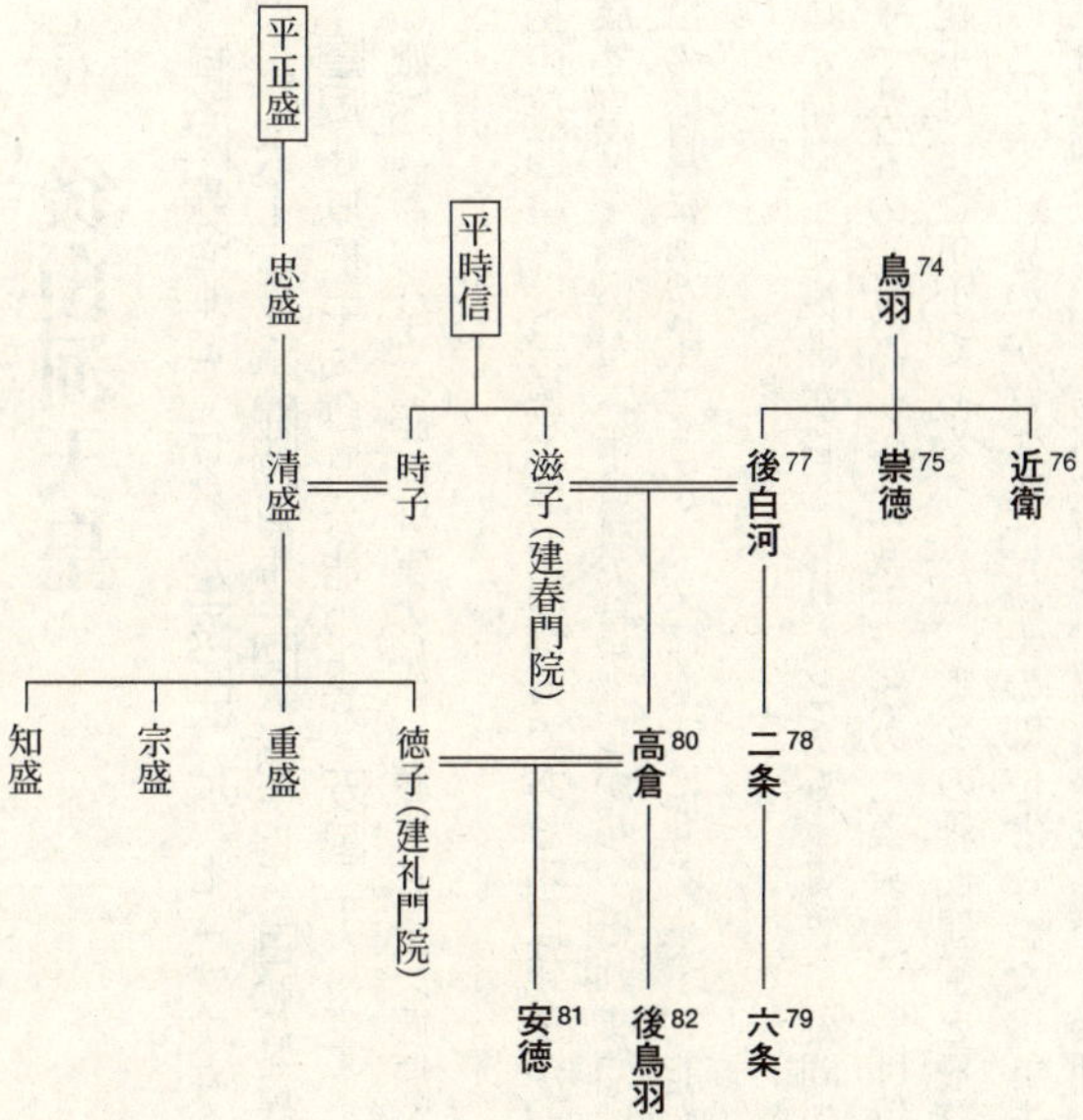
平正盛
忠盛
清盛
平時信
時子
滋子（建春門院）
鳥羽74
後白河77
崇徳75
近衛76
知盛
宗盛
重盛
徳子（建礼門院）
高倉80
二条78
安徳81
後鳥羽82
六条79

第七十七代　後《ご》白河《しらかわ》天皇

御名・異名雅仁《まさひと》、行真　**生没年**一一二七（一一五五〜一一五八）一一九二（六十六歳）**在位**四年　**父**鳥羽天皇　**母**藤原璋子（待賢門院）
皇后藤原忻子《きんし》（藤原公能の娘）**女御**平滋子《たいらのしげこ》（建春門院、平時信の娘）、藤原懿子《いし》（藤原経実の娘）、藤原琮子《むねこ》（藤原公教《きんのり》の娘）ほか

鳥羽天皇の第四皇子で崇徳上皇の同母弟である雅仁親王が、近衛天皇の崩御により二十九歳で皇位を継いだ（後白河天皇）。しかし、それまでは鳥羽上皇や崇徳上皇から「即位の器量にあらず」とか「文にも武にもあらず、能もなく芸もなし」と評されていた。

近衛天皇が崩御して後継が論じられたときも、資質に疑問のある雅仁親王ではなく、その子で英邁の誉れ高い守仁《もりひと》親王（次の二条天皇）の即位が期待された。しかし、守仁親王はまだ年少であるうえに、実父の雅仁親王を飛び越えての即位はおかしいということで、思いがけず雅仁親王の即位となったのである。

この即位は鳥羽法皇、美福門院得子、関白藤原忠通の後押しであったが、期待さ

れた役割は崇徳上皇への牽制と、二条天皇への中継ぎ役でしかなかった。ところが暗愚といわれた後白河天皇が、即位のあとは源平の勢力をたくみにあやつり、二条、六条、高倉、安徳、後鳥羽天皇の五代にわたって院政を続け、たぐいまれな政治力を発揮する。

即位の翌年の一一五六年（保元元）、「保元の乱」が起こった。後白河天皇の即位に不満を抱く崇徳上皇が、左大臣藤原頼長と組んでクーデターを起したのである。しかし、後白河天皇と関白藤原忠通は平清盛、源義朝ら武士勢力によってこれを破り、崇徳上皇を讃岐へ流した。そして功績のあった藤原通憲《みちのり》（信西）を重用して荘園整理を行うなど、新しい制度のもとで権力の強化をはかった。

即位四年目、後白河天皇は早々に皇子の守仁親王に譲位して、院政を開始するが、そこにはさまざまな勢力が拮抗していた。後白河上皇が重用した信西には藤原信頼や二条天皇の側近である藤原経宗《つねむね》・惟方《これかた》が反目しており、これに味方する源義朝と平清盛との対立も激化していた。二条天皇とその側近は、そもそも鳥羽法皇が望んだのは二条天皇の親政であり、暗愚の後白河上皇に治天の君の資格はないと批判した。

この対立が爆発したのが一一五九年（平治元）の「平治の乱」で、信頼《のぶより》・義朝《よしとも》は信西を攻めて自害させたが、結局は清盛に敗れて平家の全盛時代を招くことになった。後白河上皇は清盛の力を利用して権勢を振るうが、平家一門も上皇の権威を利用して公家や殿上人に伍して勢力を拡大していった。

二条天皇、六条天皇の時代は、まだ後白河上皇の権力も万全ではなかった。しかし、清盛の武力を背景に二条、六条天皇を退位させ、滋子（清盛の妻の妹）との間に生まれた憲仁《のりひと》親王を皇位につける（高倉天皇）ことによって反対派を押さえ込んだ。こうして上皇は政治の実権を掌握した。

一一六七年（仁安二）、清盛は武士では初めて太政大臣となり、翌年出家、後白河上皇も翌年出家して法皇となった。しかし、親密だった法皇と平家との間にも、互いの勢力が拮抗することによって軋轢《あつれき》が生じてきた。

一一七七年（治承元）、鹿ケ谷《ししがたに》で行われた後白河法皇の近臣による平家打倒の密議が露見すると、平家との間は極端に悪化した。そして、清盛の子・重盛が亡くなると、法皇はその所領を没収した。

怒った清盛は数千の兵を率いて上洛し、法皇を鳥羽殿に幽閉した。そして法皇の院政をとめ、高倉天皇と娘・徳子の間に生まれた言仁《ことひと》親王を立て（安徳《あんとく》天皇）、高倉上皇には名目だけの院政を行わせて実権を握った。平家による武家政権の成立である。

ところがこの年、弟・高倉上皇との皇位争いに敗れた以仁王《もちひとおう》が源頼政《よりまさ》と語らって

後白河院

平家打倒の軍を挙げた。これは失敗に終わったが木曽の源義仲《よしなか》や伊豆へ流されていた源頼朝などが挙兵、後白河法皇はこれを支援して平家と向かい合った。

一一八一年（養和元）、高倉天皇に続いて清盛が病死すると、平家の勢力は急激に衰え、幽閉されていた後白河法皇は院政を再開した。そして一一八三年（寿永二）、木曽義仲が叡山と連携して京都に攻め込むと、平家は安徳天皇を奉じて三種の神器とともに西へ落ちのびた。京へ戻った法皇は義仲と対立して捕らえられたが、頼朝が弟の範頼・義経を上洛させて義仲を討ち、法皇は平家追討の宣旨を下した。

壇ノ浦で平家が滅ぶと、今度は頼朝との間に確執が生まれ、後白河法皇は義経に頼朝討伐の院宣を下した。しかし義経が敗れて頼朝に抗議されると、逆に頼朝に義経追討の院宣を下した。こうした法皇の権謀術数は頼朝をして「日本国第一の大天狗」といわしめたが、いずれにしても法皇の下で頼朝が御家人を率い、日本国総追捕使《そうついぶし》として国家の軍事警察を担当する体制が確立したのである。

武者《むしゃ》の世の到来を告げる保元の乱から頼朝が鎌倉幕府を開くまで、後白河法皇は長い戦乱の中で朝廷の威信をつらぬき、即位の前に「能もなく芸もなし」と評されたのはまったくの間違いだったことを証明した。

後白河法皇は政治以外にもさまざまな活動をしたことで知られるが、なかでも物詣が盛んだった。とくに熊野御幸は多く、三十二度目には次のような歌を詠んでいる。

忘るなよ雲は都をへだつともなれて久しきみくまの月

現在、京都市内に新熊野《いまくまの》、新日吉《いまひえ》などがあるが、これは遠路はるばる熊野や日吉を訪れなくても都で詣でることができるようにという法皇の思いから始められたものだ。

法皇はまた、一一五八年（保元三）正月に内宴を復活させた。これは後一条天皇以来絶えていた行事である。このほか法皇は、宮廷とは縁の薄い民衆の芸能を好み、今様（当時流行した七五調の歌謡）を集めて『梁塵《りようじん》秘《ひ》抄《しよう》』を編纂した。ここに集められた歌謡は仏教歌謡、神事歌謡、民衆歌謡に分けられるが、そのどれにも当時の一般庶民の願いや憧れが込められている。「大天狗」といわれて権謀術数に明け暮れたが、心は広く下層民衆の気配にまで通じていたということだろう。

第七十八代　二条天皇《にじょう》

御名・異名　守仁《もりひと》　生没年　一一四三（一一五八〜一一六五）一一六五（二十三歳）　在位　八年　父　後白河天皇　母　藤原懿子　皇后　姝子《しゅし》内親王（高松院《たかまついん》、鳥羽天皇の皇女）、藤原育子《いくし》（藤原実能《さねよし》の娘）

雅仁《まさひと》親王（のちの後白河天皇）の第一皇子である守仁親王は、雅仁親王が皇位を継ぐとは思われていなかったため、九歳のとき仁和寺《にんなじ》に入った。ところが雅仁親王が思いがけず皇位を継ぐことになり、あらためて親王となり皇太子として立った。祖父である鳥羽法皇の寵妃・美福門院の養子になっており、法皇は守仁親王に皇位を継がせるために、父である雅仁親王を即位させたといわれている。

一一五八年（保元三）、守仁親王が後白河天皇から譲位されて十六歳で即位した（二条天皇）。しかし、後白河上皇による院政が行われたため、二条天皇と近臣は、鳥羽法皇の意向は天皇による親政であったとして、後白河上皇の院政に対立した。二条天皇は一本気な性格であり、奔放な後白河上皇とはソリが合わず、ことごとく対立した。

二条院

二条天皇と後白河法皇との対立は当時もよく知られていたようで、九条家の始祖であり摂政・関白についた九条兼実は日記『玉葉』のなかで、天皇は賢主ではあるが孝道において欠けているむねのことを書いている。

また、一一六四年（長寛二）、後白河上皇の宿願であった千手観音を千体安置する堂が建立され、落慶の供養が行われたが、二条天皇はまったく無視した。

後白河上皇は二条天皇の行幸を願っていただけに、悲しみのあまり目に涙を浮かべて「なんの憎さで、なんの恨みで……」といったという。

即位の翌年には「平治の乱」が起こり、藤原信頼《のぶより》・源義朝《よしとも》によって大内裏に幽閉されたが、ひそかに脱出して平清盛の六波羅邸に移った。

この二条天皇の内裏脱出の場面は『平治物語絵巻』に描かれているが、このとき天皇は女装して牛車に乗ったという

一一六五年（永万元）、二条天皇は病により皇位を皇太子順仁《のぶひと》親王（「よりひと」ともいう。次の六条天皇）に譲り、同年崩御した。享年二十三。

第七十九代　六条《ろくじょう》天皇

御名・異名　順仁《のぶひと》（「よりひと」ともいう）　生没年　一一六四（一一六五～一一六八）―一一七六（十三歳）　在位　四年　父　二条天皇　母　伊岐兼盛《いきのかねもり》（善盛）の娘　皇妃　配偶者なし

二条天皇の后妃には皇子女がなく、伊岐某女に産まれた子を中宮育子が育てていたが、その子が順仁親王である。順仁親王は父の二条天皇の病気により、満一歳にもならないうちに皇太子として立ち、その日のうちに践祚した（六条天皇）。六条天皇は二か月後の即位式では途中で泣き出し、乳母が乳を与えて泣き止んだという。

実は皇嗣が心配されたとき、後白河上皇の后・滋子（平清盛の妻の妹）に皇子・憲仁《のりひと》親王（次の高倉天皇）が生まれ、皇統は後白河上皇の流れになるかと思われていた。しかし、四年後に順仁親王が生まれ、二条天皇は自分の子に位を譲ることができたのである。

後白河上皇にしてみれば、憲仁親王の即位は二条天皇派がまだ健在なので時期尚早と見たのであろう。いずれにしても政治は後白河上皇が執り行い、四年後には六条天皇を退位させ、平家の推す憲仁親王の即位を強行した。

六条天皇は二歳で即位して在位四年、五歳で上皇となったが、病を得て十三歳で崩じた。

第八十代　高倉《たかくら》天皇

御名・異名 憲仁《のりひと》　生没年 一一六一（一一六八〜一一八〇）一一八一（二十一歳）　在位 十三年　父 後白河天皇　母 平滋子（建春門院）　皇后 平徳《とく》子《こ》（建礼門院《けんれいもんいん》、平清盛の娘）　皇妃 藤原殖子《しょくし》（七条院《しちじょういん》、藤原信隆《のぶたか》の娘）ほか

後白河天皇の第七皇子である憲仁親王が、六条天皇の譲りを受けて八歳で即位した（高倉天皇）。このとき六条上皇は五歳であった。

高倉天皇は後白河法皇と平清盛によって擁立されたもので、この早い譲位は六条天皇（二条天皇の皇子）を擁して天皇親政をはかろうとする二条天皇派を牽制したものである。

高倉天皇は一一七二年（承安二）、十二歳で清盛の娘・徳子を中宮とし、徳子は六年後の一一七八年（治承二）、平家待望の言仁《ことひと》親王（次の安徳天皇）を産んだ。しかし、一一七八年といえば鹿ケ谷の謀議（後白河法皇近臣の平家打倒謀議）が発覚した翌年である。

高倉院

以前から後白河法皇と清盛との間の権力争いは激しくなっていたが、特に鹿ケ谷の事件以降は両者の関係は極端に悪化し、清盛は法皇を幽閉して院政を停止するなどし、法皇のほうは源氏に肩入れするようになっていた。

高倉天皇は優しく穏やかな人柄であっただけに、父・法皇と岳父・清盛の間に立って心を痛め、言仁親王へ譲位の翌年、二十一歳で崩御した。

『平家物語』には、高倉院と小督《こごう》との悲恋が描かれている。

小督は大納言隆房の妻であったが、高倉院に召された。隆房は未練を断ち切れず、小督に手紙で想いを伝えようとしたが、小督は高倉院に召されたことを思い、受け取ることをしなかった。

二人から愛された小督は苦しみ、ひそかに

内裏から逃げ出し、嵯峨に身を隠してしまった。すると高倉院は嘆き悲しみ、臣下の源仲国に命じて小督を連れ戻そうとした。

ところが、それを知った清盛は小督を出家させてしまい、苦悩の高倉院はやがて病気になり、ついに崩御してしまった。

この話は清盛（平氏）の横暴を伝えるための虚構といわれているが、高倉天皇が後白河法皇と清盛の間で苦悩の日々を送ったことは間違いないようだ。

第八十一代　安徳《あんとく》天皇

御名・異名 言仁《ことひと》　生没年 一一七八（一一八〇～一一八五）一一八五（八歳）　在位 六年　父 高倉天皇　母 平徳子（建礼門院）　皇妃 配偶者なし

高倉天皇の第一皇子である言仁親王が、生後一か月あまりで皇太子となり、三歳（満一歳二か月）で天皇の譲位を受けて践祚した（安徳天皇）。この時期、後白河法皇は幽閉されて院政を止められていたため、言仁親王の即位はすべて平清盛の指揮によるものである。

平家にとっては待ちに待った天皇であった。かつて摂関家が天皇の外戚となることで権力を維持したように、平家もようやく外祖父の地位を確立したのである。しかし、時はすでに遅く、各地に源氏が蜂起し、寺院勢力にも反平家運動が高まる状況であった。

安徳天皇は一一八〇年（治承四）二月に践祚して皇位についたが、四月には以仁《もちひと》王《おう》（後白河天皇の第二皇子）が平家討伐の令旨を発し、これに各地の源氏が呼応した。清盛は以仁王の鎮圧には成功したが、六月には安徳天皇、高倉上皇、後白河法

安徳天皇

皇を奉じて福原（神戸市）へ遷都した。三井寺、興福寺をはじめ寺院勢力との直接対決を避けて、平家の再興を期すためである。

しかし、八月には源頼朝が伊豆で挙兵し、十月には富士川の戦いで平家軍は大敗、さらに各地の反乱は勢いづいた。清盛らはこれに対処するために十一月には福原を後にして京に帰り、後白河法皇はふたたび院政を再開した。

翌一一八一年（養和元）正月には高倉上皇が崩御、続いて二月には清盛が熱病で没した。清盛の子・宗盛が平家の棟梁となったが、凡庸な宗盛に、下り坂の平家を建てなおす力はなかった。

二年後の一一八三年（寿永二）、平家軍は越中の倶梨伽羅《くりから》峠《とうげ》で源義仲に敗れ、義仲は京に迫った。宗盛は天皇と法皇を擁して西国に走ろうとした。天皇と法皇を擁していれば、歯向かうものは朝敵になる。しかし、後白河法皇はいち早く延暦寺に脱出したため、やむなく安徳天皇のみをつれて三種の神器とともに都落ちした。天皇六歳の夏である。

安徳天皇は平家一門とともに大宰府（福岡県）に入ったのち、讃岐の屋島《やしま》に行宮《あんぐう》を営んだが、一一八五年（文治元）二月、源義経の襲来によって海上に逃れた。そして壇ノ浦の戦いで平家は滅亡、八歳の天皇は祖母である二位尼《にいのあま》（平清盛の妻・時子）に抱かれて入水した。歴代天皇で最年少の崩御である。

髪を背中の中ほどまで伸ばした八歳の帝《みかど》の姿は、まわりをパッと明るくするほど気高かった。その帝に「これからどこへ行くのじゃ」と聞かれた祖母は涙をはらいつつ、「この波の下にこそ極楽浄土という麗しい都があります。これからそこへ参ります」と答えた。そして帝は小さな手を合わせ、東に向かって伊勢大神宮と八幡宮にお別れ申し、西に向かって念仏を唱えられ、二位尼に抱かれて深い海に沈んだ。

これらは『平家物語』が伝える最期の様子だが、実は安徳天皇は死んでいなかったとする伝説が各地にある。平家の残党に守られて、阿波の祖谷山（徳島県三好市）に隠れ住んだといわれたり、薩摩国硫黄島（鹿児島県三島村）に逃れた、あるいは対馬に逃げ延びて宗氏（対馬を支配した戦国大名）の祖となったなど、九州四国を中心に各地に伝承がのこっている。あまりにも幼い死を悼む人々の思いが、こうした伝承を生んだのであろう。二〇〇五年（平成十七）に放映されたNHKの大河ドラマ『義経』では、壇ノ浦で弟の守貞親王（安徳天皇の異母兄）とすり替えられたことになっていたが、これはフィクションである。

なお、母の建礼門院もこのとき入水するが、源氏の兵によって引き上げられた。三種の神器のうち宝鏡（形代《かたしろ》）は無事だったが、勾玉《まがたま》と宝剣（形代）は二位尼が身に帯びて海に沈んだ。のちに勾玉は引き揚げられたが、宝剣は失われた（ただし、本体の神剣は熱田神宮につつがなく祀られている）。

また、天皇不在となった京都では、後白河法皇の詔によって尊成《たかひら》親王が即位した（後鳥羽天皇）ため、安徳天皇の西走から崩御までの間、在位期間が重複している。後鳥羽天皇の即位が急がれたのは、平氏追討軍を法皇の私兵ではなく天皇の官軍とし、正当性を確保するためだった。

第八十二代 後鳥羽《ごとば》天皇

御名・異名 尊成《たかひら》、隠岐院、顕徳院、良然、金剛理 生没年 一一八〇（一一八三〜一一九八）一二三九（六十歳） 在位 十六年 父 高倉天皇 母 藤原殖子（七条院） 皇后 藤原任子《にんし》（宜秋門院《ぎしゅうもんいん》、九条兼実《くじょうかねざね》の娘） 皇妃 源在子《ざいし》（承明門院《しょうめいもんいん》、能円《のうえん》の娘）、藤原重子《じゅうし》（二条局《にじょうのつぼね》、修明門院《しゅうめいもんいん》、高倉範季《たかくらのりすえ》の娘）ほか

高倉天皇の第四皇子である尊成親王が生まれたのは、福原遷都や源頼朝の挙兵のあった動乱の年である。三年後の一一八三年（寿永二）、平家が安徳天皇を伴って都落ちしたため京は天皇不在となって、新天皇を立てることになった。京に入っていた源（木曽）義仲は以仁王《もちひとおう》の王子・北陸宮を推挙したが、後白河法皇は高倉上皇の皇子・尊成親王を選んだ。そこで、尊成親王が四歳で皇位についた（後鳥羽天皇）。しかし、平家が安徳天皇とともに三種の神器を持ち去っていたために、後白河法皇の院宣によって神器なしで践祚するという異例の即位であった。

在位十六年の前半は後白河法皇の院政であったが、一一九二年（建久三）に法皇

後鳥羽院

が崩じ、源頼朝が征夷大将軍となって鎌倉幕府が開かれると、後鳥羽天皇の親政となった。そして一一九八年（建久九）、十九歳の天皇は第一皇子為仁《ためひと》親王に譲位して（土御門《つちみかど》天皇）、院政を開始し、土御門、順徳《じゅんとく》、仲恭《ちゅうきょう》天皇の三代、二十三年にわたって、上皇として政治をとりしきった。

後鳥羽上皇はまれにみる多芸多才の持ち主で、特に和歌は一流、村上天皇のころに設置された和歌所《わかどころ》を再興し、すぐれた歌人を集めて和歌を奨励した。また、彼らの協力で『新古今和歌集』を勅撰、隠岐に流されてからも追加削除を行った。

歌道のほか書画、管弦、蹴鞠《けまり》など宮廷の伝統的な学芸に秀で、さらに相撲・水泳・弓などの武芸も好み、自ら刀剣の鍛造も行って臣下に与えたという。

皇室の御紋は菊であるが、この菊紋は後鳥羽上皇が好んで衣服や調度品、懐紙、車、刀剣などに使用したので、それまで菊紋を使用していた者も遠慮するようになり、皇室の紋章として定着したといわれる。

いずれにしても後鳥羽上皇は、一流の文化人が武芸全般にも通じているというい わば天才肌の人物で、不羈奔放な性格と政治への強い意欲が「承久《じょうきゅう》の乱」の悲劇につながったといえるだろう。

承久の乱は後鳥羽上皇が鎌倉幕府を倒そうと兵を挙げた争乱である。上皇は院政を始めた一二〇〇年（正治二）ごろ、身辺の警護にあたる武士集団「西面《さいめん》の武士」を結成したが、これには討幕準備のためだったという説と、武芸好きの上皇が鎌倉とは関係なく創設したという説とがある。

つまり、いつから後鳥羽上皇が討幕を考えたかははっきりしないが、初めから討幕の意志を固めていたわけではなさそうである。一二〇三年（建仁三）、鎌倉では源実朝《さねとも》が三代将軍となり、上皇は母の弟・坊門信清《ぼうもんのぶきよ》の娘を実朝の妻として鎌倉に下すなど、実朝を通じて公武の融和を図ろうとしていた。

しかし、実朝にはかつての頼朝のような力はなく、実権は執権となった北条氏に移っていた。北条氏勢力は、後鳥羽上皇が実朝をとりこんで御家人の権益を侵すことを警戒し、上皇のほうは幕府の御家人保護策に反発した。実朝は間に立って苦慮していたが、一二一九年（承久元）、鶴岡《つるがおか》八幡宮境内で公暁《くぎょう》に暗殺されてしまった。

この実朝の暗殺については、さまざまな話が伝えられているが、そのなかには、朝廷と義時が互いに呪詛を行っていたという話もある。

また、実朝暗殺の事件が起こる前に、朝廷と幕府との間に皇族将軍を設置する協定ができており、そのため実朝の官位を昇進させた。ところが、公家の間には身分不相応に官位が昇進すると早くほろびるという「官打ち」とよばれる思想があった。そこで、実朝の死も、この官打ちによるものだといわれた。

実朝には子がなく、幕府は約束通り後鳥羽上皇の皇子を将軍に迎えようとしたが、上皇はこれを「日本国を二つに分けることになる」として拒否。さらに、寵姫の所領問題などを幕府に突きつけた。だが、幕府は上皇の意に従わぬどころか、じわじわ圧力をかけてきた。

これによって上皇は武力による討伐を決断、一二二一年（承久三）五月十五日、北条義時追討の院宣を出し、まず京都守護伊賀光季を討った。時に上皇四十二歳、最も脂が乗った年齢といえるかもしれないが、勝利への見通しは甘かった。

直後の作戦会議では、「義時は朝敵になったのだから、彼に味方するものは千人もいないはず」という意見が大勢を占めたという。たしかに当時の武士にとって天皇、朝廷の権威は重く、幕府には動揺が走った。だが、政子が頼朝以来の恩顧を説く名演説を行い、これに感銘を受けた御家人らは官軍と戦うことを誓った。

ただちに北条義時の子・泰時が総大将となって京へ出陣したが、泰時が「もし上皇が自ら先頭に立って出陣してきたらどうしたらよいか」と父・義時に聞いた。すると義時は「そのときは武器を捨てて降伏するしかない。しかし、上皇のいない軍ならばあくまで戦え」といったという。

しかし、当然ながら、後鳥羽上皇が討幕軍の先頭に立つことはなく、たった一か月で完敗。上皇は義時追討の宣旨を撤回した。幕府の戦後処理は厳しく、後鳥羽、順徳両上皇は隠岐、佐渡に配流が決まり、土御門上皇も土佐（のち阿波）に流された。また仲恭天皇を廃して後堀河天皇が立てられ、乱に関与した公家や武士の多くが死罪となった。

さらに上皇方の廷臣や僧侶らの所領三千か所あまりが没収され、御家人に与えられた。それらは西国に多かったので、その後幕府の威令は関西以西にも届くことになった。

後鳥羽上皇は隠岐に流される直前に出家して法皇となったが、その後十九年を配所で過ごし、六十歳で崩御した。

第八十三代　土御門天皇《つちみかどてんのう》

御名・異名　為仁《ためひと》、阿波院、行源　生没年　一一九五（一一九八〜一二一〇）一二三一（三十七歳）　在位　十三年　父　後鳥羽天皇　母　源在子《ざいし》（承明門院）　中宮　藤原麗子《れいし》（大炊御門頼実《おおいみかどよりざね》の娘）ほか

後鳥羽天皇の第一皇子である為仁親王が、天皇の譲位により四歳で即位した（土御門天皇）。

この即位は、きわめてあわただしいものだった。後鳥羽天皇には三人の皇子がいたが、そのうちの誰を皇太子にするかを卜筮で決めたのである。

卜筮が行われたのが一一九八年（建久九）正月七日のことであり、その三日後の十日に第一皇子を為仁と命名し、十一日に皇太子、同日に践祚の儀式が行われた。歌人の藤原定家は日記『明月記』のなかで、このような重事が軽率に行われたことを非難している。これもみな、為仁親王の母・在子の養父である源通親の意向であった。

土御門天皇は人柄はきわめて穏和だが、世事には疎かったようである。鎌倉幕府

土御門院

と緊張関係にあった後鳥羽上皇は、この性格を物足りなく思い、天皇に譲位を迫り、弟の才気煥発な守成親王を即位させた（順徳天皇）。

いささか「ぬるい」といわれた土御門上皇だが、承久の乱にあたっては「今はその時期ではない」と後鳥羽上皇をいさめたといわれる。

このため乱後の処分もなかったが、孝心のあつい土御門上皇は、自分だけが京に留まるわけにはいかないと、自ら配流を申し出た。幕府は罪を認めず、その必要はないと断ったが、たっての願いとあって土佐に配流、のち阿波に移った。

幕府は後鳥羽、順徳両上皇とは違って、阿波の守護に御所を造営させるなどして厚遇した。

四国で過ごすこと約十年、この地で崩じた。

土御門上皇には十男九女の皇子女があって、多くは仏門に入ったが、典侍通子との間の邦仁王のみは仏門に入らず、のち後嵯峨天皇となった。

また、一説には日蓮宗の開祖日蓮は、この土御門天皇の皇胤だという。

第八十四代 順徳天皇《じゅんとく》

御名・異名 守成《もりなり》（「もりひら」ともいう）、佐渡院 生没年 一一九七（一二一〇～一二二一）一二四二（四十六歳） 在位 十二年 父 後鳥羽天皇 母 藤原重子（修明門院） 皇后 藤原立子《りっし》（「りゅうし」ともいう。東一条院《ひがしいちじょういん》、九条良経《よしつね》の娘）

後鳥羽天皇の第三皇子である守成親王は、幼少のころから才気煥発、しかも生母が後鳥羽上皇の寵愛が深かったため、上皇の期待は高く溺愛されたという。一二一〇年（承元四）、上皇の強い意向によって土御門天皇はしぶしぶ譲位し、守成親王が即位した（順徳天皇）。順徳天皇は九条良経の娘・立子（東一条院）を中宮とし、懐成《かねなり》親王（次の仲恭《ちゅうきょう》天皇）をもうけている。

穏和な土御門天皇とはちがい、激しい気性だったといわれているが、後鳥羽上皇の院政のもとにあったため、これといった事績をあげることはできなかった。しかし、歌道や有職故実《ゆうそくこじつ》の研究と、後鳥羽上皇とともに承久の乱を起こして敗れたことで、その名を記憶している人は多い。

順徳院

順徳天皇は九歳のときに『新古今集』の竟《きょう》宴《えん》（勅撰集の編集後の宴）に列席したほど、早くから和歌をたしなみ、在位中はしばしば歌会や歌合を行うなど本格的に歌道の研鑽に努めた。

たとえば、一二一五年（建保三）六月には、歌合のために御製の歌をつくり藤原定家に命じて勝負をつけさせた。定家は著名な歌人であり、幼少のころから歌才に抜きんでていたという。後鳥羽上皇の和歌所寄人となり、『新古今集』の撰者にあげられ、その名を不動のものとした。

また同年十二月には、藤原定家、藤原家隆らと宮中の名所百か所を詠み、定家に加点を命じた。このとき天皇は、まだ十八歳ころという若さであった。

順徳天皇の古来の歌学を集大成した『八雲《やくも》

御《み》抄《しょう》』六巻は有名で、在位中に稿本をまとめ、佐渡への配流後に完成したといわれる。

また、朝廷の古来の儀式や風俗を研究した著作『禁《きん》秘《び》抄《しょう》』は、有職故実の研究上欠かせない書物となっており、鎌倉幕府に対する宮廷文化の優越性を示そうとしたものといわれる。

在位中の一二一九年（承久元）、鎌倉では三代将軍実朝が公暁に暗殺されて源氏の将軍が途絶え、後継将軍選びに苦慮していた。これを後鳥羽上皇は討幕の好機ととらえ、順徳天皇も行動を共にすることにした。討幕の思いに駆られた父・後鳥羽上皇の薫陶をうけ、また外祖父は判官《ほうがん》（義経）びいきで知られた範季という環境もあって、父・上皇の討幕計画に積極的にかかわっていった。

一二二一年（承久三）四月、二十五歳の順徳天皇は皇太子・懐成親王に皇位を譲り、上皇という自由な立場で五月の挙兵に参加した。しかし、十九万といわれる幕府軍の前にあえなく敗退、早くも七月には佐渡へ配流となった。そして二十一年、佐渡を一歩も出ることなく配所で崩御した。享年四十六。

定家は『新勅撰和歌集』には、幕府を憚って順徳院の御製は採用しなかったが、『小倉百人一首』には「ももしきや」の御製を採用して順徳院の心境を後世に伝えた。

「ももしきや古き軒端のしのぶにもなほ余りある昔なりけり」（順徳院）

第八十五代 仲恭天皇《ちゅうきょうてんのう》

御名・異名 懐成、九条廃帝　生没年 一二一八（一二二一～一二二一）一二三四（十七歳）　在位 四か月　父 順徳天皇　母 藤原立子（東一条院）
皇妃 藤原氏

順徳天皇の第一皇子である懐成親王が、誕生の翌月に立太子し、四歳のとき天皇の譲りを受けて即位した（仲恭天皇）。幼少のため伯父の左大臣九条道家が摂政となった。

順徳天皇の譲位は、後鳥羽上皇の討幕計画に積極的に参画するためであり、「承久の乱」が起こると仲恭天皇は摂政道家の九条邸（母親の実家）に難を逃れていた。しかし、討幕の挙兵は失敗、後鳥羽、土御門、順徳の三上皇はそれぞれ隠岐、土佐、佐渡に配流された。

仲恭天皇も幕府によって廃位させられ、後高倉院の皇子・茂仁《ゆたひと》親王に譲位した（後堀河天皇）。その後は九条邸に住み、一二三四年（文暦元）、十七歳で崩御した。在位はわずか七十余日で即位式も大嘗祭も行われなかった。そのため当時は正式な天皇とはみなされず、「半帝」あるいは「九条廃帝」といわれていた。

しかし、時代は下り明治三年になって、明治天皇が追諡《ついし》して仲恭天皇となった。

この明治三年の追諡では、仲恭天皇のほかに弘文天皇（大友皇子）、淳仁天皇（淡路廃帝）も諡号をおくられたが、「仲恭」の撰定に際しては、「幼い」という意味の「冲」の字を撰んだ「冲恭天皇」という案もあったという。

第八十六代　後堀河《ごほりかわ》天皇

御名・異名 茂仁《ゆたひと》 生没年 一二一二（一二二一～一二三二）一二三四（二十三歳） 在位 十一年 父 守貞親王《もりさだしんのう》（後高倉院、高倉天皇の皇子） 母 藤原陳子《ちんし》（北白河院、持明院基家《じみょういんもといえ》の娘） 皇后 藤原有子《ゆうし》（三条有子、安喜門院《あんきもんいん》、三条公房《きんふさ》の娘）、藤原長子《ちょうし》（鷹司院《たかつかさいん》、近衛家実《いえざね》の娘）、藤原竴子《そんし》（藻璧門院《そうへきもんいん》、九条道家《みちいえ》の娘）

茂仁王の父・守貞親王は、高倉天皇の第三皇子であり、安徳天皇の弟、後鳥羽天皇の兄にあたる。安徳天皇が平家とともに落ち延びるとき、一緒に西国へ連れ去られた。皇位から遠のいた守貞親王は、出家して持明院宮行助入道親王《じみょういんのみやぎょうじょにゅうどうしんのう》となっていた。

「承久の乱」後、鎌倉幕府は後鳥羽上皇の血統を排除した新しい院政のもとで戦後処理を行うために、乱には一切関係のなかった行助入道親王を太上法皇《だじょうほうおう》（後高倉院）とし、仲恭天皇の位を廃したあとに行助入道親王の皇子・茂仁王を迎えて即位させた（後堀河天皇）。

後堀河院

後堀河天皇は十歳、守貞親王が後高倉院として院政をしいた。皇位につかなかった親王の太上天皇の尊称は異例のことであった。

一二二三年（貞応二）に後高倉院が没し、翌年（元仁元）、北条義時が亡くなった。鎌倉幕府の中心は泰時（義時の子）と時房（義時の弟）に移り、一二三二年（貞永元）には御家人の権利・義務や所領の訴訟などを成文化した最初の武家法である「御成敗式目」（貞永式目ともいう）が制定され、公布された。後高倉院の没後は天皇の親政となった。しかし、元来が病弱だったため、九条道家の娘・竴子との間にようやく授かった皇子・秀仁《みつひと》親王に譲位し（四条天皇）、その二年後に二十三歳で崩御した。竴子も前年に没しているため、世人は後鳥羽院の怨念のためだろうと噂した。

第八十七代　四条《しじょう》天皇

御名・異名 秀仁《みつひと》 生没年 一二三一（一二三二～一二四二）一二四二（十二歳） 在位 十一年 父 後堀河天皇 母 藤原竴子（藻璧門院） 女御 九《く》条《じょう》彦《げん》子《し》（宣仁門院《せんにんもんいん》、九条教実《のりざね》の娘）

後堀河天皇の第一皇子である秀仁親王が、誕生の年に皇太子となり、翌年十二月に二歳で即位した（四条天皇）。

病弱だった後堀河天皇と、早く外祖父の地位を確立したい九条道家の野心が一致した即位であった。

近衛天皇、六条天皇、そして承久の廃帝仲恭天皇などの例があるため、幼少の天皇に将来を危ぶむ声があったという。

後堀河上皇はまもなく崩御し、外祖父・道家や母方の縁者である西園寺公経らが政治を動かし権勢を振るった。

四条天皇は元服後まもなく、道家の孫にあたる九条教実の娘・彦子を女御に迎えたが、翌年には事故がもとで十二歳で早世した。

四条院

宮中の人を驚かそうと御所の廊下に滑石を撒《ま》いたところ、誤って自分が転びそのまま崩御したという。

四条天皇には皇子はなく、道家は順徳天皇の皇子・忠成王《ただなりおう》の即位をはかったが、鎌倉幕府はこれを拒否して、強引に土御門天皇の皇子・邦仁王《くにひとおう》を即位させた（後嵯峨《ごさが》天皇）。

この邦仁王の即位にあたっては、次のような話が伝えられている。

幕府執権の北条泰時は邦仁王を選んだことを京都に伝えるため、安達義景を使者として派遣した。ところが義景は、出発したものの再び戻ってきて、泰時に「もし順徳上皇の皇子が皇位についていたら、いかがいたしましょうか」とたずねた。

すると泰時は「なんの子細もない。そのときは皇位からおろし奉れ」と答えたという。

承久の乱のときには、泰時が「もし後鳥羽上皇が先頭に立って出陣してきたらどうしたらよいか」と父・義時にたずね、義時は「そのときは武器を捨てて降伏するしかない」と答えた。朝廷と幕府の力関係の変化がわかる話である。

これ以後、皇位継承の選定権は幕府へと移行した。

第八十八代 後嵯峨《ごさが》天皇

御名・異名 邦仁《くにひと》、素覚 生没年 一二二〇(一二四二～一二四六)一二七二(五十三歳) 在位 五年 父 土御門天皇 母 源通子《みちこ》(源通宗《みちむね》の娘)
中宮 西園寺姞子《きつし》(大宮院《おおみやいん》、西園寺実氏《さねうじ》の娘)ほか

土御門天皇の第三皇子である邦仁王は、承久の乱のときは二歳であった。父が土佐に流された後は母の叔父や祖母のもとでひっそりと育ち、二十歳を過ぎても元服せず、出家する予定であった。

ところが、四条天皇が皇子女のないまま突然崩御したため、朝廷の実力者・九条道家は順徳天皇の皇子・忠成王《ただなりおう》の即位を幕府に働きかけた。しかし幕府は、佐渡の順徳院が存命のため反幕機運が再燃することを懸念した。そこで乱には関係のなかった土御門天皇の皇子・邦仁王を推したのである。

実は邦仁王と北条氏とは縁戚関係にあり、幕府の方針は最初から邦仁王に決まっていたが、忠成派の公卿を納得させるため、表向きは鶴岡八幡宮のお告げがあった

後嵯峨院

ことにしている。こうした駆け引きのために十一日間の空位期間が生まれた。

後嵯峨天皇は在位四年で皇子の久仁《ひさひと》親王に譲位し（後深草天皇）、さらにその後、後深草天皇に命じて弟の恒仁《つねひと》親王に譲位させ（亀山天皇）、二代二十六年にわたって院政を行った。後嵯峨天皇は幕府によって擁立されただけに、その関係は円満であった。そのため、在位中は各地に嵯峨殿、吉田泉殿、鳥羽殿などの御殿を造り、遊宴、歌合、管弦、蹴鞠、仏事などの行事を催したり、高野山ほか各地に行幸したりした。また、たくさんの皇子女をもうけた。

一二六八年（文永五）、後嵯峨上皇は出家し、法皇となり、四年後（文永九年）に崩御した。

持明院統と大覚寺統の関係

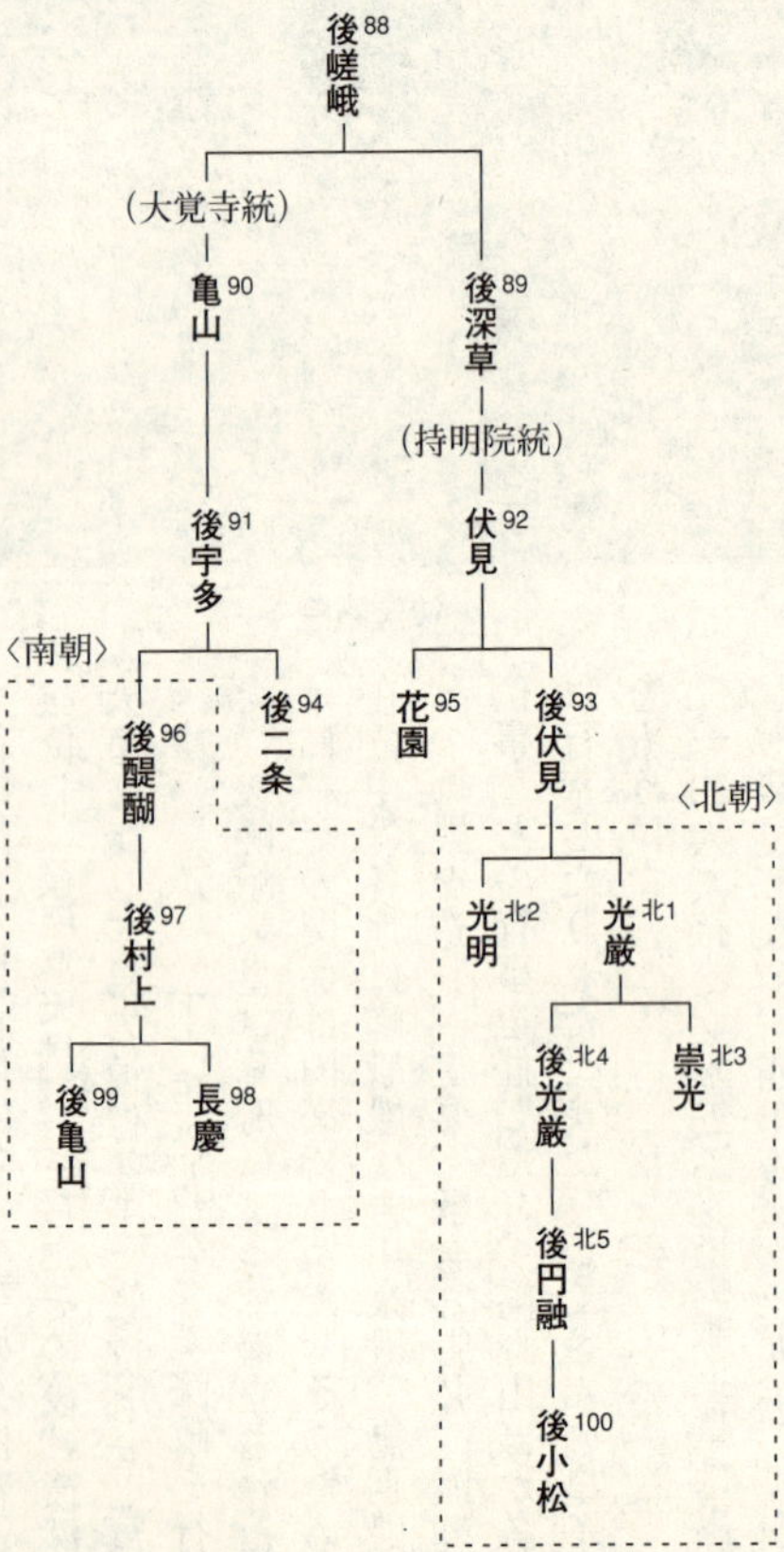

第八十九代　後深草《ごふかくさ》天皇

御名・異名 久仁《ひさひと》、素実　生没年 一二四三（一二四六～一二五九）一三〇四（六十二歳）　在位 十四年　父 後嵯峨天皇　母 西園寺姞子（大宮院）　皇后 西園寺公子《さいおんじきんし》（東二条院、西園寺実氏《さねうじ》の娘）　皇妃 洞院愔子《とういんいんい》（玄輝門《げんきもん》院《いん》、洞院実雄《さねかつ》の娘）、西園寺相子《そうし》（西園寺公相《きんすけ》の娘）ほか

後嵯峨天皇の第三皇子である久仁親王が、父の譲位により四歳で即位した（後深草天皇）。十四歳のとき母の妹である公子が入内して翌年中宮になったが、公子は十一歳年上だった。

後深草天皇はひどく小柄で足腰の発育も普通ではなかったが、同母弟の恒仁親王（次の亀山天皇）は健康感溢れる利発な子であった。当然父母の愛情と期待は弟のほうに傾き、一二五九年（正元元）、十七歳の秋に父の命によって弟の恒仁親王に譲位させられた。さらに後深草上皇に皇子があるにもかかわらず、亀山天皇の皇子・世《よ》仁《ひと》親王が皇太子に立ち、後嵯峨上皇の崩御後に即位した（御宇多《ごうだ》天皇）。

これは後深草、亀山のどちらを治天の君にするかは、幕府の決定にゆだねるとい

後深草院

う後嵯峨法皇の遺命によって鎌倉が決めたことだが、もちろん後深草上皇は不満である。

一二七四年（文永十一）正月、後深草上皇は思いを遂げるために後嵯峨法皇の三回忌に六条殿の長講堂に参詣し、亡き法皇に祈願した。その際、指の血によって法華経を書写したという。さらに、翌年（建治元年）四月、上皇は出家を決心した。これには亀山上皇も驚き、幕府に円満な解決を求めた。

そこで執権の北条時宗は、上皇の皇子・熙仁親王を亀山上皇の猶子とし、皇太子に定めた。こうして熙仁親王が即位した折には上皇が治天の君になる道ができたのである。

しかし、両者の対立はこののち長い間、後深草系の持明院統と亀山系の大覚寺統の確執としてのこった。

第九十代 亀山天皇《かめやま》

御名・異名 恒仁《つねひと》、金剛眼（源） 生没年 一二四九（一二五九〜一二七四） 父 後嵯峨天皇 母 西園寺姞子（大宮院） 皇后 洞院佶子（京極院《きょうごくいん》、洞院実雄の娘） 中宮 藤原嬉子《きし》（今出河院《いまでがわいん》、今出川門院、西園寺公相の娘）ほか

後嵯峨天皇の第七皇子である恒仁親王が、兄・後深草天皇の譲位を受けて十一歳で即位した（亀山天皇）。院政をしいていた後嵯峨上皇が崩御すると、在位十六年で皇子・世仁親王に譲位し（後宇多天皇）、治天の君として諸制度の改革を行い、徳政と評される社会事業に取り組んだ。

亀山上皇の院政中、二度の元寇《げんこう》（文永・弘安の役）に遭遇した。当時中国大陸を支配していた元（蒙古）が、一二七四年（文永十一）、一二八一年（弘安四）の二度にわたって日本に侵攻したのである。上皇は一身をもって国難に殉ずる覚悟で、伊勢神宮や石清水八幡宮に敵国調伏を祈願したが、蒙古軍は二度とも暴風によって撤退した。当時の人々は神風が吹いたと信じた。

亀山院

一二八七年（弘安十）、後宇多天皇の退位のあと皇位は持明院統に移り、将軍には後深草上皇の皇子・久明親王が迎えられた。これは鎌倉幕府の介入によるもので、亀山上皇は失意のあまり出家した。

亀山天皇の時代は臨済禅の勃興期であり、無学祖元をはじめとする中国の僧が渡来した。天皇はこれらの禅僧を敬い、自らも大いに学んだ。そして、東山に建てた離宮を寺とし、禅林寺とした。この禅林寺が、のちに南禅寺となり、上皇はここで出家した。

一二九〇年（正応三）、伏見天皇暗殺未遂事件が起こったが、黒幕は亀山法皇であったという噂があった。

一三〇五年（嘉元三）、法皇は五十七歳で崩御した。

第九十一代

後宇多天皇《ごうだ》

御名・異名 世仁《よひと》、金剛性　生没年 一二六七（一二七四〜一二八七）一三二四（五十八歳）　在位 十四年　父 亀山天皇　母 洞院佶子（京極院）

皇妃 堀河基子《きし》（西華門院《せいかもんいん》、堀河具守《とももり》の娘）、五辻《いつつじ》忠子《ちゅうし》（藤原忠子、談天門院《だんてんもんいん》、五辻忠継《ただつぐ》の娘）、姈子《れいし》内親王（遊義門院《ゆうぎもんいん》、後深草天皇の皇女）、瑞子女王《ずいしじょおう》（永嘉門院《えいかもんいん》、宗尊《むねたか》親王の娘）ほか

亀山天皇の第二皇子である世仁親王が、父の譲りを受けて八歳で即位した（後宇多天皇）。

この年、蒙古軍が襲来し、七年後にも再襲来したが、亀山上皇が院政を行っていた。

後深草院の皇女・姈子内親王を皇后（遊義門院）としたが、宮人・基子との間に邦治《くにはる》親王（のちの後二条天皇）、典侍・忠子との間に尊治《たかはる》親王（のちの後醍醐天皇）が生まれた。

後宇多天皇は一二八七年（弘安十）、幕府の意向で自分の皇子ではなく後深草天皇

後宇多院

の皇子・熙仁《ひろひと》親王に譲位し（伏見天皇）、後深草上皇が院政をとった。さらに伏見天皇は自分の皇子・胤仁《たねひと》親王を皇位につけて（後伏見天皇）院政を行い、持明院統の治世が続いた。

後宇多上皇がこれに抗議して幕府に働きかけたため、後深草系（持明院統）と亀山系（大覚寺統）が交互に皇位につく両統迭立《てつりつ》となった。

その結果、のちに後二条、後醍醐の両天皇を実現し院政をとったが、一三二一年（元亨元）、鎌倉の同意を得て院政を停止、後醍醐天皇の親政とした。

白河法皇以来二百余年続いた院政はここで幕を閉じた。後宇多上皇は、院政をやめたのちは出家して大覚寺に住み、密教の研究に没頭した。

後宇多天皇の学問に対する熱心さはよく知られ、幼いときから学を好まれ、内外の典籍を修めたという。とくに仏典の研究、仏道の修行に熱心で、『神皇正統記』には「近代まれな賢主」と称され、「後三条院以後、この院ほど才能すぐれた天子があることを知らない」と記されている。

第九十二代　伏見天皇《ふしみ》

御名・異名 熙仁《ひろひと》、素融　生没年 一二六五（一二八七〜一二九八）一三一七（五十三歳）　在位 十一年　父 後深草天皇　母 洞院愔子（玄輝門院《げんきもんいん》）　皇后 西園寺鏱子《しょうし》（永福門院《えいふくもんいん》、西園寺実兼《さねかね》の娘）　皇妃 五辻経子《いつつじけいし》（五辻経《つね》氏《うじ》の娘）、洞院季子《きし》（顕親門院《けんしんもんいん》、洞院実雄の娘）ほか

後深草天皇（持明院統）の第一皇子（第二皇子とも）である熙仁親王が、後宇多天皇（大覚寺統）の皇太子となり、二十三歳で即位した（伏見天皇）。

翌年には自分の第一皇子・胤仁《たねひと》親王（次の後伏見天皇）の立太子が実現した。

持明院統の名は、この伏見天皇が持明院殿に住んでいたことに由来する。

即位三年後の一二九〇年（正応三）、浅原為頼《ためより》（甲斐小笠原一族）ら数人の武士が宮中に乱入して伏見天皇を殺そうとしたが、天皇も皇太子も女官らに助けられて難を逃れた。

目的を果たせなかった賊は、夜の御殿の中で自害した。為頼らの動機は不明だったが、亀山上皇らの黒幕説が浮上し、亀山上皇らが無関係だという誓紙を幕府に送

伏見院

って落着した。

即位後のわずかな期間こそ父・後深草上皇の院政であったが、その後は譲位するまで意欲的に親政を行った。

とくに宮中制度を改革して、訴訟機構の刷新や記録所の充実などを行い、朝廷の政治的権威の回復に積極的に取り組んだ。

また、皇位継承に介入する鎌倉幕府に対して強い主張を貫き、いちばんの側近で和歌の師でもある京極為兼が二度も流刑となっているのは、伏見天皇の反幕府的な言動への牽制だったともいわれる。

伏見天皇は神を深く敬い、大神宮、石清水八幡宮への遣使奉幣や内侍所の御拝をよく行った。

また、歌人としての才能も高く、清新な気風を歌壇に注ぎ、『伏見院御集』や『伏見院御百首』などの歌集をのこした。

一二九八年（永仁六）、伏見天皇は皇太子の胤仁親王に譲位し、自らは上皇となった。こののち、後伏見、花園の両天皇時代に院政をとったが、一三一三年（正和二）に出家し法皇となり、四年後（文保元年）に崩御した。

第九十三代　後伏見天皇《ごふしみ》

御名・異名 胤仁《たねひと》、理覚、行覚　生没年 一二八八（一二九八〜一三〇一）一三三六（四十九歳）　在位 四年　父 伏見天皇　母 五辻経子　女御 西園寺寧子《ねいし》（西園寺公衡《きんひら》の娘）ほか

伏見天皇の第一皇子である胤仁親王が、十一歳で父帝の譲位を受けて即位した（後伏見天皇）。しかし、皇太子には大覚寺統・後宇多上皇の皇子・邦治親王（のちの後二条天皇）が立てられた。

一三〇一年（正安三）正月、内侍所のしめ縄が落ちる珍事があった。時の人は、これが何の前兆かとささやきあったが、即位四年目（実質二年六か月）で譲位した。これは大覚寺統の亀山上皇の幕府への働きかけや西園寺実兼の画策によるもので、後伏見天皇はまだ十四歳、これといった事績はなかった。

しかし、後二条天皇が崩じると弟の富仁《とみひと》親王が皇位を継ぎ（花園天皇）、再び伏見上皇が院政を行うことになったが、ほどなく出家したので後伏見上皇が院政を行った。

後伏見院

花園天皇は尊治親王に譲位して（後醍醐天皇）、父の後宇多上皇が院政を行ったが、のち後醍醐天皇の親政とした。

その後醍醐天皇が隠岐に流されると、後伏見上皇の皇子・量仁《かずひと》親王が即位し（光厳《こうごん》天皇・北朝一代）、後伏見上皇は一三三一年（元弘元）から二年間院政を行った。

しかし、一三三三年（元弘三）、足利尊氏が討幕に転じ、北条一族を滅ぼして鎌倉幕府が滅亡すると、光厳天皇は廃位され、これによって後伏見上皇の院政も終わった。

鎌倉幕府が滅亡したとき、後伏見上皇は六波羅探題・北条仲時に擁せられて、花園上皇、光厳天皇とともに東国へ逃げようとした。しかし、近江国で捕らえられ、京に帰った。上皇はその後、持明院で出家し、一三三六年（延元元）に崩御した。

第九十四代 後二条《ごにじょう》天皇

御名・異名 邦治 生没年 一二八五（一三〇一～一三〇八）一三〇八（二十四歳） 在位 八年 父 後宇多天皇 母 堀河基子（西華門院） 皇后 徳大《とくだい》寺忻子《じきんし》（長楽門院《ちょうらくもんいん》、徳大寺公孝《きんたか》の娘）

大覚寺統の後宇多天皇の第一皇子である邦治親王は、後醍醐天皇の異母兄にあたる。伏見、後伏見と持明院統が二代続いたあとなので、亀山・後宇多両上皇はじめ大覚寺統の喜びはひとしおだった。邦治親王が即位した（後二条天皇）のは十七歳で、先帝の後伏見天皇より三歳年長だった。

若者らしい後二条天皇は、姿も美しくしっとり落ちついた人柄だったが、政治には疎く、治世中は父の後宇多上皇が院政を行った。

天皇の在位七年目の一三〇七年（徳治二）は疫病が流行し、五穀実らずという不作であった。これは「天子の徳が足りないからだ」という理由で、譲位を望む声が起こった。持明院統からだけでなく、味方の大覚寺統からも譲位を望む声が上がり、院政をとる後宇多上皇も非難された。その政治に人気がなかったのだろう。

後二条院

持明院統側は後二条天皇の弟の富仁親王（次の花園天皇）の即位を望み、大覚寺統側は亀山法皇の子の恒明親王の皇太子を望んだ。両派は後二条天皇の譲位という点では思惑が一致し、連合の特使を幕府に派遣して譲位を迫った。

これに対して鎌倉幕府は、譲位の時期は天皇の考えによるという立場をとったが、翌一三〇八年（徳治三）八月、天皇はにわかに病に倒れた。さまざまな加持祈禱も行われたが、その甲斐なく崩御した。享年は二十四であった。

この天皇の崩御によって富仁親王が即位し、伏見上皇がふたたび治天の君として院政を始めた。また、後宇多上皇の考えにより、皇太子には恒明親王ではなく尊治親王（のちの後醍醐天皇）が立てられた。

第九十五代　花園《はなぞの》天皇

御名・異名 富仁《とみひと》、遍行　生没年 一二九七（一三〇八〜一三一八）一三四八（五十二歳）　在位 十一年　父 伏見天皇　母 洞院季子《とういんきし》（顕親門院《けんしんもんいん》）
皇妃 正親町実子《おおぎまちじつし》（宣光門院《せんこうもんいん》、正親町実明の娘）ほか

伏見天皇の第四皇子（第二、第三皇子とも）である富仁親王が、異母兄の後伏見上皇の猶子《ゆうし》となり、大覚寺統の後二条天皇の皇太子となった。兄の養子になったのは父・伏見上皇の意向によるもので、将来、後伏見上皇に皇子が生まれたときは、その皇子を富仁親王の養子として皇統を継承させ、持明院統が分裂しないようにしたのである。

一三〇八年（徳治三）、富仁親王が後二条天皇の崩御を受けて十二歳で即位した（花園天皇）。自分より九歳年上である大覚寺統の尊治《たかはる》親王（次の後醍醐天皇）が皇太子となった。

花園天皇の在位十一年の治世中は、東大寺や延暦寺、興福寺の僧徒、あるいは石清水八幡宮の神人《じにん》らの強訴がたびたび起こったが、治世の前半は父の伏見上皇が院

政を行い、後半は兄の後伏見上皇が院政を行ったので、事績としては目立ったものはない。しかし花園天皇は、歴代随一といわれるほどの好学の君主で、「学問というのは、ただ多くの文字を知り、昔のことを論じることではない。物の本質をきわめ、道義を修め、礼儀を知り、正しい道をわきまえ、過去を知って未来に生かすことである」と述べ、学問は政治をつかさどる者、とくに帝王には必須のものであると考えていた。

一三一三年（正和二）六月、長雨に苦しむ民に思いをはせ、民の代りに我が命を捨てると祈願し、その後の天候に一喜一憂した。また翌年二月には「近日焼亡繁多なり、朕不徳の至りか、よって殊に仁王般若経《にんのうはんにゃきょう》を読み、天下泰平を祈る」というように、天候不順や大火などは天皇である自分の不徳から生じると考え、これを素直に反省して神仏に祈願した。

一三一八年（文保二）、天皇は両統迭立の約束によって大覚寺統の尊治親王に譲位した（後醍醐天皇）が、そのときの心境を、「不徳の身でありながら在位は十年に及んだ。後伏見院も後二条院も在位は十年におよんでいないので、過分のことだ。東宮（後醍醐天皇）は和漢の才を兼ね、年齢は九歳年上で父のようであるから、譲位は正しいことである。

自分は勉学に努め、至らないとはいえ心をはげまし、徳をつみ、仁を施したつも

花園天皇

りである。このなかのどれかひとつが天意にかなって在位十年になったのだろう」と日記『花園天皇宸記《しんき》』に記している。「十年におよぶ在位（実際は足かけ十一年）は過分のことだ」という天皇であるが、もちろん真意は十年の在位ではものたらず、さらに皇位にあり続けたいと思っていた。しかし、「人を恨むことではなく、自分の運のなさと徳の薄さを嘆くべきである」として、天を怨まず人を咎めずという理想の帝王像を貫いた。

日記『花園天皇宸記』は、自分の即位の翌年から後醍醐天皇が隠岐に流されるころまでの二十三年間にわたっているが、折々に時代状況を鋭く分析し、動乱が近いことも予見している。

花園天皇はまた、宇多天皇の『寛平御記』を読み、菅原道真をはじめとする臣下が多く諫めたことを知り、今の時代にそうした忠臣がなく、不忠の臣がはびこっていることを嘆いた。『寛平御記』は『宇多天皇御記』ともいわれる宇多天皇の日記であり、天皇と藤原氏との対立や平安時代の政事・儀式などを知る貴重な資料である。全十巻のうち現在一部がのこっている

上皇となったのち、後伏見上皇からその皇子で持明院統の次期皇位継承者である量仁親王（のちの光厳天皇）の教育を託され、これに情熱を傾けた。自ら草《そう》して量仁親王に与えた『誡太子書《かいたいししょ》』には学問に対する基本理念が示され、天皇の徳を磨き、善政を施すべきことが示されている。

一三三一年（元弘元）、鎌倉幕府は光厳天皇を擁立するが、一三三三年（元弘三）に北条一族が滅ぼされて幕府は滅亡した。花園上皇は後伏見上皇、光厳天皇とともに近江に逃れたが捕らえられ、京に帰った。

一三三五年（建武二）出家。晩年は禅宗信仰に没頭し、五十二歳で崩御した。

花園天皇は歌道にも力を注ぎ、京極為兼を師と仰ぎ、永福門院とともども京極派の中核をなした。晩年には自ら監督して『風雅和歌集』二十巻を勅撰した。ここでは「和歌は言葉は少ないがその示すところは奥深い。下を教え上を諫《いさ》めて、人の心を正しくする。これは政のもとである」と述べ、和歌も自己研鑽と統治の学問としていたことがうかがえる。

第6章

建武新政から大政奉還へ

天皇政治の復活をめざした第九十六代後醍醐天皇は、鎌倉幕府と対立し、ついに討幕を果たし「建武新政」を行った。しかし、足利尊氏の反乱により新政権はわずか二年半ほどで幕を閉じ、室町幕府が開かれた。また、京都の朝廷（北朝）と吉野の朝廷（南朝）が並立する南北朝時代が始まった。その後、南北朝は合体されたものの、争乱は続き、「応仁の乱」や群雄割拠の戦国時代へと進み、ついに室町幕府も滅亡した。時の権力は織田信長から豊臣秀吉、徳川家康の手に移り、家康によって江戸幕府が開かれた。その長期政権も数百年の時を経て、海外諸国の圧力と国内の討幕機運の高まりの前についに幕を閉じ、政権を朝廷に返還した。本章では、建武新政から室町幕府、江戸幕府を経て大政奉還に至るまでの時代に皇位についた、後醍醐天皇から第百二十一代孝明天皇までの歴代天皇の事績を伝える。

第九十六代 後醍醐《ごだいご》天皇

御名・異名 尊治《たかはる》 **生没年** 一二八八（一三一八～一三三九）一三三九（五十二歳） **在位** 二十二年 **父** 後宇多天皇 **母** 五辻忠子（談天門院） **中宮** 西園寺禧子《きし》（後京極院《ごきょうごくいん》、礼成門院《れいせいもんいん》、西園寺実兼の娘）、珣《じゅん》（恂）子《し》内親王（新室町院《しんむろまちいん》、後伏見天皇の皇女） **女院** 阿野廉子《あのれんし》（新待賢門院《しんたいけんもんいん》、阿野公廉《きんかど》の娘） ほか

後宇多天皇の第二皇子である尊治親王が、持明院統の花園天皇の譲位を受けて三十一歳という壮年で即位した（後醍醐天皇）。その強烈な意志力と抜群の行動力は、元弘の乱、鎌倉幕府の滅亡、建武新政府の樹立と瓦解、そして室町幕府成立という史上まれな激動を生み出した。

一三一七年（文保元）、後醍醐天皇の即位の前年、「文保の和談」といわれる両統迭立の話し合いができ、天皇の即位は兄・後二条天皇の遺児である皇太子・邦良《くにながくによし》（「くによし」ともいう）親王が成人するまでという条件付きのものであった。そして、天皇の子孫が皇位を継ぐ可能性もなかった。

後醍醐天皇

しかも即位者の在位期間は長くても十年と決められていたので、天皇としてはこの十年のうちに状況を打破し、自分が理想とする天皇の政治を実現しなければならなかった。そのためには鎌倉幕府の存在が障害であった。

即位の直後は父の後宇多法皇が院政を行ったが、三年後には父に院政をやめるよう要請し、北畠《きたばたけ》親房《ちかふさ》や吉田《よしだ》定房《さだふさ》らを登用して天皇親政を実現、記録所を復活するなど政治の刷新に努めた。この間にも無礼講という会合や朱子学の講座を開いて同志を糾合し、ひそかに討幕計画を練った。しかし、一三二四年(正中元)に密告によって計画は露見し、頓挫した(正中の変)。

しかし天皇はあきらめるどころか、寺社を味方につけるために第一皇子の護良《もりよし》親王を天《てん》台《だい》座《ざ》主《す》にしたり、延暦寺や興福寺に行幸しては精力的に関東調伏の祈禱を行ったと同時に、諸国の武士の糾合に努めた。

ところが、一三三一年（元弘元）、定房の密告によって謀議はふたたび露見し、後醍醐天皇は神器とともにかろうじて笠置に脱出して挙兵したが、圧倒的な幕府軍の前に敗れ、翌一三三二年（元弘二）、隠岐島に流された（元弘の乱）。

幕府は次の天皇を立てることになるが、後醍醐天皇の皇太子であり、後二条天皇の皇子・邦良親王が病没していたので、次に予定されていた持明院統の量仁《かずひと》親王（後伏見天皇の皇子）を代わりに即位させた（光厳天皇）。

討幕運動はこれによって終わったかと思われたが、同年十一月ごろから吉野で護《もり》良《よし》親王、河内千早城で楠木《くすのき》正成《まさしげ》が再び兵を挙げると、諸国で反幕運動が活発化した。そして翌年二月、後醍醐天皇は釣り船で隠岐を脱出、名和《なわ》湊《みなと》の長者名和《なわ》長年《ながとし》の助けを受けて船上山《せんじようざん》に立てこもり、朝敵追討の宣旨を諸国に発した。

鎌倉幕府の将として上洛していた足利尊氏《あしかがたかうじ》が後醍醐天皇方に寝返り、東国でも新《にっ》田《た》義貞《よしさだ》が挙兵して北条一族を滅ぼし、ここに鎌倉幕府は滅亡した。六月、京都に還幸《かんこう》した後醍醐天皇は光厳天皇の廃位を宣言し、建武の新政を開始する。天皇は公家による政治を理想として矢継ぎ早に新政策を断行した。まず持明院統の後伏見・花園両天皇の所領を安堵し、ついで公家・寺社の所領を安堵、討幕の功労者への除目《じもく》（官職任命）を行った。

しかし、鎌倉幕府が滅びても武士階級が滅びたわけではなかった。武家を排除した政権運営や恩賞の不公平をはじめ、天皇独裁による性急な改革や土地訴訟への対応の不備などが各方面の不満を呼び、政権の求心力は急速にしぼんでいった。

そうしたなかで、なおも後醍醐天皇は自分の権威の絶対性を誇示するために大内裏の造営を発表するが、これはさらに武士階級の反感を増大させた。莫大な費用は諸国の武士に賦課され、それを負担するのは一般の農民であった。戦乱で疲れている国民に反感をかったのも無理はない。

結局、尊氏の反乱もあって建武の政権は二年半ほどで幕を閉じた。一三三五年(建武二)、「中先代の乱」(北条時行の鎌倉幕府復興をめざした乱)の鎮圧のために鎌倉に向かった尊氏は、配下の将士に独自に恩賞を与えるなど新政から離反した。後醍醐天皇は新田義貞に尊氏追討を命じ、尊氏はいったん破れて九州に落ちのびたが、翌年には西国武士を結集して態勢を立て直し、光厳上皇の院宣を得て再び京都へ迫った。天皇の威光よりも、足利尊氏に共感する武士層が多かったのである。

楠木正成は後醍醐天皇に尊氏との和睦を進言するが、天皇はこれを拒否。しかも、新田・楠木軍は湊川の戦いで敗北し、正成は討死し義貞は都へ逃げ帰った。そして足利軍が入京すると後醍醐天皇は延暦寺に逃れた。

一三三六年(建武三)、光厳上皇は尊氏の奏請を受けて、後伏見天皇の第二皇子・

豊仁《とよひと》親王（「ゆたひと」ともいう）を皇位につけた（北朝第二代光明《こうみょう》天皇）。そして尊氏は建武式目（室町幕府の政策綱領）を制定して正式に室町幕府を開いた。

その後、後醍醐天皇と尊氏の間で和睦が行われ、天皇は京に帰るにあたって三種の神器を光明天皇に渡した。しかし、後醍醐天皇はまた京を脱出し、渡した神器は贋物であると主張して吉野の山中に南朝を開いた。京都の朝廷（北朝）と吉野の朝廷（南朝）が並立する南北朝時代の始まりである。

南朝は後醍醐天皇のあと、後村上天皇、長慶天皇、後亀山天皇と続き、北朝は光明天皇、崇光天皇、後光厳天皇、後円融天皇、後小松天皇と続いた。そして、後小松天皇のときに両朝が合体するが、それまでに五十七年の歳月を要した。

後醍醐天皇はその後、尊良《たかよし》親王や恒良《つねよし》親王らを新田義貞に奉じさせて北陸へ向かわせたほか、皇子たちを各地に送って北朝方に対抗させようとした。しかし、劣勢を回復できないまま病に倒れ、一三三九年（暦応二）、義良《のりよし》親王に譲位した（後村上天皇）翌日、吉野金輪王寺で崩御した。享年五十二。

『太平記』によれば、後醍醐天皇は崩御を前に、左手に法華経第五巻、右手に剣をもち、「玉骨はたとえ南山の苔に埋るとも魂魄は常に北闕（北方の宮城）天を望みたい」と遺勅したという。

北朝第一代

光厳天皇《こうごん》

御名・異名　量仁《かずひと》（「ときひと」ともいう）、勝光智、光智　生没年　一三一三（一三一三～一三六四）（五十二歳）　在位　三年　父　後伏見天皇　母　西園寺寧子《ねいし》（広義門院《こうぎもんいん》）　皇妃　三条秀子《しゅうし》（陽禄門院《ようろくもんいん》、三条公秀《きんひで》の娘）、寿子内親王（徽安門院《きあんもんいん》、花園天皇の皇女）、懽子《がんし》内親王（後醍醐天皇の皇女）ほか

持明院統・後伏見天皇の第一皇子である量仁親王が、伯父の花園上皇の猶子《ゆうし》となった。

大覚寺統の後醍醐天皇の皇太子は同統の邦良《くになが》親王が立てられていたが、邦良親王が病没すると、量仁親王が鎌倉幕府の支持で皇太子となった。

後醍醐天皇が元弘の乱で笠置に逃れると、幕府の後押しで即位し（光厳天皇）、後伏見上皇が院政をしいた。

神器がないままの異例の践祚であったが、捕らえられた後醍醐天皇は神器を引き渡して隠岐に流された。

ところが、一三三三年（元弘三）、後醍醐天皇は退位を拒否して隠岐から帰還、勢力を盛り返して光厳天皇と後伏見・花園両上皇を捕らえ、後醍醐天皇の詔によって光厳天皇は廃位された。光厳天皇二十一歳、在位三年であった。

しかし、一三三六年（延元元）、光厳天皇は足利尊氏に院宣を与えて復権、光明・崇光両天皇の院政をとった。晩年は出家して禅宗に帰依し、五十二歳で崩御した。

北朝第二代　光明天皇《こうみょう》

御名・異名　豊仁《とよひと》（「ゆたひと」ともいう）、真常恵、真恵　生没年　一三二一（一三三六～一三四八）一三八〇（六十歳）　在位　十三年　父　後伏見天皇　母　西園寺寧子（広義門院）　皇后　三条氏（三条実躬《さねみ》の娘）ほか

後伏見天皇の第二皇子で、光厳天皇の同母弟である豊仁親王が、足利尊氏に擁立され、十六歳で光厳上皇の猶子《ゆうし》として即位した（光明天皇）。

建武の新政に反旗を翻した足利尊氏が湊川《みなとがわ》の戦いに勝って京に入ると、後醍醐天皇は比叡山に逃れた。そこで尊氏は光厳上皇に奏請して同母弟の豊仁親王を皇位につけた。神器のない状況での上皇の院宣による即位であった。

後醍醐天皇がいったん京都に帰ったので、光明天皇は後醍醐に太上天皇の尊号を贈り、両統迭立の約束に従い後醍醐の皇子・成良《なりよし》親王を皇太子とした。しかし、後醍醐天皇は吉野に潜幸して南朝を開いたため、成良親王の皇太子はご破算となり、ここに南北朝の対立が始まった。

光明天皇は一三三八年（暦応元）、光厳上皇の皇子・益仁《ますひと》（のち興仁《おきひと》）を皇太子に

光明天皇

立て、同年皇位を譲って上皇となった。

光明天皇は早くから仏教を信じ、尊氏親子が南朝に降伏した際には出家をした。一三五二年(正平七)には光厳・崇光両上皇らとともに南朝の手に捕らえられ、幽居の身となったが、伏見に帰還。各地を遍歴した後に長谷寺の庵室において崩御した。

追号の「光明」は法皇が生前から号していたもので、遺勅により号を改めないことになり、つけられたものである。

光明天皇は日記のなかで学問の師であった菅原公時の死を深く悲しみ、「朕幼少の昔よりしばしば経史の訓読を受く……数年の間、しきりに切磋琢磨の教を蒙る、残生の中、いかでか一字千金の恩を忘れんや、嗚咽して悲泣」と書いている。このように天皇は学問、とくに儒学に熱心であった。

第九十七代　後村上《ごむらかみ》天皇

御名・異名 義良《のりよし》（初名は憲良《のりよし》） 生没年 一三二八（一三三九〜一三六八）一三六八（四十一歳） 在位 三十年 父 後醍醐天皇 母 阿野廉子（新待賢門院、阿野公廉の娘） 女御 近衛勝子《このえしょうし》（嘉喜門院《かきもんいん》、近衛経忠《つねただ》の娘）ほか

後醍醐天皇の第九皇子（第七皇子とも）である憲良親王が、十二歳のとき天皇の譲りを受けて皇位についた（後村上天皇）。

同母兄の恒良《つねよし》親王は一時は後醍醐天皇の皇位を継いだとされ、もう一人の兄・成良《なりよし》親王も足利尊氏によって擁立された光明天皇の皇太子となるが、のちに廃された。『太平記』によれば二人は足利方に捕らえられ毒殺されたという。

義良親王も後醍醐天皇の野望と権謀のなかで、幼少のときから各地を転戦する不安定な生涯を送った。鎌倉幕府の滅亡後、六歳で北畠顕家・北畠親房に奉じられて奥州に赴いたのを皮切りに各地を転戦、吉野の行宮《あんぐう》（天皇が行幸する際に設けられる仮宮）で即位した。

天皇となった後も安住の地はなかった。在位三十年の間、北朝では光明、崇光、

後光厳天皇の三代が皇位につき、南北朝のせめぎあいが続いたのである。

一三六六年（正平二十一）四月には、両朝合体の話が実現しかかった。そこで、後村上天皇は勅使を京都に派遣し、足利義詮《よしあきら》に面会させた。ところが、勅使が示した綸旨の文面に「降参」の文字が入っていたために義詮は怒り、話はこわれてしまったのである。

それでも、義詮はその後も使者を吉野に派遣し、和談をはかった。しかし、義詮が合体を主張したのに対して後村上天皇が降参を求めたため和談はまとまることがなかったのである。

後村上天皇自身、たびたび戦闘にも参加し、特に「男山の合戦」（尊氏の子・義詮との戦い）では敵の重囲を辛うじて脱出するなど粘り強く抵抗した。

しかし反面、学を好み、和歌や書道にすぐれ、琵琶や箏の音曲にも深く通じていた。摂津住吉の行宮で崩御した。

北朝第三代

崇《す》光《こう》天皇

御名・異名 興仁《おきひと》（初名は益仁《ますひと》）、勝円心、大道　生没年 一三三四（一三四八〜一三五一）一三九八（六十五歳）　在位 四年　父 光厳天皇　母 三条秀子（陽禄門院）　皇妃 庭田資子《にわたしし》（庭田重資《しげすけ》の娘）ほか

光厳天皇の第一皇子である興仁親王が、光明天皇の譲りを受けて十五歳で即位した（崇光天皇）。そして、花園上皇の皇子・直仁《なおひと》親王が皇太子に立てられた。

即位の翌年、室町幕府の内紛が起こり、全国規模の騒乱に発展し（観応《かんのう》の擾乱《じょうらん》）、一三五一年（観応二）、足利尊氏は後村上天皇の南朝に帰服した。

これにより一時的に南北朝は合一し、後村上天皇が日本の天皇となった。

このため十一月には崇光天皇と皇太子は廃位されて、北朝の神器は南朝の後村上天皇のもとに収められ、光明・崇光両院には太上天皇の尊号が贈られた。

しかし翌年、一時的は南北朝合一は破れ、北朝の光厳・光明・崇光の三上皇と直仁廃太子は、南朝の本拠である大和国の賀名生《あのう》へ拉致され、幽閉されてしまった。

幕府は三上皇と直仁親王が南朝方に連れ去られ、京都に自らの正統性を支える天

皇が不在となってしまったため、代わりに光厳院の第三皇子で崇光上皇の弟にあたる弥仁《いやひと》親王を擁立、即位させた（後光厳《ごこうごん》天皇）。

崇光上皇の幽閉は賀名生で二年、河内金剛寺で三年あまりにおよんだが、南朝勢力の衰微によって一三五七年（延文二）にようやく解放され京都に帰った。

北朝第四代

後光厳《ごこうごん》天皇

御名・異名 弥仁《いやひと》（「みつひと」ともいう） 生没年 一三三八（一三五二〜一三七一）一三七四（三十七歳） 在位 二十年 父 光厳天皇 母 三条秀子（陽禄門院） 皇妃 広橋仲子《ひろはしちゅうし》（紀仲子、崇賢門院《すうけんもんいん》、広橋兼綱《かねつな》の娘）ほか

光厳天皇の第二皇子で崇光天皇の同母弟である弥仁王は、当初は仏門に入る予定だった。ところが、北朝の三上皇と皇太子が南朝に拉致、幽閉されたため京都は天皇不在となった。

そこで足利義詮は、北朝再建のため故後伏見上皇の妃である広義門院に要請し、女院《にょいん》の命によって光厳天皇の第二皇子・弥仁王を践祚《せんそ》させた（後光厳天皇）。三種の神器もなく、女院の命による践祚も前例のないことで、公卿の間には反対もあったが、足利氏が強引に押し切った。後光厳天皇を擁立しなければ、南朝と対立している室町幕府の正当性が保てなかったからである。

在位中の前半には、幕府の内紛やそれに乗じた南朝勢力の京都進攻により、何度か近江や美濃に難を逃れなければならなかったが、その後は南朝勢力も衰え、足利

後光厳院

義満《よしみつ》が征夷大将軍となるにおよんで幕府の体制も安定した。

北朝の天皇は学問を好んだが、後光厳天皇も例外ではなく漢学、仏教、和歌、琵琶に通じ、多くの和歌をのこしている。『新千載和歌集』には、乱世のなかで自分をいましめる「なおざりに思ふ故かと立ち帰り治まらぬ世を心にぞ問ふ」という歌が収められている。

また、天皇には『後光厳院御記』や『後光厳院御百首』という著作がのこされている。

さらにまた、後光厳天皇は好んで絵筆をとり、草木鳥獣などを描き、それに歌をそえたというから、文学や芸術にすぐれた才能をもっていたようだ。

一三七一年（応安四）、皇子・緒仁《おひと》親王に譲位して（後円融天皇）院政をしいたが、三年後には天然痘に罹患して崩御した。

第九十八代　長慶天皇《ちょうけいてんのう》

御名・異名　寛成《ゆたなり》、覚理、慶寿院　生没年　一三四三（一三六八～一三八三）一三九四（五十二歳）　在位　十六年　父　後村上天皇　母　近衛勝子（嘉喜門院）　中宮　西園寺氏（西園寺公重《きんしげ》の娘）ほか

後村上天皇の第一皇子である寛成親王は、吉野の行宮で生まれた。この当時から南朝は指導的人物を失って著しく衰退しており、長慶天皇の事績も詳しく伝わっていない。

即位の時期もはっきりしないが、一説には一三六八年（応安元）三月、後村上天皇の崩御直後に、南朝の御座所が置かれていた摂津の住吉大社宮司の館で即位したとされる。この年は足利義満が将軍となった年である。

長慶天皇は即位後まもなく大和吉野、ついで河内天野山金剛寺に移り、一三七九年（天授五）ごろは大和の栄山寺に住んだ。

そして一三八三年（弘和三）か翌年に、弟の熙成《ひろなり》親王に譲位し（後亀山天皇）、しばらく院政を行ったといわれる。

後村上天皇の時代と後亀山天皇の時代に北朝との和解交渉があるが、長慶天皇の時代には途絶えていることから、北朝に対する強硬派ではなかったかと考えられている。

長慶天皇は江戸時代から在位が疑問視されてさまざまな議論があったが、明治以降実証研究が行われ、大正十五年に皇統譜に加えられた。

北朝第五代

後円融天皇《ごえんゆう》

御名・異名　緒仁《おひと》　生没年　一三五八（一三七一～一三八二）一三九三（三十六歳）　在位　十一年　父　後光厳天皇　母　広橋仲子（崇賢門院）　皇妃　三条厳子《いつし》（通陽門院《つうようもんいん》、三条公忠《きんただ》の娘）ほか

後光厳天皇の第二皇子である緒仁親王が、天皇の譲りを受けて十四歳で即位した（後円融天皇）。

この時期は北朝内部にも対立があり、崇光上皇は持明院統の正嫡である自分の皇子（伏見宮栄仁《よしひと》親王）を皇位につけるよう幕府に働きかけていたが、幕府は苦楽をともにした後光厳天皇の意思を尊重して緒仁親王の即位となった。ちなみに後円融天皇の母・仲子と足利義満の母・紀良子は姉妹であり、天皇と義満は従兄弟である。

幕府の安定とともに世情も比較的穏やかであったが、朝廷では公家志向の義満の介入が進んでいた。後円融天皇は一三八二年（永徳二）、第一皇子の幹仁《もとひと》親王に譲位して（後小松天皇）院政を開始するが、義満が朝廷のあらゆることに介入するため実権はなかった。

後円融天皇

そのためかどうか、出産を終えて宮中へ戻った妃の厳子を殴打する事件や、愛妾の按《あ》察《ぜち》局《のつぼね》が義満との密通を疑われて出家する事件、義満が後円融上皇を配流《はいる》するという噂が流れると、持仏堂に籠って自殺未遂を起こすなどしている。

後円融天皇も持明院統系の伝統である好学を受け継ぎ、『貞観政要』や『孟子』などの進講を受けたり、『後円融院御記』や『後円融院御百首』などの著作をのこしたりした。

また、江戸時代の百科事典である『和漢三才図会』によれば、天皇は「勅筆流の祖」といわれるほど書にもすぐれた才能をもっていた。

一三九二年（明徳三）、南朝との和平が成立したが、その翌年崩御した。

第九十九代　後亀山天皇《ごかめやま》

御名・異名 熙成《ひろなり》（「のりなり」ともいう）、金剛心　生没年 ?（一三八三〜一三九二）一四二四（?歳）　在位 十年　父 後村上天皇　母 近衛勝子（嘉喜門院）　皇妃 不詳

後村上天皇の第二皇子である熙成親王の生誕年は不詳で、母は女御・近衛勝子とされるが、阿野実為《さねため》の娘とする説もある。

一三八三年（弘和三）の末ごろ兄の長慶天皇の譲りを受けて即位した（後亀山天皇）。

この時期は南朝が最も衰えた時期で、懐良《かねなが》親王（後醍醐天皇の第十一皇子）が築いた南朝最後の拠点も消失、奥州の北畠顕能も吉野に引き上げて南朝の勢いは衰えた。一方、室町幕府は三代将軍足利義満の隆盛期を迎えていた。

後醍醐天皇が吉野朝廷を開いて半世紀、南朝四代の後亀山天皇はついに義満の和平条件を受け入れ、南北朝は合一することになった（一三九二年）。義満の条件とは①後亀山天皇（南朝）が後小松天皇（北朝）に譲位する形で三種の神器を授ける。

②今後は南朝・北朝から交互に天皇を立てる（両統迭立）。
③諸国の国衙領《こくがりょう》は南朝、長講堂領《ちょうこうどうりょう》（持明院統の荘園）は北朝が管理する。
というものであった。

後亀山天皇はこれを受け入れ、一三九二年（明徳三）、嵯峨の大覚寺で北朝の後小松天皇に神器を授けて譲位した。これによって南北朝合一が実現し、両朝の対立抗争に終止符が打たれた。

しかし、義満には始めからこの条件を守るつもりはなく、実際には一方的な吸収合併のようなものであった。

義満が後亀山上皇へ拝謁を願い出たのは譲位から一年余りもあとであり、太上天皇の尊号を賜ったのも二年後のことである。このことからも義満の南朝軽視の態度がうかがえる。

後亀山院はほどなく太上天皇の尊号と護衛の兵を辞退して出家した。その後は静かに隠棲生活を送り、ときおり吉田兼熙・兼敦親子が日本史や神道を進講することがあった。

後亀山院はその兼敦に、なぜ南北の和睦に応じたかを語っているが、それは「自分の運命よりも、国民の苦しみ、憂いを休めたい」ということであったという。

一四一〇年（応永十七）、後亀山院は突然嵯峨を出て吉野に潜幸、数年をここで過ごした。これは経済的な問題が原因だったといわれているが、武家の非礼や和睦条件の不履行の気配への抗議ではなかったかとも推測されている。

しかし、一四一二年（応永十九）、和睦条件に反して、後小松天皇は第一皇子・実《み》仁《ひと》親王に皇位を譲り（称光天皇）、その後、大覚寺統に皇位が移ることはなかった。

第百代　後小松天皇《ごこまつ》

御名・異名　幹仁《もとひと》、素行智　生没年　一三七七（一三八二～一四一二）一四三三（五十七歳）　在位　三十一年　父　後円融天皇　母　三条厳子（通陽門院）　皇妃　日野西資子《ひのにしし》（光範門院《こうはんもんいん》、日野西資国《すけくに》の娘）ほか

北朝第五代後円融《ごえんゆう》天皇の第一皇子である幹仁親王が、天皇の譲りを受けて六歳で即位した（後小松天皇）。時の最高実力者足利義満の強力な後押しによるもので、即位の式では義満自ら幼帝を補佐し「稀代のこと」といわれた。

後小松天皇は北朝第六代の天皇であるが、即位の翌年、南朝では熙成《ひろなり》親王が即位した（後亀山天皇）。それから十年後の一三九二年（明徳三）、後小松天皇は南朝の後亀山天皇から三種の神器を受け取り、正式に皇統を継承、これ以後の皇統は北朝系が独占することになった。

南北朝の合一まで父・後円融上皇は形だけではあるが院政を行っていた。しかし、合一の翌年には崩御、義満の朝廷への影響力はさらに強まった。後小松天皇は長期にわたって親政の形をとったが、実権を握っていたのは義満であった。

後小松天皇

義満は一三九四年（応永元）、将軍職を長男の義持に譲って隠居したが、政治の実権は握り続けて太政大臣にまで昇進、朝廷は義満のなすがままだった。

一四一二年（応永十九）、三十六歳の後小松天皇は十二歳の第一皇子・実仁親王に譲位して（称光天皇）院政をとった。これは南北朝合一の条件である両統迭立に反しているが、始めから南朝との約束を守るつもりのなかった義満の意向によるものである。

さらに、病弱だった称光天皇がたびたび危篤に陥るために後継問題が生じ、後小松上皇は四代将軍足利義持らと話し合い、伏見宮貞成親王（後崇光院）の皇子・彦仁王《ひこひとおう》を猶子《ゆうし》として即位させた（後花園天皇）。

こうして後小松上皇は称光天皇、後花園天皇の二代にわたって院政を行ったが、後小松上皇が親政・院政を行った時期は義満の全盛期であり、すべては義満の采配で動いていたため、実際に上皇が政治を見ることはほとんどなかった。

義満は国王のごとく振る舞ったが、実際、一四〇一年（応永八）には遣明使を派遣し、その翌年、明から「日本国王源道義」という返書を受け取っている。道義とは出家した義満の法名である。

昔から「皇統は百代続けばそこで断絶し、新しい王が生まれる」という「百王思想」とか「百王説」と呼ばれる考えがあり、後小松天皇がちょうどその百代目の天皇にあたったことから、当時、「天皇が途絶えたあとは足利氏がそれにかわる」という噂が流れていたという。

一四三一年（永享三）出家、二年後に五十七歳で崩御した。皇子には日野西資国の娘資子が生んだ称光天皇と小川宮《おがわのみや》がいるが、有名な禅僧一休宗純《いっきゅうそうじゅん》（頓知和尚一休さん）も実子だといわれる。

遺勅により後小松院と追号されたが、「小松帝」とは第五十八代光孝天皇の異名である。光孝天皇は兄の孫である陽成天皇の後に皇位につき、その子孫は長く皇位を保った。

第百一代　称光天皇《しょうこう》

御名・異名 実仁《みひと》（初名は躬仁《みひと》） 生没年 一四〇一（一四一二〜一四二八） 一四二八（二十八歳） 在位 十七年 父 後小松天皇 母 日野西資子（光範門院） 皇妃 日野光子《ひのちょうし》（日野有光《ありみつ》の娘）ほか

後小松天皇の第一皇子である実仁親王が、天皇の譲りを受けて十二歳で即位した（称光天皇）。

南北朝合一の和議では南朝系が皇位を継ぐはずだったので、各地で南朝勢力の蜂起があった。

しかし、外祖父・資国の妹・業子《なりこ》は義満の正室であり、資国の姪・康子《やすこ》も義満の側室であった。

また、後小松天皇の准母《じゅんぼ》・康子の妹・栄子《えいし》は足利義持の正室で、称光天皇の准母というように、天皇家と足利氏の関係は異常なほど濃く、幕府の力を背景に押し切った。

称光天皇は、弟の小川宮の急死や父との反目もあって、精神状態が普通ではなかったといわれる。また病弱なうえに院政下にあったのでこれといった事績はない。

称光天皇はたびたび危篤に陥ったが、皇子がなく、後小松上皇は貞成《さだふさ》親王（後崇光院）の皇子・彦仁王《ひこひとおう》を猶子《ゆうし》に迎え、天皇が崩御すると即位させた（後花園《ごはなぞの》天皇）。

北朝勢力は、称光天皇の崩御によって持明院統の嫡流が断絶したにもかかわらず、傍流の天皇を即位させて、ふたたび南朝との約束を反故にしたのである。これに反発した南朝の遺臣らは、朝廷や幕府に対する反抗を十五世紀後半まで続けた。

第百二代　後花園《ごはなぞの》天皇

御名・異名 彦仁《ひこひと》、円満智、後文徳院　生没年 一四一九（一四二八～一四六四）一四七〇（五十二歳）　在位 三十七年　父 貞成《さだふさ》親王（後《ご》崇光院《すうこういん》）　母 源幸子《こうし》（敷政門院《ふせいもんいん》、庭田《にわた》幸子、庭田経有《つねあり》の娘）　皇妃 藤原信子《しんし》（嘉楽門《からくもん》院《いん》、藤原孝長《たかなが》の娘）ほか

称光天皇には皇子がなく弟も急死していたので、後小松上皇は南朝勢力の動きを封じるため、貞成親王の皇子・彦仁王を猶子《ゆうし》に迎えて皇位につけた。これが後花園天皇であり、貞成親王は北朝第三代・崇光《すこう》天皇の孫にあたり、伏見宮家の三代目当主である。後小松上皇の院政は崩御するまでの数年間で、その後の三十年余りは後花園天皇が親政を行った。治世中は農民や地侍の一揆のほか「永享《えいきょう》の乱」（足利持氏《あしかがもちうじ》討伐）や「嘉吉《かきつ》の乱」（六代将軍足利義教《あしかがよしのり》を暗殺した赤松満祐《あかまつみつすけ》の討伐）などが起きたが、これらに対して綸旨を発するなど政治的役割も積極的に果たした。

父の貞成親王は、皇位が嫡流である崇光院系に戻ったことを喜び、『椿葉記《ちんようき》』をあらわして帝王の徳を諭した。後花園天皇もこれに応え、徳行を重ねた。たとえば、

後花園天皇

一四六〇年（寛正元）～六一年（寛正二）に疫病・飢饉があり、人民が困苦していたにもかかわらず、将軍・足利義政は宴遊にふけったうえ、土木事業を行い、その費用を人民から徴発した。これを見た天皇は、「残民争いて採る首陽の蕨、処々廬《いおり》を閉ぢ、竹扉を鎖《とざ》す。詩興の吟は酣《たけなわ》なり春二月、満城の紅緑誰がために肥たる」という詩をつくって将軍足利義政の贅沢をいましめた。こうして天皇は「近来の聖主」と称えられた。

一四六二年（寛正三）、第四十回伊勢神宮の内宮の遷宮が行われ、以降、中断した（外宮は行われず）。天皇は在位三十七年ののち皇子の成仁《ふさひと》親王に譲位して（後土御門天皇）院政を行ったが、「応仁の乱」が起こるとにわかに出家、戦乱の中で病を得て崩じた。

第百三代　後土御門天皇《ごつちみかど》

御名・異名　成仁《ふさひと》　生没年　一四四二（一四六四〜一五〇〇）一五〇〇（五十九歳）　在位　三十七年　父　後花園天皇　母　藤原信子（嘉楽門院）　皇妃　源朝子《ちょうし》（庭田朝子、庭田長賢《ながかた》の娘）ほか

父・後花園天皇の譲りを受けて、成仁親王が二十三歳で即位した（後土御門天皇）。

一四六六年（文正元）、「応仁の乱」の前年に大嘗祭が執行された。だが、以後、九代二百二十一年にわたり中絶した。

応仁の乱は、京都市街の多くを焦土とし、全国の武士を二分して戦乱は十年以上にもおよんだ。

後土御門天皇は難を避けて、将軍・足利義政の室町邸を仮宮として十年近くも過ごし、その後も北小路邸、日野政資邸などを転々とし、一四七九年（文明十一）にやっと修理が終わった土御門内裏に帰ることができた。

十一年にわたる争乱の間に、皇室の御料地や公家の所領の多くが失われて、朝廷

の経済は逼迫し、節会《せちえ》その他の恒例行事も廃止されるものが多くなった。一方、気まぐれな文化人に育った八代将軍・義政はまったく政治をかえりみず、側近や夫人の日野富子らが政治に介入して幕府の権威はますます失墜していった。

こうしたなか、後土御門天皇はなんとか朝廷の儀式の復興をめざしたが、思うにまかせぬまま一五〇〇年（明応九）、五十九歳で崩じた。このとき朝廷には葬儀の費用すらなく、遺骸は御所に置かれたまま、一か月以上もしてからやっと火葬されたという。

第百四代

後柏原天皇《ごかしわばら》

御名・異名　勝仁《かつひと》　生没年　一四六四（一五〇〇〜一五二六）一五二六（六十三歳）　在位　二十七年　父　後土御門天皇　母　源朝子　皇妃　勧修寺藤子《かじゅうじとうし》（藤原藤子、豊楽門院《ぶらくもんいん》、勧修寺教秀《のりひで》の娘）ほか

後土御門天皇の第一皇子である勝仁親王が、天皇の崩御により三十七歳で践祚した（後柏原天皇）。

だが、応仁の乱の疲弊がいまだ諸国を覆っており、朝廷も窮乏状態が続いた。先帝の葬儀は四十三日後にやっと行われたが、即位礼の費用はなく挙行できなかった。諸国に税を課したが集まらず、室町幕府や地方豪族からの寄付もわずかしかなかった。

経費節減のため朝廷の儀式のいくつかは中止され、結局、即位礼が行われたのは践祚の二十二年後、後柏原天皇が五十八歳になってからであった。その費用は将軍・足利義稙《あしかがよしたね》と本願寺の実如《じつにょ》の献金によって多くをまかなった。

こうしたなかでも、後柏原天皇は常に朝廷の儀式の再興に全力を傾けるととも

に、国民の平安に心を砕いた。騒乱が起こると伊勢神宮などに天下の和平を祈らせ、疫病が流行すると自ら『般若心経』を書写して延暦寺と仁和寺《にんなじ》に納めて民の安穏を祈った。

宮中の歌会始めは、これまで後土御門天皇の代に始まったと見られていたが、近年の研究では、後柏原天皇の時代（一五〇二年）からと考えられている。

一五二六年（大永六）、後柏原天皇は六十三歳で崩御した。

第百五代　後奈良天皇《ごならてんのう》

御名・異名 知仁《ともひと》 生没年 一四九六（一五二六～一五五七）一五五七（六十二歳） 在位 三十二年 父 後柏原天皇 母 勧修寺藤子（豊楽門院） 皇妃 万里小路栄子《までのこうじえいし》（吉徳門院《きちとくもんいん》、万里小路賢房《かたふさ》の娘）ほか

後柏原天皇の第二皇子である知仁親王が、天皇の崩御のあと三十一歳で践祚した（後奈良天皇）。

しかし、あいかわらず朝廷の財政は逼迫し、幕府の権威も落ちて儀式の費用もままならず、即位礼が行われたのは十年後であった。大内、今川、北条、朝倉ら地方豪族の献金によってようやく挙行することができたのである。

それでもなお、即位儀礼のひとつである大嘗祭を執り行うことができず、一五四五年（天文十四）、後奈良天皇は伊勢神宮に「大嘗祭をしないのは怠慢なのではなく、国力の衰微によるものです。いまこの国では王道が行われず、聖賢有徳の人もなく、利欲にとらわれた下克上の心ばかりが盛んです。このうえは神の加護を頼むしかなく、上下和睦して民の豊穣を願うばかりです」と詫びている。

後奈良天皇の治世は斉藤道三が美濃を乗っ取るときに始まり、織田信長、木下藤吉郎（豊臣秀吉）、徳川家康らが生まれ、信長が尾張を平定するころに至っている。一五三九年（天文八）、諸国が洪水に襲われて凶作となり、翌年は飢餓と悪疫が全国を襲った。無数の餓死者や病死者が国中に溢れるという事態である。後奈良天皇はこの災厄を終息させるため、般若心経を書写して供養し、また宸筆の般若心経を二十五か国の一宮に奉納して終息を願った。

この般若心経の奥書には「いまここに天下大疫、万民多く死亡に阽《のぞ》む。朕、民の父母として、徳覆うこと能はず。甚だ自ら痛む。ひそかに般若心経一巻を金字に写し、義堯僧正をして之を供養せしむ。こひねがはくは、疾病の妙薬たらんか」と記されている。

困窮の中にあっても、後奈良天皇にとって最も大切なことは、民の平穏無事をはかることだったのである。

また、政を行ううえで特に心がけたのは、朝議の再興と官位をむやみに授けないことだったという。まっすぐな性格の後奈良天皇は学を好み、清原宣賢《きよはらのぶかた》や五条為実《ごじょうためざね》らに漢籍を学び、吉田兼右《かねみぎ》・三条西実隆《さんじょうにしさねたか》らにわが国の古典を学んだ。文筆に長じ日記『天聴集《てんちょうしゅう》』がある。

第百六代　正親町《おおぎまち》天皇

御名・異名　方仁《みちひと》　生没年　一五一七（一五五七〜一五八六）一五九三（七十七歳）　在位　三十年　父　後奈良天皇　母　万里小路栄子（吉徳門院）

皇妃　万里小路房子《ぼうし》（万里小路秀房《ひでふさ》の娘）ほか

後奈良天皇の第二皇子である方仁親王が、天皇の崩御のあと四十一歳で践祚した（正親町天皇）。

しかし、朝廷の衰えは続いており、すぐには即位礼を行うことができなかった。方仁が親王宣下を受けたのは十五歳、一五三三年（天文二）のことで織田信長が生まれる前年であった。

それから四十一歳で即位するまでの二十六年、戦国の動乱と朝廷の衰微をつぶさに体験した方仁親王は、即位後は老練な政治家ともいえる手腕を発揮した。

正親町天皇が即位したのは、再度謀反を起こした弟の信行を信長が討って再び尾張を統一、川中島では武田信玄と上杉謙信が三度目の合戦をした年である。

即位四年目の正月、ようやく即位式が行われたが、これは毛利元就《もうりもとなり》らの献金によったもので、これによって元就は陸奥守に任じられ桐菊の紋を賜った。新興武士勢力と連携して朝廷の復権をはかるという正親町天皇の始まりである。

即位十年余りののち、信長が美濃を平定して天下統一の野心を示すと、正親町天皇は皇子・誠仁《さねひと》親王（百七代後陽成天皇の父）の元服料の献上や尾張と美濃の御料地の回復を命じた。

実は朝廷と織田家の関係はそれぞれの父の代にもあり、信長の父・信秀は一五四三年（天文十二）、後奈良天皇のときに内裏四面の修理費用として銭四千貫文を献上している。こうしたことをふまえて、天皇は信長によって朝廷の復興をはかり、信長のほうは天皇の権威を利用して天下を統一しようとしたのである。

信長は一五六八年（永禄十一）、足利義昭を擁して京都に入ったが、正親町天皇はこれに先立ち内侍所に参籠して安寧を祈念するとともに、信長に対して「入洛するにあたっては乱逆なきよう下知をくわえるべし」と綸旨を下している。

応仁の乱以後、京都はずっと騒乱の舞台であったから、市民は織田軍の乱暴狼藉を恐れており、正親町天皇はあらかじめ信長に軍規を保つよう命じたのである。統制のとれた織田軍は京都の治安回復に貢献した。それに対し、第十五代征夷大将軍に任じられた義昭は信長に感状を与えた。

そのなかには「武勇天下第一なり、当家再興これに過ぐ可からず、いよいよ国家

正親町天皇

の安治ひとへに憑《たの》み入るの外他なし」という文言もあり、義昭の信長に対する期待は非常に大きかった。

しかし、信長の眼中に義昭はなく、将軍が諸国に出す御内書は信長が見て、信長の書状を添えることとし、さらに天下のことは信長に任せるよう義昭に明言した。

信長は先に正親町天皇から要請のあった件ばかりでなく、皇室の復興に向けてさまざまな施策を行った。

信長は時に応じて献金を行い、珍しい品々を献上して朝廷をうるおすとともに、戦国時代の天皇の懸案であった朝議の復興、皇室御料地と公家領の回復を実現した。また、紫宸殿、清涼殿、内侍所ほかの造営・修理を行い、石清水八幡宮の造営を行った。

また、後奈良天皇の遺志を奉じた尼僧の慶

光院清順上人が諸国の勧進に努め、ついに一五六三年（永禄六）、伊勢神宮の式年遷宮が復興された（外宮の第四十回遷宮、外宮としては約三十年ぶり）。

信長はさらに皇室財政を安定させる施策を行い、窮乏した公家には徳政令を出して救済するなど、手厚い皇室重視策をとった。

もちろん、正親町天皇もこれに応えて、信長の敵対勢力にたびたび講和の勅命を出したり、香木蘭奢待《らんじゃたい》を与えたりしている。

蘭奢待とは正倉院に安置されている香木で、王者が焚く香木といわれる。信長は一五七三年（天正元）、義昭を追放して室町幕府を滅亡させ、宿敵浅井長政・朝倉義景を滅ぼしたが、翌年に蘭奢待を切り取ることを願い出て許されたのである。正親町天皇がこれを認めたのは、信長の勤皇の志と天下統一の実力を認めたからであろうといわれている。

もうひとつ、正親町天皇が信長のために大きな働きをしたのは、信長と石山本願寺の和解の仲裁である。

本願寺が指導した一向一揆は非常に強力で、その昔、加賀では「門徒持ち」の国が誕生するほどであったが、信長も伊勢長島の一揆や大坂石山本願寺の反抗に苦しんでいた。

そこで信長は、正親町天皇の力を借りて本願寺と和解したのである。天皇は自ら和解を勧める文書をしたため、二度も勅使を派遣した結果、ついに一五八〇年（天正八）、本願寺は大坂を開城することになった。

しかし、正親町天皇と信長の間ですべての利害が一致していたわけではなく、本心では傀儡の天皇を望んでいた信長は、浅井・朝倉を滅ぼして天下が見え始めたころから、天皇に譲位を勧めることもあった。

しかし、老練な正親町天皇は決して言いなりにはならず、信長のほうも武田信玄や上杉謙信など、各地に強敵が存していたために天皇に無理強いすることはなかった。

信長は一五八一年（天正九）、正親町天皇の臨幸を仰いで「御馬揃《おうまぞろえ》」という軍事パレードを行った。最後には信長自身が暴れ馬を駆って場内を駆けめぐり、剣をふるい槍を投げたという。これは天皇や公家に対して武力を誇示するものでもあったという。

これに対して正親町天皇は、信長を太政大臣・関白・征夷大将軍のいずれかに任じることで慰撫しようとしたが、信長は返事をしないまま本能寺へ向かい、そこで明智光秀に攻められて自害した。ちなみに、本能寺の変に朝廷関与説が出てくるのもこのためである。

信長なきあと豊臣秀吉が光秀を破り、正親町天皇はこの秀吉を関白に任じ、翌一五八六年（天正十四）、孫の和仁《かずひと》（のち周仁《かたひと》）に皇位を譲って上皇となった。譲位は朝廷の衰えのために後花園天皇を最後に百二十年余りも行われなかったが、武家と連携することによってようやく余裕を取り戻したのである。

正親町天皇は上皇となって七年後、一五九三年（文禄二）正月、七十七歳をもって崩御した。

第百七代　後陽成天皇《ごようぜい》

御名・異名 周仁《かたひと》（初名は和仁《かずひと》） 生没年 一五七一（一五八六〜一六一一）一六一七（四十七歳） 在位 二十六年 父 誠仁親王 母 勧修寺晴子《はるこ》（新上東門院《しんじょうとうもんいん》、勧修寺晴右《はれみぎ》の娘） 女御 近衛前子《このえさきこ》（中和門院《ちゅうかもんいん》、近衛前久《さきひさ》の娘）ほか

正親町天皇の皇子・誠仁《さねひと》親王が皇位を継がないうちに没したため、その第一皇子である和仁（のちに周仁）親王が天皇の譲りを受けて皇位を継いだ（後陽成天皇）。即位は羽柴秀吉が太政大臣となった年で、豊臣の姓を賜った秀吉は後陽成天皇を大いに尊重し、天皇や朝廷にとって精神的・経済的にも最も安定した時期であった。

一五八八年（天正十六）四月、秀吉は聚楽第を営み、後陽成天皇の行幸を仰いだ。そして、五日間にわたって宴を催し、その際、禁裏（天皇）御料五千五百三十両をはじめ銀や米を奉った。

また、一五九〇年（天正十八）三月、秀吉が小田原征伐に出陣するとき、後陽成

後陽成天皇

天皇は出御し、出陣の行装を観覧した。すると秀吉は、下馬して天皇のもとに歩み寄りお暇乞いの挨拶を述べ、御所で御盃をもらった。

しかし、秀吉の没後、関が原の戦いを経て江戸幕府を開いた徳川家康は、朝廷とは一線を画して干渉の度合いを強めていった。たとえば公家への官位叙任といった天皇本来の権能も独自には行えないようにし、元号の改元の決定権なども幕府が握ることになった。

ただし、将軍への就任は天皇の任命によるようにし、武家への官位であってもあくまで叙位主体は天皇であり、元号も天皇が制定するという形式は保持された。

また後継問題も、後陽成天皇は弟の智仁《ともひと》親王への譲位を望んだが、家康の反対にあって、やむなく第三皇子・政仁《ことひと》親王に譲位した（後水尾天皇）。

譲位後は仙洞《せんとう》御所（上皇の御所）に退き、四十七歳で崩御した。

後陽成天皇は深く学問を好み、しばしば『伊勢物語』や『源氏物語』などを講義し、木製活字を作らせて和漢の古典を印刷発行（慶長勅版）するなどした。

第百八代

後水尾《ごみずのお》天皇

御名・異名政仁《ことひと》（「ただひと」ともいう）**生没年**一五九六（一六一一〜一六二九）一六八〇（八十五歳）**在位**十九年**父**後陽成天皇**母**近衛前《さき》子《こ》（中和門院《ちゅうかもんいん》）**中宮**徳川和子《とくがわまさこ》（東福門院《とうふくもんいん》、徳川秀忠《ひでただ》の娘）**皇妃**園《その》光子（壬生院《みぶいん》、園基任《もとただ》〈「もととう」ともいう〉の娘）、櫛笥隆子《みくしげたかこ》（逢春門院《ほうしゅんもんいん》、櫛笥隆政《たかまさ》の娘）、園国子《くにこ》（新広義門院《しんこうぎもんいん》、園基音《もとおと》の娘）ほか

後陽成天皇の第三皇子である政仁親王は、天皇とあまり仲がよくなかった。そのため父帝は自分の弟を即位させたかったが、徳川幕府の後押しで即位となった（後水尾天皇）。しかし、後水尾天皇はまもなく徳川家康の強引な朝廷政策に悩まされることになり、前代未聞の譲位劇を演じた。

幕府は一六一五年（元和元）、大坂夏の陣で豊臣秀頼を滅ぼした直後、「禁中並《きんちゅうならびに》公家諸法度《くげしょはっと》」を発布した。これは朝廷を政治の圏外におくためのもので、叙位叙勲や処罰、元号制定など朝廷固有の権能にも幕府の統制がおよぶようにしたものである。後水尾天皇即位五年目のことであるが、天皇の行動がそういうもので規制される。

後水尾天皇

るのは未曾有のことであった
　これに後水尾天皇はじめ朝廷側が反発しないわけはなかった。実は、天皇の即位直後から二代将軍・徳川秀忠の娘・和子の入内が噂されていて、一六一四年（慶長十九）には正式決定していた。家康が考えた政略結婚であるが、大坂の陣や家康自身の死で延びのびになっていた。
　和子は将軍の娘であり、母は於江与《おえよ》といって浅井長政とお市の方（信長の妹）を父母とする輝かしい家系の姫である。莫大な持参金も期待できるし朝幕の関係も緊密になるということで、当初は朝廷側にも異存はなかった。
しかし、秀吉の尊皇を知っている後陽成、後水尾天皇にとっては、大坂夏の陣での秀頼と淀君の自害、そして「禁中並公家諸法度」の発布は衝撃であった。

後水尾天皇は和子の入内を喜ばず、日夜酒色にふけって乱行を重ねたというが、そのうち典侍の藤原与津子（およつ御寮人）との間に皇子が誕生、翌年には皇女が生まれた。これを知った秀忠は激怒して天皇の近臣を処分したが、今度は天皇がこれに怒って退位をちらつかせたりした。

それでも一六二〇年（元和六）に和子の入内が実現した。そのとき天皇は二十五歳、和子十四歳であった。三年後には皇女・女一宮《おんないちのみや》（次の明正《めいしょう》天皇）が生まれ、さらに二年後には皇子が誕生、すぐ親王宣下を受け高仁《すけひと》と名づけられた。およつ御寮人との間の皇子は数年前に夭逝しており（幕府の手で抹殺されたという噂があった）、後水尾天皇は高仁親王への譲位を明らかにし、幕府も了承してその準備をしていた。

後水尾天皇は「禁中並公家諸法度」によって、官位の授与をはじめその他の公家たちの待遇も自分の思うようにならず、幕府から金銀の献上があっても自由にできないでいるよりは、譲位して上皇となったほうが自由だと考えたのである。幕府も天皇の外戚になることがそもそもの目的であるから、高仁親王の即位に異存はなかった。

ところが翌年、肝心の高仁親王が夭逝してしまった。後水尾天皇は女一宮への譲位を打診するが、幕府は時期尚早だとして了承しない。和子に皇子が生まれる可能性もあるし、幕府が徳川家のために無理に女帝を立てたという印象を避けたかったのである。

その後も後水尾天皇は何度も譲位の意向を幕府に伝えたが、そのつど幕府は反対した。しかし、ついに一六二九年（寛永六）十一月、天皇は幕府に無断で女一宮への譲位を決行し、即位となった。

即位以来の積もりつもった思いに加え、一六二七年（寛永四）には「紫衣《しえ》事件」（幕府が天皇の紫衣勅許と上人号勅許を事実上無効にした事件。沢庵《たくあん》和尚らの処分を招いた）が起こり、譲位直前の十月には無位無官の春日局《かすがのつぼね》（家光の乳母）が後水尾天皇に拝謁するという前代未聞のことがあった。

後水尾天皇はこれには激怒して、譲位を決行したのである。幕府も困惑したが、これ以上騒ぎ立てるのは不利と判断、「叡慮（天皇のお考え）のままに」と一応矛を収めたが朝幕関係は悪化した。しかし、秀忠没後の一六三四年（寛永十一）、和子の兄の三代将軍・家光が後水尾上皇の院政を承認して関係は改善された。

後水尾上皇は明正天皇のあと、第四皇子（後光明天皇、母・園光子）、第八皇子（後西天皇、母・櫛笥隆子）、第十九皇子（霊元天皇、母・園国子）を次々と即位させ、五十一年にわたって院政を行うとともに、幕府の財力を背景に華やかに文化事業を手がけた。そのひとつである修学院《しゅがくいん》離宮は上皇の設計によるもので、自ら訪れて造営の指図をしたという。上皇はここがお気に入りで、たびたび東福門院（和子）などと訪れている。

後水尾上皇は学問や芸術に関心が深く、書と和歌については「少しは書く、歌も相応には詠む」といって自信をもっていた。日光東照宮には後水尾天皇の御親筆とされる額が掲げられているが、のちに薩摩藩が東照宮の焼き討ちを要求した際、板垣退助が御親筆を焼くわけにはいかないと説得したという。

後水尾天皇は『源氏物語』や『伊勢物語』ほかの注釈書、儀式の書、歌学の書などを著し、著作は歴代天皇のなかで最も多いといわれる。また、後光明、後西、霊元三天皇の即位にあたって示された訓誡書に、天皇としての心得を説いているが、その内容は、驕りをつつしむことをはじめ、短慮を深くつつしむこと、いつも柔和の相でいること、敬神崇仏により何事も正直を守ること、芸能は和歌を第一に心にかけること、御手習いもゆだんなくすること、有職故実はたどたどしくないようにすること、漢才は十分にもつこと、などなど細かくていねいなものである。

和子の入内に乗り気ではなかった後水尾天皇だったが、その後の事績には東福門院の力が大いにあずかったにちがいない。和子はよくできた女性で、自分の権勢をちらつかせるようなことは一切なく、後宮をうまくまとめて、三十一人といわれる皇子女の面倒もよくみた。

第百九代　明正天皇《めいしょう》

御名・異名　興子《おきこ》、女一宮《おんないちのみや》　生没年　一六二三（一六二九～一六四三）一六九六（七十四歳）　在位　十五年　父　後水尾天皇　母　徳川和子（東福門院）

後水尾天皇の第二皇女である興子内親王は、二代将軍・徳川秀忠の娘・和子との間の第一子である。秀忠が将軍職を家光に譲った年に生まれた。幕府との確執による父帝の突然の譲位によって七歳で践祚《せんそ》（明正天皇）、奈良時代の称徳天皇以来、八百五十九年ぶりの女帝の誕生となった。

明治以降は皇室典範の制定によって内親王の即位は認められなくなったが、それまで日本には八人十代の女帝が在位した。明正天皇はその七人目である。

ところが、女帝への譲位が相談もなく突然行われたため、秀忠も家光も驚いて激怒した。いくら皇子がいないとはいえ、徳川の血筋を皇位につけるために女帝を擁立したという印象をもたれることを懸念したのである。

しかし幕府は、これ以上騒ぎ立てても天皇の決定が覆ることはなく、火に油を注ぐようなことは不利と判断し、「驚いたことではあるが、ともかく叡慮通りに」ということで、幕府の関係者を罰するだけで矛を収めた。この点では後水尾天皇の意趣返しは一応目的を達したといっていいだろう。

明正天皇は父である後水尾上皇が院政をしいたため、政務に直接かかわることはなかったが、なんといっても三代将軍・徳川家光の姪である。それに母の東福門院和子がよくできた人であり、幕府との関係は安定した穏やかなものになった。治世中には幕府の力で内裏が建て直され、譲位後には幕府から毎年五千石が献上された。

母の和子は、家康が皇室に送り込んだ女性であり、家康の目的はかつての藤原氏のように、徳川家が外戚の地位を確保し幕府の権威を万全のものにするためであった。

ところが和子は、後水尾天皇との間に二男三女をもうけながらも、なぜか皇子がいずれも早逝した。したがって徳川家としては、明正天皇の即位は次善の策としては是認できるものだったのだろう。

いずれにしても、徳川家を外戚とする天皇が誕生したことで、江戸幕府の対朝廷政策が確立したわけである。

一六二九年（寛永六）、明正天皇は在位十五年、二十一歳で異母弟の紹仁《つぐひと》親王に譲位し（後光明天皇）、太上天皇となった。譲位後は、父の後水尾上皇、母の東福門院、妹の女三宮とともにたびたび修学院離宮などに行幸し、家族仲は良かったようである。

母の東福門院は御所染めなど着物の意匠に熱心であったが、明正天皇は手芸を好み、押し絵の作品が由緒の寺に伝えられている。

七十四歳で崩御。追号は奈良時代の女帝、元明天皇、元正天皇からそれぞれ「明」と「正」の字をとった。

第百十代 後光明天皇《ごこうみょう》

御名・異名 紹仁《つぐひと》、素鵝宮《すがのみや》 生没年 一六三三(一六四三)～一六五四(二十二歳) 在位 十一年 父 後水尾天皇 母 園光子(壬生院) 皇妃 庭田秀子《ひでこ》(庭田重秀《しげひで》の娘)

後水尾天皇の第四皇子である紹仁親王が、十一歳で異母姉である明正天皇の譲りを受けて即位した(後光明天皇)。しかし、二十二歳の若さで天然痘によって崩御した。十二年の在位は徳川家光、家綱の時代であった。

強い気性の持ち主で、歌道よりも剣術を好んだ。剣術の稽古を京都所司代の板倉重宗がとがめて「やめていただかないと切腹します」といさめると、「切腹は見たことがないからよい機会だ。切腹せよ」と言い返したという。

反面、幼少から学問を好み、剛健厳格な気風は学問にもあらわれ、和歌や物語などの文芸よりも経学(四書五経など儒教の教え)を重んじ、『源氏物語』などは人道に害ありとして排除した。

一六五一年(慶安四)、後光明天皇は江戸初期の儒者・藤原惺窩の著作『惺窩先生

後光明天皇

文集』に序文を賜った。これは、朱子学が日本で開けたのは惺窩の功績であると天皇が評価したことによるもので、その文章は見事なものであったという。時に天皇十八歳。それまで、天皇が庶民の書に序文を賜ることはなかった。

後光明天皇はさらに、孔子を祭る釈奠を大学寮で行おうとしたが、これは夭逝によって実現できなかった。

和歌も苦手なわけではなく、父の後水尾上皇に促されると、あっという間に十首を詠じて驚かせたという。また、和歌について「和歌はわが国の風であるから、その風の正しいことを貴ぶべきである。聖人の道を知って、身の行いが正しければ、詠む歌の風も正しく、人の道の助けとなるだろう」と述べている。

第百十一代　後西天皇《ごさい》

御名・異名　良仁《ながひと》、秀宮《ひでのみや》、桃園宮《ももぞののみや》、花町宮《はなまちのみや》　生没年　一六三七（一六五四～一六六三）一六八五（四十九歳）　在位　十年　父　後水尾天皇　母　櫛笥隆子（逢春門院、櫛笥隆政の娘）　女御　明子女王《あきこじょおう》（高松宮好仁親王《たかまつのみやよしひと》の娘）ほか

後水尾天皇の第八皇子である良仁親王は、始め叔父（好仁親王、後陽成天皇の第七皇子）の高松宮家を継いだが、後光明天皇が皇子のないまま崩御したため、十八歳で皇位を継いだ（後西天皇）。

後水尾上皇は、後光明天皇の養子になっていた高貴宮《あてのみや》（次の霊元天皇）に皇位を継がせたかったが、この年に生まれたばかりで幼過ぎた。

後西天皇は書にすぐれていたが、即位のころはたいへん見苦しい字を書いた。それを見た白川雅喬《まさたか》は末代までの恥だと火鉢で燃やしてしまったが、数年後に再び天皇の書を見た雅喬は、見事な筆運びに驚き、「卑しいものの諫めを忘れないで、よくぞこれほどまでに上達された」と涙を流して喜んだという。

後西天皇

在位中は、江戸では一六五七年（明暦三）に明暦の大火（振袖大火）があり、続いて翌年（万治元）も大火があった。さらに一六六〇年（万治三）には伊勢神宮も炎上、その後、諸国を大洪水が襲ったり大地震が起こったりと天変地異が続発した。これは天皇の行跡がよくないからだと、幕府からも退位の要請があったという。

こうして後西天皇は、後水尾上皇からも幕府からも譲位を促され、在位十年、二十七歳で識仁《さとひと》親王に譲位した（霊元天皇）。

後西天皇は文芸面のほか茶道、華道、香道にも練達していた。天皇には『後西院御記』『源氏聞書』『伊勢物語御注』『百人一首聞書』などたくさんの著作がある。

後西天皇はとくに和歌を好み、「あしはらの中津国の名国の風この道ならでなにあふかむ」という国風を尊重した歌を詠んでいる。

一六八五年(貞享二)、後西天皇は崩御し、「後西院」と追号された。これは、第五三代淳和天皇が在位十年で譲位したのに境遇が似ていることから、淳和天皇の別称である「西院帝」の「西」に「後」の字を加えたものといわれている。

第百十二代　霊元天皇《れいげんてんのう》

御名・異名　識仁《さとひと》、高貴宮《あてのみや》、素浄　生没年　一六五四（二）〜一六八七）一七三二（七十九歳）　在位　二十五年　父　後水尾天皇　母　園国子（新広義門院）　中宮　鷹司房子《たかつかさふさこ》（新上西門院《しんじょうさいもんいん》、鷹司教平《のりひら》の娘）　皇妃　松木宗子《まつきむねこ》（敬法門院《けいほうもんいん》、松木宗条《むねえだ》の娘）ほか

後水尾天皇の第十九皇子（諸説あり）である識仁親王は、生後すぐ皇位継承者とみなされ、後光明天皇の養子となった。才気煥発さを後水尾上皇に愛され、長じてますます英才ぶりを発揮したが、傲慢さもあってたびたび人を叱ったという。また、剛毅で我慢強く、夏は容易に扇を使わず、冬の寒さにもめったに火鉢を用いなかったといわれる。

即位（霊元天皇）十八年目の一六八〇年（延宝八）、後水尾上皇が崩御すると、霊元天皇は親政を開始し、途絶えていた朝廷儀式の再興をはかり、朝仁親王《あさひと》（次の東山天皇）の立太子礼と房子の立后を行った。また、朝仁親王の即位にあたっては、室町時代の土御門天皇以来二百年以上も途絶えていた大嘗祭の復活に執念を燃やし

霊元天皇

た。大嘗祭は本来、天皇の君臨と国民の奉賛を古来の生業を介して確認するための大切な祭儀であり、天皇が神性を獲得するための大切な儀式である。霊元天皇は精力的に幕府とかけあったが援助はなく、東山天皇の大嘗祭は簡略な形での復活しかできなかった。

譲位にあたって幕府は、霊元上皇が院政を行わないよう釘を刺したが、上皇は持ち前の剛毅さを発揮して事実上院政を強行した。

一六九一年（元禄四）、霊元上皇は気力衰弱を理由に禁中の処置を関白以下に委任する旨の院宣を下したが、重要事は書をもって院旨を請うよう命じた。こうして院政を続ける上皇に対して、幕府は一六九三年（元禄六）、院政をしないという約束に反すると奏した。すると上皇は、政務を完全に東山天皇に委任した。

第百十三代　東山《ひがしやま》天皇

御名・異名 朝仁《あさひと》、五宮《ごのみや》 **生没年** 一六七五（一六八七〜一七〇九）一七〇九（三十五歳） **在位** 二十三年 **父** 霊元天皇 **母** 松木宗子（敬法門院《けいほうもんいん》） **皇后** 幸子女王《ゆきこじょおう》（承秋門院《じょうしゅうもんいん》、有栖川宮幸仁《ありすがわのみやゆきひと》親王の娘） **皇妃** 櫛笥賀子《よしこ》（新崇賢門院《しんすうけんもんいん》、櫛笥隆賀《たかよし》の娘）ほか

霊元天皇の第四皇子である朝仁親王が、八歳で儲君《ちょくん》（皇位を継承する君）に定められたのち、翌年立太子、十三歳で天皇の譲りを受けて即位した（東山天皇）。立太子の儀および小規模ながら大嘗祭が復活、儲君というのは東山天皇が初めての例である。

東山天皇は、院政を強行する霊元上皇と幕府の間に立って苦労したが、父とは逆の穏和な性格が幸いして、のちには御料の増加や陵の修復も行われるなど朝幕関係は改善した。東山天皇の治世は元禄文化が花開いた時代で、徳川綱吉《つなよし》の生類憐み令の発布や赤穂浪士の討ち入りがあった。

東山天皇は三十五歳で皇太子・慶仁《やすひと》親王に譲位（中御門《なかみかど》天皇）したあと、その年

東山天皇

に崩御したが、翌年閑院宮家が創立され、天皇の皇子・直仁《なおひと》親王が入った。

新しい宮家の創立は天皇の遺言によるが、新井白石の世継ぎに関する助言や関白近衛基熙《もとひろ》の働きによって実現した。

新井白石は「徳川家でも血筋が絶えそうになったことは幾度かあるが、朝廷も同じである。なるべく宮家を増やして断絶の危惧をなくすべきである。儲君のほかは皇子は僧とし、姫君は尼とするのは人情にそむくものだ」としている。

閑院宮家の創立に尽力した近衛基熙が、天皇の謙譲の徳を慕っていたことは、基熙の日記で知られている。それだけに基熙は、天皇が崩御した翌年、命日に出家し、菩提をとむらった。

第百十四代

中御門天皇《なかみかど》

御名・異名　慶仁《やすひと》、長宮《ますのみや》　生没年　一七〇一（一七〇九～一七三五）一七三七（三十七歳）　在位　二十七年　父　東山天皇　母　櫛笥賀子（新崇賢門院）　女御　近衛尚子《このえひさこ》（新中和門院《しんちゅうかもんいん》、近衛家熙《いえひろ》の娘）ほか

東山天皇の第五皇子である慶仁親王が、天皇の譲りを受けて九歳で即位した（中御門天皇）。

この年は五代将軍・徳川綱吉が没して甲府城主の徳川家宣《いえのぶ》が六代将軍となった年で、中御門天皇の治世は七代将軍・徳川家継《いえつぐ》、八代将軍・徳川吉宗《よしむね》と三代にわたった。

女御の尚子は、六代将軍・徳川家宣を代父（父・近衛家熙の妹・熙子が家宣の正室）としているなど、朝幕関係はすこぶる良好で、閑院宮家の創立などもすんなり運んだ。

一七一五年（正徳五）、霊元上皇の皇女吉子内親王（八十宮《やそのみや》）が二歳のとき、将軍・徳川家継（当時七歳）への降嫁が決まった。しかし、翌年には家継が早世した

中御門天皇

ため、八十宮は江戸に下ることなく生涯を京都で過ごし、幕府は終身御料として毎年五百俵を献じている。

中御門天皇は有職故実の研究と再興に関心をもち、さまざまな節会を復活させた。また、管弦、和歌、書道などに通じ、特に笛は天下一品で、狐が間近まで寄ってきて聞き入っていたという。

天皇には『中御門天皇御記』『公事部類』『中御門院御詠草等』などの著作がある。一七三五年（享保二十）、天皇は皇子で皇太子の昭仁《てるひと》親王に譲位して（桜町天皇）、上皇となった。上皇として二年過ごしたのち、一七三七年（元文二）に崩御した。

「中御門」と追号されたのは、御所にちなむものである。天皇の御所は待賢門に近かったが、この待賢門の別称を「中御門」といった。

第百十五代 桜町天皇《さくらまち》

御名・異名 昭仁《てるひと》、若宮《わかのみや》 生没年 一七二〇（一七三五～一七四七）一七五〇（三十一歳） 在位 十三年 父 中御門天皇 母 近衛尚子（新中和門院） 中宮 二条舎子《いえこ》（青綺門院《せいきもんいん》、二条吉忠《よしただ》の娘） 皇妃 姉小路定子《あねこうじさだこ》（開明門院《かいめいもんいん》、姉小路実武《さねたけ》の娘）ほか

中御門天皇の第一皇子である昭仁親王は、正月元日に生まれた。元日生まれの天皇は神武天皇と垂仁天皇のみであり、それに聖徳太子が元日生まれなので宮中は格別な喜びようだった。しかし、難産だったため母の尚子は二十日後には亡くなった。

一七三五年（享保二十）、天皇の譲りを受けて十六歳で即位した（桜町天皇）。

在位中は八代将軍・徳川吉宗、家重の時代で世情は比較的平穏、朝幕関係も円滑であった。吉宗の助力を得て大嘗祭を復活し、宇佐八幡宮や春日大社などへの奉幣使派遣（勅使を派遣しての奉幣・報告・祈願）も実現した。

大嘗祭は東山天皇のときに小規模に復活したが、父の中御門天皇は行わなかった

桜町天皇

ので五十一年ぶりのことであった。

一七四七年（延享四）、桜町天皇は二十八歳の若さで遐仁《とおひと》親王に譲位し（桃園天皇）、三年後に脚《かっ》気《け》衝《しょう》心《しん》（重い脚気による心臓不全）により崩御した。

桜町天皇は和歌を好み、『桜町院御集』をのこしているが、天皇としての自覚を詠んだものが多い。

「思ふにはまかせぬ世にもいかでかはなべての民の心やすめむ」

また、京都仁和寺には、桜町天皇が父の中御門天皇の七周忌追善のために書写した般若心経がある。

天皇は「桜町」と追号されたが、これは上皇時代の住まいであった御殿の宮名「桜町殿」にちなんだものである。

第百十六代　桃園《ももぞの》天皇

御名・異名 遐仁《とおひと》、茶地宮《さちのみや》　生没年 一七四一（一七四七～一七六二）一七六二（二十二歳）　在位 十六年　父 桜町天皇　母 姉小路定子（開明門院）　女御 一条富子《とみこ》（恭礼門院《きょうらいもんいん》、一条兼香《かねか》の娘）

桜町天皇の第一皇子である遐仁親王が天皇の譲りを受けて七歳で即位した（桃園天皇）。

幼少のときから学問を好み、後光明天皇とならぶ高邁さをもち、とくに漢学に造詣が深く、また蹴鞠の作法はひときわ優美であったという。

桃園天皇の近臣である徳大寺公城《きんむら》、久我敏通《こがとしみち》らが、国学者で神道家である竹内式部《たけのうちしきぶ》（徳大寺公城の臣）の垂加神道と軍学を学んでいたが、天皇もこの進講を受けて熱中するようになった。

垂加神道は江戸初期に山崎闇斎《あんさい》が唱えた神道説で、神人合一観を特徴とする尊王論である。

しかし、熱烈な天皇崇拝は幕府の手前、問題が多かった。心配した関白近衛内前

桃園天皇

や養母の青綺門院（桜町天皇の中宮）は、桃園天皇を諫めて進講を中止するとともに、朝廷内の若い尊王論者を大量に処分した。これが一七五八年（宝暦八）の「宝暦事件」である。

桃園天皇が多感な十八歳のときのことであり、時の将軍は九代将軍・徳川家重の時代であったが、宝暦事件は幕府の封建体制崩壊の予兆であった。

天皇は、この事件のあとに、「神代より世世にかはらで君と臣の道すなほなる国はわがくに」と歌を詠み、朝幕の関係が変わらぬものであることを詠んだが、時代は確実に変化し始めていた。

桃園天皇は在位十六年、二十二歳の若さで父帝と同じ脚気衝心により惜しまれつつ崩御した。

第百十七代　後《ご》桜町《さくらまち》天皇

御名・異名 智子《としこ》（「さとこ」ともいう）、緋宮《あけのみや》　**生没年** 一七四〇（一七六二〜一七七〇）一八一三（七十四歳）　**在位** 九年　**父** 桜町天皇　**母** 二条舎子（青綺門院）

桜町天皇の第二皇女である智子内親王は、桃園天皇の一歳違いの異母姉であった。桃園天皇が急逝したとき儲君英仁《ひでひと》親王（次の後桃園天皇）はまだ五歳で幼かったため、智子内親王が皇位につくことになった（後桜町天皇）。

明正天皇以来百十九年ぶりの女帝誕生である。御年二十三歳。

後桜町天皇の役割は、これまでの女帝と同じように中継ぎとしての即位であったが、たとえば明正天皇のように上皇がいるわけではなかった。

後桜町天皇はたいへん円満な性格のうえに賢明な女性であり、天皇の職務を自ら執り行うとともに、幼少の英仁親王の教育にも熱心だった。

在位九年、後桜町天皇は無事英仁親王に譲位した（後桃園天皇）が、後桃園天皇は皇子のないまま二十二歳で崩御、皇位は九歳の閑院宮《かんいんのみや》典仁《すけひと》親王の王子・祐宮《さちのみや》が継いだ（光格天皇）。

後桜町上皇は傍流の祐宮をもいつくしみ、よく補導したという。一七八九年（寛政元）の尊号事件では、「御代長久が第一の孝行」と光格天皇（＝祐宮）を諌めたことは有名である（三二二頁参照）。文筆にすぐれ、宸記・宸翰・御詠草など多数残っている。

第百十八代　後桃園天皇《ごももぞの》

御名・異名　英仁《ひでひと》、二宮《にのみや》　生没年　一七五八（一七七〇～一七七九）一七七九（二十二歳）　在位　十年　父　桃園天皇　母　一条富子（恭礼門院）　女御　近衛維子《これこ》（盛化門院、近衛内前《うちさき》の娘）

桃園天皇の第一皇子である英仁親王は、天皇の崩御時は五歳であった。そこで伯母（後桜町天皇）が中継ぎとして立ち、十三歳の成人をまって即位した（後桃園天皇）。

後桃園天皇の治世は十代将軍・徳川家治《いえはる》の時代で、田沼意次《おきつぐ》が老中のころである。即位の年とその翌年は各地を大旱魃が襲い、江戸では大火、さらに旱魃の後は諸国が水害に襲われた。即位三年目の「明和九年」（一七七二）は「迷惑年（メイワクネン）」だということで、安永に改元された。

各地で一揆や打ちこわしが起こる一方、経済活動が盛んになって賄賂が横行する時代であった。宮中でも一七七四年（安永三）、不正をはたらく者が多数幕府によって処分され、廷臣・田村広教らが処刑された。禁裏賄方役人が公金を私的に流用

後桃園天皇

し、奢侈に耽った事件だ。後桃園天皇は自ら寛大な処分を求めたが老中・田沼意次に拒否されていた。その結果、三十人以上の賄方役人が解職され、そのうち四人が死罪、五人が遠島処分となった。

虚弱体質であった後桃園天皇は在位十年、父と同じ二十二歳で崩御した。皇子女は崩御の年に生まれた皇女（のち光格天皇の皇后欣子《よしこ》内親王）だけだったので、閑院宮典仁親王の王子・祐宮（のちの光格天皇）を養子として皇嗣に定めた。

後桃園天皇には日記八冊が遺されている。

第百十九代　光格天皇《こうかく》

御名・異名 兼仁《ともひと》（初名は師仁《もろひと》）、祐宮《さちのみや》 生没年 一七七一（一七七九〜一八一七）一八四〇（七十歳） 在位 三十九年 父 閑院宮典仁《かんいんのみやすけひと》親王（慶光《きょうこう》天皇） 母 岩室磐代《いわむろいわしろ》（岩室法橋《ほっきょう》の娘） 皇后 欣子《よしこ》内親王（新清和院《しんせいわいん》、後桃園天皇の皇女） 皇妃 勧修寺婧子《かじゅうじただこ》（東京極院《ひがしきょうごくいん》、勧修寺経逸《つねとし》の娘）ほか

後桃園天皇には崩御の年に生まれた皇女しかいなかったため、急遽、閑院宮典仁親王の第六王子・祐宮（のち兼仁）が養子に迎えられて皇位を継いだ（光格天皇）。

父親の典仁親王は第百十三代東山天皇の孫にあたり、遺詔で創立された閑院宮家の二代目当主である。その子が皇位を継ぐことは、宮家をもっと増やせという当時の新井白石の建白などが実を結んだことになる。

光格天皇は九歳で即位し、二十四歳のときに後桃園天皇の皇女・欣子内親王を皇后とした。円満な人柄で質素を好んで飾ることを嫌い、ことに民のための任徳を旨とした。

即位数年後の一七八二年（天明二）から一七八七年（天明七）にかけて発生した天

明の大飢饉は、困窮した人民が犬や猫はもとより人肉までむさぼるという惨状となり、大規模な打ちこわしも各所で起こった。この惨状を知った光格天皇はただ平安を祈願するだけではなく、幕府に申し入れて民衆の救済をはかった。

このように朝廷が幕府に対して、政治上の口出しをするのは前代未聞のことであったが、実は「御所千度参り《ごしょせんどまい》」という大きな出来事がこの背景にあった。天明の大飢饉に耐えかねた京都の民衆は、初めは京都所司代に窮状を訴えたが、何の沙汰もなかった。

すると一七八七年（天明七）六月、京都御所に向かって救済を祈り、御所の周囲を巡る人たちが現れたのである。自分たちの窮状に目を向けない幕府権力を見限り、御所に向かってお祈りをし、門から賽銭を投げ込んで救いを求めたという。

初めは数人のグループだったが、こうした人々が数日後には三万人にふくれあがり、十日後には七万人にも達して御所を巡った。これを御所千度参りというが、ここには京都近在だけでなく近畿地方一帯から人々が集まったという。

このとき後桜町上皇からは三万個のりんごが配られ、有栖川家や九条家からは茶や握り飯が配られた。そしてこれにひどく心を痛めた天皇は、民衆の救済を京都所司代に申し入れたのである。

これは、江戸幕府の創設以来、幕府にゆだねられていた内政上の事項に対し、天

光格天皇

皇が初めて関与し、幕府もこれに従った出来事としてきわめて大きな意味をもつ。

また光格天皇は、北方にたびたび来航して通商を求めていたロシアとの交渉経過を報告させるなど、実際の政務に深い関心を示して朝廷権威の復権に努めた。

光格天皇の時代に、多くの儀式や祭祀の復興が実現したが、これは傍流から皇位についたことを神恩と考え、神事の再興に意を注いだのだといわれる。

一七八八年（天明八）の京都大火では皇居も仙洞（院の御所）も焼けたが、これの再建では幕府と交渉して平安時代の様式を採用した紫宸殿や清涼殿を完成させた。また、三百五十年以上も途絶えていた石清水八幡宮や賀茂神社の臨時祭も再興している。

この内裏の造営にあたり、光格天皇は幕府

の労に対し、宸筆の御製の詩を十一代将軍・徳川家斉に賜った。また、後桜町上皇も和歌を贈った。こうしたことは異例のことであり、家斉は歓喜し、賜った御製の詩を親写して老中の松平定信に贈った。すると定信は、それを床にかけて人を集めてともに拝し、宴をもったという。このように、このころの朝幕関係は非常によく、平穏であった。

ところが、一七八九年（寛政元）、光格天皇は父の閑院宮典仁親王に太上天皇の尊号を贈りたい旨を幕府に伝えた。公家諸法度の元では親王の地位は大臣より低いために、天皇としては父に尊号を贈って優遇したかったのである。

これに対して定信は寛政の改革の旗頭であり、田沼意次の対極に立つほど厳格であり、「皇位についていないものに尊号を与えるのは名誉を私《わたくし》するものである」と拒否した。これは尊号事件といわれているが、光格天皇が矛を収めて落ち着くまで六年を要している。この事件が象徴するように、幕府に対する朝廷の発言力が、これまでになく強くなっていたのである。

こうしたことも含めて、光格天皇は朝廷が近代天皇制へ移行する下地をつくったと評価されている。

なお、典仁親王は一八八四年（明治十七）に、明治天皇の直接の祖先にあたるということで、慶光天皇の諡号と太上天皇の称号が贈られている。

第百二十代　仁孝天皇《にんこう》

御名・異名　恵仁《あやひと》、寛宮《ゆたのみや》　生没年　一八〇〇（一八一七〜一八四六）一八四六（四十七歳）　在位　三十年　父　光格天皇　母　勧修寺婧子（東京極院）　女御　鷹司繋子《つなこ》（鷹司政煕の娘）、鷹司祺子《やすこ》（新朔平門院《しんさくへいもんいん》、鷹司政煕《まさひろ》の娘）　皇妃　正親町雅子《おおぎまちなおこ》（新待賢門院《しんたいけんもんいん》、正親町実光《さねみつ》の娘）、橋本経子《はしもとつねこ》（観行院《かんぎょういん》、橋本実久《さねひさ》の娘）ほか

光格天皇の第四皇子である恵仁親王が、八歳のとき皇后欣子内親王の実子となり儲君に定められ、十八歳で天皇の譲りを受けて即位した（仁孝天皇）。

やはりこの仁孝天皇も古儀の復興に熱心で、父帝に光格天皇とおくり名して諡号《しごう》（生前の行いを尊んで贈る名）を復活させた。

諡号は制度としてはあったが、五十八代光孝天皇以来、わずかな例外を除き、行われたことがなかった。仁孝天皇は父帝の古儀復興に応えて、九百五十年ぶりに諡号奉上の儀を再興したのである。

仁孝天皇は学問を好み、しばしば廷臣のために和漢の歴史書や古典を読んでいた

仁孝天皇

が、公家の子弟の教育機関として学習所の建設を決意、一八四五年（弘化二）に講堂の建設に着手した。天皇は学習所の開講を見ないまま崩御したが、翌年には開講、幕末の尊王攘夷運動に大きな影響をもたらすことになった。

仁孝天皇の治世中には、アヘン戦争によって清（中国）がイギリスの植民地にされ、日本にも欧米の艦船がたびたび来航するようになった。ひたひたと迫る外圧のなかで、尊皇攘夷運動が動き出すのである。

ちなみに、天皇の諡号である「仁孝」は、候補として最終的にのこった「仁孝」と「孝明」のなかから、天皇の皇子である第百二十一代孝明天皇が聖断によって決めたものである

第百二十一代　孝明《こうめい》天皇

御名・異名 統仁《おさひと》、熙宮《ひろのみや》 生没年 一八三一（一八四六〜一八六六）一八六六（三十六歳） 在位 二十一年 父 仁孝天皇 母 正親町雅子（新待賢門院） 女御 九条夙子《あさこ》（英照皇太后《えいしょうこうたいごう》、九条尚忠《ひさただ》の娘） 皇妃 中山慶子《なかやまよしこ》（中山忠能《ただやす》の娘）、坊城伸子《ぼうじょうただこ》（坊城俊明の娘）ほか

仁孝天皇の第四皇子である統仁親王が、天皇の崩御を受けて十六歳で践祚した（孝明天皇）。学問好きの孝明天皇は、翌年には父帝の遺志である学習所を完成させた。この学習所には次第に攘夷派のリーダーが集まるようになった。天皇自身も激しい外国嫌いであり、それを率直に表明しての治世であった。

孝明天皇は一八四六年（弘化三）二月に皇位についたが、四月にはイギリスの船とフランスの軍艦が琉球に来航、五月にはアメリカの船員七名が択捉島に漂着、続く閏五月にはアメリカ艦隊司令長官ビッドルが浦賀に来航して通商を求め、六月にはフランス艦隊司令官セシュが長崎に来て燃料と水を求めるという状況だった。

危機感を抱いた孝明天皇は八月、幕府に対して外国船に関する異例の勅書を出し

た。内容は外国船の状況報告と海防の強化を求めるものであるが、そもそも朝廷が幕府に外交上の意見を言うなどということは、徳川家康の時以来絶えてなかったことである。

幕府は驚いた。しかし、言われるままに京都所司代に状況を報告させた。幕府はアヘン戦争の二の舞を恐れてウロウロするばかりで対策に苦慮しており、さらに国内には反幕勢力や攘夷論者の台頭もあって、幕府も朝廷の意向を無視できなくなったのである。光格天皇のときが朝廷が幕府政治に口をはさめるようになった端緒だったが、それがより拡大することになった。

即位八年後の一八五三年（嘉永六）、ついにペリーが来航した。天皇は社寺に命じて四海の静謐と万民の安穏を祈禱させ、「朕の治世に通商を外夷に許すようなことになれば、国民の信頼をなくし、恥を後世に残し、神宮や列聖にあわせる顔がない」とし、外国が開港を強要するなら干戈《かんか》（戦争）も辞さないとまで言いきった。

あさゆふに民やすかれと思ふ身の心にかかる異国《とつくに》の船

天皇の御製には心痛の大きさが現れているが、もはや現実は天皇が望む鎖国は不可能なところにまで来ていた。しかし、御所の奥で育った天皇にはただ外国嫌いがあるのみで、あくまで鎖国を夢見ていたのである。

一方、現実政治に直面している幕府は一八五八年（安政五）、大老に就任した井伊

孝明天皇

直弼《なおすけ》が日米修好通商条約を勅許なしの独断で調印した。孝明天皇は激怒して譲位を表明してまで抗議したが、幕府はこの調印は軍備が整うまでの方便だという、とんでもない嘘をつき、さらにオランダ、ロシア、イギリス、フランスとも修好通商条約を結んだ。

孝明天皇は攘夷に向けた幕政改革の密命を水戸藩に下すが、これが露見。幕府がないがしろにされたことを怒った直弼は、関係者と攘夷論者の大弾圧に乗り出した。これには十三代将軍・家定の後継問題も絡んでいたが、一橋慶喜《よしのぶ》（一橋徳川家当主）や徳川慶篤《よしあつ》（水戸藩主）らが隠居謹慎処分などを受け、吉田松《しょう》陰《いん》や橋本左内《さない》をはじめ水戸藩士など多くの志士が死刑になった（安政の大獄）。

この恐怖政治は一八六〇年（万延元）、桜田門外の変で直弼が暗殺されて終息するが、幕府滅亡の遠因になったといわれる。幕府の内部はモラルの低下や人材の欠如で混乱し、外では反幕派による尊攘活動が激化したのである。

幕府の失地回復には、朝廷と一体であるというイメージが必要だった。そこで幕府は孝明天皇に「七、八年から十年のうちに軍備を整え、武力で攘夷を実行します。そのためにも早く和宮《かずのみや》降嫁を許可してほしい」という申し入れをした。

和宮の降嫁とは、孝明天皇の異母妹である和宮と十四代将軍・徳川家茂《いえもち》を結婚させることで、これを公武合体の証として反幕府勢力を牽制しようというものである。和宮はよく小説やドラマで悲劇の皇女として描かれるが、十五歳上の兄・孝明天皇とは親子のように仲がよかった。また六歳のときすでに有栖《ありす》川宮熾仁《がわのみやたるひと》親王と婚約していて、和宮自身はもちろん天皇も和宮降嫁には反対であった。

しかし、孝明天皇にも公武合体への期待があった。天皇はかたくなな攘夷論者であったが、決して勤皇討幕運動に与するようなことはなく、幕府と一体で鎖国することを望んでいた。そのため「国のため、民のため、一途に攘夷断行のため」涙をのんで和宮を説得、一八六一年(万延二)、和宮は江戸に下ることになった。

和宮降嫁を契機に朝廷は幕府に対して優位に立ち、朝廷内外には長州を中心とした攘夷派が台頭した。一八六三年(文久三)、幕府は五月十日を攘夷実行期日と決め、孝明天皇は賀茂神社や石清水八幡宮に攘夷の成功を祈願した。そしてその日、長州藩が下関海峡の外国船に砲撃を加えた。

しかしこの後、めまぐるしく変わる政局のなかで、イギリス、フランス、アメリカ、オランダ四国連合は大坂湾に軍艦を回航して京都を威嚇、ついに孝明天皇は条約を勅許することになった。そして翌一八六六年（慶応二）、坂本竜馬の仲介で薩長同盟が成立、政局は一気に討幕に向けて雪崩を打つことになった。

この激動の年の十二月二十五日、孝明天皇が急死した。死因は天然痘の悪化といわれるが、毒殺されたという噂もあった。公武合体論者であった天皇は討幕に積極的でないため、討幕派に暗殺されたというのである。いずれにしても、幕府の存在を認めていた天皇の突然の崩御は、佐幕派の力をそぎ、勤王倒幕派の復活をまねくという幕末史の大きな転換点となった。

孝明天皇の時代には、元号が「弘化」「嘉永」「安政」「万延」「文久」「元治」「慶応」と七度も改められた。それだけ激動の時代であったことを物語っているが、嘉永から安政に改元したのは、天災、人災を含めた世の中の不穏な動きであった。

一八五四年（安政元）四月には、火災によって内裏、建春門を焼き、さらに紫宸殿や清涼殿を焼き尽くした。また、六月には京畿地方に大地震があり、多くの家屋が倒壊し、死傷者もたくさん出た。さらに、外国船が近海に出没するようになり、改元を求める声が高まったのである。

第7章

明治維新から現代へ

第百二十二代明治天皇は十六歳で践祚し、十五代将軍徳川慶喜から国の統治権を返上された（大政奉還）。そして、王政復古の大号令が出され、明治新政府が樹立された。武人天皇としていかめしいイメージが伝わる明治天皇は、幼少のころはお姫様のように美しく気高かったというが、新政府の求めに応じ、英邁さとリーダーシップにあふれたヨーロッパ的な君主となるべく、文武両道のたくましい天皇となった。大正天皇は気さくな人柄で、家庭でも良きパパぶりを発揮したという。昭和天皇は年代のはっきりした歴代天皇のなかでは最長寿、在位期間も最長の生涯を送ったが、大東亜戦争（太平洋戦争）のために腐心し、最後は終戦という聖断を下すにいたった。その昭和天皇の御心を継がれた今上天皇は、精力的に諸外国を訪問され国際親善、世界平和に努められている。本章では、明治から現代までに皇位についた、明治天皇から第百二十五代今上天皇までの四人の天皇の事績を伝える。

第百二十二代 明治《めいじ》天皇

御名・異名 睦仁《むつひと》、祐宮《さちのみや》 生没年 一八五二(一八六七〜一九一二)一九一二(六十一歳) 在位 四十六年 父 孝明天皇 母 中山慶子 皇后 一条美子《いちじょうはるこ》(昭憲皇太后《しょうけんこうたいごう》、一条忠香《ただか》の娘) 皇妃 柳原愛子《やなぎはらなるこ》(柳原光愛《みつなる》の娘)ほか

孝明天皇の第二皇子である睦仁親王が、天皇の急逝により一八六七年(慶応三)一月、十六歳で践祚した(明治天皇)。

この年は坂本竜馬や中岡慎太郎が京都・近江屋で暗殺された年で、十五代将軍・徳川慶喜は国の統治権を天皇に返上し(大政奉還)、暮(新暦では翌年)には王政復古の大号令が出されて新政府が樹立された。明治という日本の大革命時代のスタートである。

明治天皇といえばいかめしい武人天皇のイメージが強いが、幼少のころは髪は稚児風で顔には白粉《おしろい》もつけ、お姫様のように美しく気高かったという。

起床は七時、就寝は九時という日課で、午前は習字の稽古、午後は三時ごろまで父・孝明天皇のそばで、二つずつ出される御題を詠んでいた。そして夜には女官を

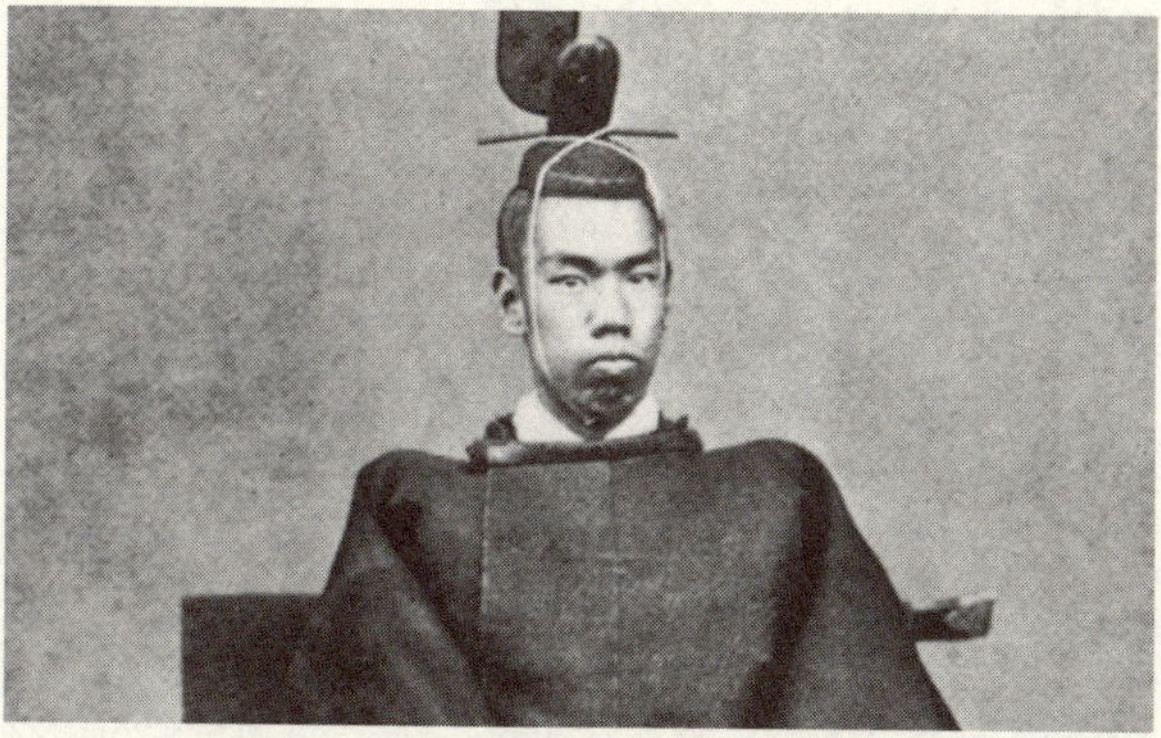

明治天皇

相手にカルタなどをして遊んでいたという。

禁門の変（長州勢の決起を薩摩・会津勢が撃退）のとき、睦仁親王は十三歳になっていたが、御所に落ちた砲弾に驚いて失神したというから、まだまだ繊細な少年だった。

しかし、時局が明治天皇をそのままにしておかなかった。即位の年、慶喜は大政奉還を申し出て新しい政治形態をつくろうとしたが、あくまで討幕をめざした岩倉具視（討幕派の公家）や大久保利通らは、天皇を奉じてクーデターを断行、王政復古の大号令が下された。天皇による新政府成立を宣言したわけである。

翌一八六八年（明治元）、鳥羽伏見の戦いに始まる戊辰戦争は急速に政府軍に有利に展開し、わずか三か月で江戸城は無血開城となった。東北戦争に続いて最後の幕府勢力であった箱館の榎本武揚も翌年五月には壊滅、事実上の東京遷都が行われて明治天皇は東京に定住することになった。

新政府のめざすところは富国強兵であり、経済を豊かにして軍備を整え、隣国清の轍を踏まぬよう欧米の列強と肩をならべることであった。そのためには英明な君主である天皇を頂点におき、あらゆる面で近代化をはからなければならなかった。

明治政府は学制を制定（明治五年）、徴兵令の発布（同六年）、地租改正条例の布告（同年）を矢継ぎ早に行って近代日本の基礎をつくったが、これに先立つ一八七一年（明治四）、宮中の制度も大改革が行われた。

徳川幕府が天皇の本分はもっぱら学芸であるとしたのとは逆に、明治政府は男性的で武の方面にすぐれた天皇、つまり英邁さとリーダーシップにあふれたヨーロッパ的な君主像を求めた。

これまでの天皇は多くの女官に取り巻かれているのが通例だったが、明治天皇を補佐したのは維新の三傑・西郷隆盛、大久保利通、木戸孝允らであり、侍従長は東《ひがし》久世通禧《くぜみちよし》（尊皇攘夷を唱えた公家で「七卿落ち」の一人）であった。

また、高島鞆之助（薩摩藩出身、のち陸軍中将）、有地品之允（長州藩出身、のち海軍少将）、山岡鉄太郎（鉄舟、千葉周作門下の剣客）、片岡利和（土佐藩出身、沖田総司らと斬りあった志士で、のちに千島列島を調査）ほか、腕に覚えのある錚々たるメンバーが侍従として仕え、文武両道のたくましい青年天皇に育てていった。

一方、天皇が国の最高権威であることを国民に徹底することも強力に推し進められた。即位以来、明治天皇は各地に行幸して国民に新しい日本の君主としての存在を印象づけた。常に大元帥服を着用し、殉難者の慰霊ではかつての官軍・賊軍の別なく大御心を示した。当時の人々の目に天皇の姿は神々しいほどの威厳があり、宿泊したところや休んだところは聖蹟として神聖視されることも珍しくなかった。

一八八九年（明治二十二）、大日本帝国憲法が発布され、「大日本帝国は万世一系の天皇がこれを統治する」（第一条）、「天皇は神聖にして侵すべからず」（第三条）、「天皇は陸海軍を統帥す」（第十一条）というように、天皇は強大で広範な大権をもつものと位置づけられた。同時に「天皇は国の元首にして統治権を総攬し、この憲法の条規によりてこれを行う」（第四条）というように、天皇は国家機関や元老の助言と同意により大権を行使するものとされた。

一八九四年（明治二十七）、日本は隣国清（中国）に宣戦布告した。清が朝鮮の独立を侵し、日本の権益を損なっているという名目であったが、このとき明治天皇は宣戦を本意ではないとしてこれに関する勅使派遣などを拒否している。

しかし開戦後は、広島の大本営に赴いて政務をとった。また、一九〇四年（明治三十七）の日露戦争でも、明治天皇は戦争回避の意向をもっており、次の御製に天皇の真情を見ることができる。

　よもの海みなはらからと思ふ世になど波風のたちさわぐらん
日清戦争は十か月で終わり、日本は翌年の下関条約で遼東半島や台湾を得たが、その後の三国干渉（フランス、ドイツ、ロシア）により遼東半島の返還を余儀なくされた。

このことは直接、間接に日露戦争（明治三十七〜三十八）のきっかけとなったが、日本は幸運にもロシアに勝利し、世界の一等国と肩をならべることになった。もちろん明治天皇のカリスマ性もいっそう輝きを増すことになった。

日露戦争後、持病の糖尿病と慢性腎炎が徐々に悪化し、晩年は会議中にまどろむなど体調の不良が目立った。一九一二年（明治四十五）七月、高熱を発して昏睡状態となり、同二十九日崩御した。

明治から一世一元制を採用し、崩後、その元号をもって追号とする例が開かれた。明治天皇を慕う国民は天皇の神霊をまつる神宮の建設を求め、それが一九二〇年（大正九）に明治神宮として実現した（昭憲皇太后もあわせまつる）。さらに、明治天皇の誕生日の十一月三日はのちに「明治節」とされ、今は「文化の日」になっている。

第百二十三代　大正天皇《たいしょうてんのう》

御名・異名　嘉仁《よしひと》、明宮《はるのみや》　生没年　一八七九（一九一二～一九二六）一九二六（四十八歳）　在位　十五年　父　明治天皇　母　柳原愛子《なるこ》　皇后　九条節子《くじょうさだこ》（貞明皇后《ていめいこうごう》、九条道孝《みちたか》の娘）

明治天皇の第三皇子である嘉仁親王の生母・柳原愛子は幕末の議奏柳原光愛《みつなる》の次女であり、伯爵柳原前光の妹である。明治天皇の后には子どもがなく、側室から生まれた皇子や皇女たちも次々に早世、ようやく一八七九年（明治十二）に愛子から第三皇子・嘉仁が誕生した。

一八八七年（明治二十）、九歳で儲君となり昭憲皇太后の実子と定められたが、自身は幼少のときから昭憲皇太后の実子であると聞かされていたため、生母が愛子と知ったときには大きな衝撃を受けたという。

幼いときから病弱で腸チフスや脳膜炎など重い病気を患っており、学習院に入学してからも健康がすぐれず、あまり学業には集中できなかったという。

一八九四年（明治二十七）には学習院を中退、赤坂離宮内に御学問所を設けて、授を受けた。とくに川田剛からは大きな影響をうけ、それ以後漢文を趣味とした。

一九〇〇年（明治三十三）、宮中賢所《かしこどころ》にて、九条道孝の娘・節子（貞明皇后）と結婚、このとき皇太子二十一歳、節子十五歳であった。

この結婚は国民的な祝賀行事になり、各地で記念の桜が大量に植樹された。日本といえば桜というイメージができたのも、この時期であるといわれる。さらに、国民が皇室にならって神前結婚式を望むようになり、これ以降、神前結婚式が広く普及することになった。

皇太子にとっても幸福な時期で、幼いときからすぐれなかった体調も次第に回復、快活さも取り戻していった。節子との間には皇太子時代に裕仁《ひろひと》親王（次の昭和天皇）、雍仁《やすひと》親王（秩父宮）、宣仁《のぶひと》親王（高松宮）が生まれ、天皇になってからは崇仁《たかひと》親王（三笠宮）が生まれた。

明治天皇は五人の女性から十五人の皇子女をもうけたが、そのうち十人までが早世し、成人したのは大正天皇と四人の妹宮だけだった。その点、一夫一妻を貫き、皇子たちがすくすく育った大正天皇は対照的である。

対照的といえば、明治天皇は激務に追われて、たとえば昭和天皇や秩父宮などの孫との団欒は非常に少なかったが、大正天皇は皇太子時代が長かったこともあっ

大正天皇

て、皇子たちとの遊びや会食などの機会はたびたびあり、良きパパぶりを発揮していた。

また、健康が回復してからは日本各地を回ったが、行く先々では非常に気さくで、身分にかかわらず誰にも気軽に声をかけた。京都帝大の付属病院を訪れたときには話しかけられた患者が感激の涙にむせんだと伝えられているし、福岡県知事との会見ではもっていた煙草を気軽に差し出したという話も残っている。

明治天皇はこのころ、すでに一般の人の目には届かないところに「現人神」として祭り上げられ、言葉に出すのも畏れ多い畏怖の対象となっていた。そのぶん皇太子の率直で素直な人柄が人々の心を慰めたといえるだろう。

日露戦争後の一九〇七年（明治四十）、二十

九歳の皇太子は、有栖川宮威仁《たけひと》親王、伊藤博文、桂太郎らを従えて大韓帝国を訪れ、皇帝純宗《スンジョン》や皇太子李垠《イウン》ほかと会談した。嘉仁親王は李垠をたいそう気に入って朝鮮語の勉強を始めたが、朝鮮に差別感のあった当時としては珍しいことであった。

一九一二年（明治四十五）、明治天皇が崩御し、ただちに践祚して皇位を継いだ（大正天皇）が、即位三年後には第一次世界大戦が勃発、日本も参戦してドイツ領の青島を攻略、駆逐艦隊を地中海に派遣するなどした。この結果、戦勝国の日本は世界の五大強国として地位を高めることになった。

大正天皇は毎日九時から十二時まで、大元帥の軍服を着用して用務にあたっていたが、大戦終結の数年後には生来の病弱さから健康をそこね、次第に国務をとることが困難になった。このため一九二一年（大正十）からは皇太子の裕仁親王を摂政とし、以後はもっぱら静養に努めた。

しかし、大正天皇の体調が回復することはなく、一九二六年（大正十五）十二月、葉山御用邸で崩じた。枕辺では長く会うことのできなかった生母がみとったが、これは貞明皇后の配慮によって実現したことだった。

大正天皇は病弱さに加えて、思ったことを素直に言動に移したため、政界では「頼りない」とか「頭が良くない」などの評判があった。なかでも有名なのは帝国議会の開院式で詔勅を読んだ後、詔書を望遠鏡のように丸めて議場を眺めたというものである。

しかし、大正天皇自身が「あるとき、勅語が天地逆さまに巻きつけてあったので、ひっくり返して読み上げて恥ずかしい思いをした。このようなことがないよう、なかを覗いて確かめようとしたのだ」と語ったという女官の証言もある。

また、脳膜炎をわずらって手先が不自由であった大正天皇が、うまく巻けたかどうかをチェックしているのを、遠くの議員からは望遠鏡にしているように見えたのだ、という説もあって何が真実かはさだかでない。

いずれにしても、大正デモクラシーという時代の波のなかで、明治天皇とはちがった親近感をもって語り継がれたエピソードである。

昭和天皇も秩父宮雍仁親王も「東宮時代はまことに溌剌としておられたが、天皇の位につかれて寿命を縮められた」という趣旨のことを語っている。

大正天皇は漢詩をよくし、実に千三百六十七首が確認されている。おそらく歴代随一であろう。さらに、その気宇雄大な書は、かねて専門家の等しく鑽仰《さんぎょう》するところだ。

かきくらし雨降り出でぬ人心《ひとごころ》くだち行く世をなげくゆふべに（大正九年の御製）

第百二十四代　昭和《しょうわ》天皇

御名・異名　裕仁《ひろひと》、迪宮《みちのみや》　生没年　一九〇一（一九二六〜一九八九）一九八九（八十九歳）　在位　六十四年　父　大正天皇　母　九条節子（貞明皇后）
皇后　久邇宮良子《くにのみやながこ》（久邇宮女王、香淳皇后《こうじゅんこうごう》、久邇宮邦彦《くにひこ》の娘）

大正天皇の第一皇子である裕仁親王は、明治天皇によって「裕仁」と命名された。明治天皇は皇孫の誕生をことのほか喜び、非公式に出かけて対面したといわれる。生後二か月で枢密院顧問官川村純義《すみよし》伯爵の下に預けられ、「心身の健康第一、天性をまげない、ものに恐れず人を尊ぶ、わがままな癖を絶対につけない」という幼児教育がなされた。

川村伯爵の没後は東宮御所に戻り、一九〇八年（明治四十一）、学習院初等科に入学。院長乃木希典《まれすけ》（陸軍大将、日露戦争の英雄）の薫陶を受けた。

この学習院初等科のとき「尊敬する人は誰か」という質問があり、生徒は全員「明治天皇」と答えたが、裕仁親王だけは源義経の名をあげた。理由を聞くと、「おじじ様（明治天皇）のことはよく知らないが、義経公のことはたかがよく教えてくれたから」と答えたという。

足立たかは親王が川村邸から御所に戻ってからの養育係で、のちに鈴木貫太郎（のちの首相）の後妻になった女性である。たかは親王が学習院初等科を卒業するまで養育係を努めたが、毎日、親王が就寝するとき、正義感あふれる物語を聞かせたという。

初等科を卒業後は、東宮御所内に御学問所（総裁東郷平八郎元帥）がもうけられ、選ばれた学友五名とともに一九二一年（大正十）まで、近代的な立憲君主としての教育を受けた。

この間に立太子礼（大正五年）、皇太子妃の内定（久邇宮邦彦殿下の第一王女良子女王。同八年公表）、ヨーロッパ諸国訪問があった。

ヨーロッパ訪問は一九二一年（大正十）三月三日、巡洋艦「香取」で横浜を出港、英国皇室との親しい関係をつくったのをはじめ、フランス、オランダ、ベルギー、イタリア各国を巡って九月三日に帰朝した。この六か月にわたる諸国訪問は青年皇太子の人間的成長に大きな影響を与えたといわれる。

帰国してすぐ、大正天皇の病状悪化のため、摂政に任ぜられて国務を遂行した。なかでも一九二三年（大正十二）は台湾訪問、関東大震災、難波大輔による狙撃事件（弾丸は車の窓を貫通したが皇太子は無事）など、公私ともに多忙であったが、翌年一月には御成婚の儀がとり行われた。

実は、訪欧前に「宮中某重大事件」というものが起こった。婚約者の良子女王に色弱の疑いがあるから婚約を破棄すべきだという怪文書が政界に乱れ飛んだのである。この噂を聞いた皇太子は、「良子姫がよい。他の者では困る」と語ったという。また、のちのことになるが、内親王ばかり続いて四人も生まれたので、重臣たちは皇子を得るために側室をすすめたという。すると昭和天皇は不機嫌な口調で「秩父宮が継げばよろしいではないか」と言ったという。皇后への思いやりとともに、いったん決めたことには背かないという信念を感じさせるエピソードである。

一九二六年(大正十五)十二月二十五日、大正天皇の崩御を受けて摂政宮・裕仁親王がただちに皇位を継ぎ(昭和天皇)、年号は昭和と改められた。

このころまで摂政の周辺は、元老西園寺公望《きんもち》、宮内大臣牧野伸顕《のぶあき》といったリベラル派で固められていたが、昭和に入ると軍部の急速な伸張に悩まされるようになった。

早くも即位の翌年(昭和二年)、軍部は蔣介石軍が山東省の日本利権に迫ったとして第一次山東出兵を行った。

そしてこれを皮切りに張作霖爆殺(昭和三年)、満州事変(昭和六年)、国際連盟脱退(昭和八年)、そして二・二六事件(昭和十一年)と、国際協調を考える昭和天皇の

昭和天皇

思いとは逆に、国際情勢はしだいに厳しくなり、国内の動きも戦争への傾斜を深めていった。

一九三七年（昭和十二）には日中戦争が始まり、一九四一年（昭和十六）には大東亜戦争（太平洋戦争）に突入した。

昭和天皇は事態を深く憂慮してぎりぎりまで外交交渉に期待を寄せたが、最終的には議会の決定に従った。天皇はたしかに陸海軍の統帥者であったが、立憲君主制の建前からも実質的な権力行使はできなかったのである。

のちに昭和天皇は「自分の意を貫いたのは二・二六事件と終戦のときだけだった」と語っているが、「立憲君主として、臣下の決定に反対しない」というのが天皇の信条であった。

しかし、二・二六事件には、鎮圧をためら

う軍部に「朕自ら近衛師団を率いて現地に臨まん」と言い、一九四五年（昭和二十）八月には一部の反対を押し切ってポツダム宣言の受諾を決断した。

最後の御前会議で、賛否の議論がまとまらぬため首相の鈴木貫太郎（二・二六事件当時は侍従長。妻たかの懇願により襲撃者の安藤大尉は鈴木に止めを刺さずに敬礼して立ち去り、一命を取り留めた）が慣例を破って天皇の「聖断」を求めると、昭和天皇は次のように（大意）答えた。

「これ以上戦争を続けることは無理だと考える。多数の軍隊や国民の上を思い、また戦死者の遺族のことを考えれば、実に断腸の思いがする。しかし、後世のために平和の途をひらくには、忍びがたいものを忍ばねばならぬ。自分の一身はどうなっても、国民の生命を助けたい」

翌一九四六年（昭和二十一）昭和元旦、昭和天皇は新日本建設の詔書を出して、冒頭に五箇条の御誓文を掲げて日本再建の方向を示し、天皇と国民のきずなは相互の信頼と敬愛によるものであって、単なる神話や架空の観念にもとづくものではないことを強調した。

これを「人間宣言」と呼ぶのは内容にそぐわない。以後各地に鎮魂と激励の旅を続け、その後も国民の象徴として多くの役割を果たした。

一九八九年（昭和六十四）一月、昭和天皇は年代のはっきりした歴代天皇のなかでは最長寿、在位期間も最長の生涯を閉じた。

昭和天皇の誕生日の四月二十九日は平成に入って「みどりの日」とされたが、二〇〇七年（平成十九）から「昭和の日」にあらたまる。

さしのぼる朝日の光へだてなく世を照らさむぞわがねがひなる（昭和三十五年の御製）

第百二十五代 今上天皇《きんじょう》

御名・異名 明仁《あきひと》、継宮《つぐのみや》　生没年 一九三三（一九八九〜）　父 昭和天皇
母 久邇宮良子（香淳皇后）　皇后 正田美智子《しょうだみちこ》（正田英三郎《ひでさぶろう》の娘）

昭和天皇の第一皇子。昭和天皇は摂政時代の一九二四年（大正十三）に結婚、七人の皇子女に恵まれた。明仁親王は、成子《しげこ》内親王、祐子《さちこ》内親王、和子《かずこ》内親王、厚《あつ》子《こ》内親王の後の初めての男子の誕生だったため、昭和天皇はじめ国民の喜びもひとしおだった。この後、弟君の正仁《まさひと》親王（常陸宮）、貴子《たかこ》内親王が誕生している。

明仁親王は当時の皇室のしきたりにより、満三歳からは家族とは切り離されて東宮仮御所で育てられた。のちに「兄弟げんかの味も知らない」ともらされたという。

太平洋戦争開戦の前年、学習院初等科に入学されたが、東京も戦火に見舞われるようになって日光市の田母澤御用邸に疎開して終戦を迎えられた。

戦後はふたたび学習院に学ばれたが、一九四六年（昭和二十一）十月から四年間、アメリカの著名な児童文学者ヴァイニング夫人を家庭教師とされて西洋の思想と習

今上天皇

慣を学ばれた。

一九五二年（昭和二十七）、学習院大学政治経済学科へ進学され、十一月には在籍されたが、途中エリザベス女王の戴冠式に昭和天皇の名代として参列され、各国の公式訪問も兼ねられたので卒業には単位が不足された。このため最終学歴は「学習院大学教育ご終了」となっている。

戴冠式列席を兼ねられたヨーロッパ各国とアメリカ訪問は、皇太子にとって初の外遊で大いに見聞を広められた。特にヨーロッパ各国の王室と国民との明るい関係に学ばれたところが多かったようである。

一九五七年（昭和三十二）八月、軽井沢で開かれたテニスのトーナメント大会で、当時日清製粉の社長であった正田英三郎の長女・美智子と出会われ、御結婚が決まった。皇族でも華族でもない普通の令嬢が皇太子妃になるとあって話題が沸騰、ミッチー・ブームが起こった。

御成婚は一九五九年（昭和三十四）四月十日、当日は皇居から東宮御所まで馬車でのパレードがあったが、十キロにも満たない沿道を、五十万人を超える人々が埋め尽くした。また、当時は洗濯機、冷蔵庫、掃除機が三種の神器といわれた時代で、テレビの普及はまだまだだったが、「世紀の御成婚」の中継を見ようと、この年テレビの契約台数は二百万台にはね上がった。

翌一九六〇年（昭和三十五）には第一皇子・浩宮徳仁《ひろのみやなるひと》親王（現皇太子）が誕生、その後、礼宮文仁《あやのみやふみひと》親王（現秋篠宮）、紀宮清子《のりのみやさやこ》内親王（現黒田清子）が誕生した。

皇太子ご夫妻はとくに家庭的愛情を大切にされ、里子のように親子別居で養育することや乳母の制を否定、普通の家庭のように自分の手元で三人を育てられた。

一九八九年（昭和六十四）一月七日、昭和天皇の崩御により皇位を継承。元号は平成に改まった。天皇は即位後、朝見の儀で「いかなるときも国民とあることを念願された（昭和天皇）御心を心としつつ、皆さんとともに日本国憲法を守り、……国運の一層の進展と世界平和、人類の福祉の増進を切に希望してやみません」と述べられた。

即位後も精力的に諸外国を訪問して親善を深めるとともに、国内各地も親しく訪問、二〇〇三年（平成十五）までに四十七都道府県すべてをご訪問されている。さらに、硫黄島やサイパン島にまで足を運ばれ、戦没者の追悼に心をつくされている。

大腸ポリープや前立腺の摘出手術が伝えられたが、積極的に公務をとっており、「国民の幸せを常に願っていた天皇の歴史に思いを致し、国と国民のために尽くすことが天皇の務めであると思っています」とのお考えを日々実践されている。

天皇は日本魚類学会に属するハゼの研究者で、『日本産魚類大図鑑』（共著、昭和五十九年）、『日本の淡水魚』（共著、昭和六十二年）、『日本産魚類検索（第二版）』（共同執筆、平成十二年）がある。また、皇后との共著歌集『ともしび』（昭和六十一年）や『道─天皇陛下御在位十年記念記録集』（平成十一年）がある。

外国《とつくに》の旅より帰る日の本の空赤くして富士の峯立つ（平成五年の御製）

すべての日本人のための「天皇の常識」——あとがきにかえて——

高森明勅

日本の元首は誰か

日本の元首は誰か？

大上段にこのような問いを発した時、はたしてどれくらいの人が即座に正しく回答できるだろうか。

そもそも「元首」という言葉自体にめんくらってしまう人がいるかもしれない。『明鏡国語辞典』（北原保雄氏編・大修館書店）では次のように説明している。

「一国の首長。国際法上は外国に対して国家を代表する人。君主国の君主。共和国の大統領など」

この説明を読んだ上で最初の設問に立ち返るとどうか。

「君主国の君主。共和国の大統領など」と言われて、よけいに混乱してしまう人も出てくるのではないか。

日本は「君主国」か「共和国」か、いったいどちらなのか？

言うまでもなく、日本には大統領はいない。大統領に相当するような選挙で選ばれる元首もいない。国会で指名される内閣総理大臣は、もちろん三権分立のもとでの行政府のトップにすぎず、元首などではない。

してみると、どうやら共和国ではないらしい。

そうすると君主国？

まさか。日本が君主国だなんて。そんなはずはない。

日本は共和国ではないけど、君主国でもない。そうだ、民主国だ。民主国にちがいない――そうお考えの方も決して少なくないのではないだろうか。

だが、政治システムとして議会制民主主義を採用しているかどうかということと、その国が君主国か共和国かということは、次元のちがう話だ。

イギリスのように極めて民主的な君主国もあれば、朝鮮民主主義人民共和国や中華人民共和国のように極めて非民主的・専制的な共和国もある。

だから日本が民主主義国家であるとしても、君主国であることとは何ら矛盾したり、対立したりするものではない。

そうすると、やはり君主国？

まさか。日本が君主国だなんて。それだと天皇が君主ってことになる。天皇は君主ではなく「象徴」ではないか。憲法にもそう書いてある。だから日本が君主国のはずはない――なお、そうお考えの方もいらっしゃるはずだ。

でもそのような人にお聞きしたい。もう一度、最初の問いを。

日本も独立国。ならば「外国に対して国家を代表する人」、つまり元首がいるはずだ。それは誰なのか。

天皇は君主か象徴か

それは――じつは天皇である。天皇陛下その人である。

これは私の意見でも、信念でもない。客観的な事実なのだ。

すこし具体的に説明しよう。

国際法上、その国を対外的に代表するとはどういうことか。国交ある他国へ派遣する大使などの外交官の信任状を発行し、条約の認証、さらに外国からの大使などの接受にあたること。では、日本でこれらの役目をはたすのはどなたか。憲法を見ると、それらはすべて天皇の国事行為として明記されている。さらに実例としても、たとえば外国大使などの信任状はみな天皇陛下あてになっている。したがって、天皇が国際法上、日本を対外的に代表する元首であることは疑う余地がない。

国際社会が日本の天皇を元首と認めていることは、一例として昭和天皇の大喪《たいそう》の礼（ご葬儀）の時のことを思い出してみれば、すぐ分かる。あの時、じつに世界から百六十三カ国、二十八の国際機関の代表が参列している。これだけでも驚くべき規模だが、そのうち、五十五名は各国の元首ご自身であった。こんなことは、日本の天皇陛下が国際的に元首と認められていなければ、ありえないことだ。

国内的にも、憲法改正や法律などを公布することをはじめ、国会の召集や衆議院の解散、国会の指名にもとづいて内閣総理大臣を任命すること等々、天皇が元首としての役割をはたしておられることは明らかだ。

――したがって、日本の元首は間違いなく天皇陛下その人である。

そもそも「日本国の象徴であり、日本国民統合の象徴」（憲法第一条）などという地位は、元首以外にはとても認められないはずだ。「象徴か、元首か」ではなく、元首だから象徴たりうるのだということを知っておく必要がある。

しかも憲法第二条には、次のような規定がある。

「皇位は、世襲のものであって、国会の議決した皇室典範の定めるところにより、これを継承する」

つまり天皇の地位（皇位）は「世襲」なのだ。世襲とは言うまでもなく、血筋によって代々受け継ぐこと。

元首の地位が世襲される場合、これを君主という。かくて論理必然的に、天皇陛下は日本の君主であることになる。このことに意外な印象を受ける人も多いかもしれない。しかし疑いようのない、確かな事実なのだ。

世界最大の君主国はどこか

日本は天皇という君主をいただく君主国である。その天皇の権能は無制限ではない。憲法という国家の最高法規によって制約されている。だから専制君主国ではなく、立憲君主国ということになる。日本は明治以来、立憲君主国という基本的な国のあり方の面では、一貫しているのだ（明治憲法については誤解されることが多いので、八木秀次氏『明治憲法の思想』〈ＰＨＰ新書〉をおすすめする）。

では、日本を世界の君主国のなかの一国として外側から見た場合、どのような位置にあるのだろうか。

現在、世界には二十九の君主国がある。ヨーロッパに十カ国、アフリカに三カ国、アラブに七カ国、アジアに七カ国、オセアニアに二カ国の計二十九カ国だ。

これらの国々を人口規模で分類してみるとどうなるか。

まず人口百万人以下という小さな国が九カ国ある。ルクセンブルク大公国・リヒテンシュタイン公国・モナコ公国（以上、ヨーロッパ）・スワジランド王国（アフリカ）・バーレーン国・カタール国（アラブ）・ブルネイ＝ダルサラーム国（アジア）・

トンガ王国・サモア独立国（以上、オセアニア）といった国々だ。これまでほとんど聞いたことがないような国もまじっているかもしれない。

一千万人以下というボーダーラインを設けると、これに九カ国が加わることになる。デンマーク王国・ノルウェー王国・スウェーデン王国（以上、ヨーロッパ）・レソト王国（アフリカ）・ヨルダン＝ハシミテ王国・アラブ首長国連邦・オマーン国・クウェート国（以上、アラブ）・ブータン王国（アジア）の諸国だ。

さらに五千万人以下という線ではどうか。八カ国が追加される。ベルギー王国・オランダ王国・スペイン（以上、ヨーロッパ）・モロッコ王国（アフリカ）・サウジアラビア王国（アラブ）・ネパール王国・マレーシア・カンボジア王国（以上、アジア）だ。これらの国々になると、さすがに今まで耳にしたことがないという人はあまりいないだろう。

以上の国々を合計すると二十六カ国。現存する君主国のほとんどが五千万人以下ということになる。

このほかに六千万人前後の国が二カ国ある。ヨーロッパのグレートブリテン及び北部アイルランド連合王国、つまりイギリスと、アジアのタイ王国だ。

一方、日本の人口は一億二千万人を超えている。よく知られている通りだ。だがこの数は、人口規模で君主国として世界第二位と三位のタイとイギリスの人口を足したものより、さらに多い。つまり日本は人口規模の点で、抜群に巨大な世界最大の君主国なのだ。

これだけ膨大な人口をかかえ、しかも国民に高度な教育が与えられ、価値観も多様化し、最大限の言論の自由が保障されていながら、国内の統合にいささかの不安材料もない日本。これは何を意味するか。

日本の皇室が世界の多くの王室中でも卓越した求心力、統合力をもっておられることを示すものにほかならないだろう。

世界最古の君主の血統とは

さらに現存する君主国のなかで、君主の血統として比較を絶した古い歴史をもつのも、日本の皇室だ。

君主国というと、一般に古い国というイメージが強いかもしれない。だが実際に一国ずつ調べてみると、予想外に新しい国が多い。現在の君主の血統となるとなおさらだ。

伝統ある君主国が多いヨーロッパでも、日本の皇室に匹敵するような古い歴史をもつ王室はない。

デンマーク王国の現王家のグリュックスブルク家（一八六三〜）の場合、オルデンブルク家のクリスティアン三世（在位一五三四〜五九）につながり、血筋として一六世紀以前にまでさかのぼる。オルデンブルク家そのものの始祖は一一〇八年に没したエギルマールだ。日本でいえば平安時代後期にあたる。

イギリスの現王室はウィンザー家。ジョージ五世（一九一〇〜三六）が、第一次世界大戦中、敵国ドイツ系のそれまでの名称をあらためた。血筋としてはハノーヴァ朝に属し、同王朝はジェームズ一世の孫にあたるハノーヴァ選帝侯夫人ソフィアの子ジョージが王に迎えられたのに始まる（一七一四〜二七）。これをさらに血縁でさかのぼると、ノルマン朝の征服王ウィリアム一世（一〇六六〜八七）にいきつく。十一世紀後半、やはり日本の平安時代後期のころだ。これらが、現存する世界のおもな王家の血筋のなかでも最も古い部類である。

アジアに目を転じてみるとどうか。

タイのチャクリ王朝は、一七八二年に当時の国王の悪政に反旗をひるがえした武将チャオプラヤー＝チャクリがラーマ一世として王位についたのが、そのおこりだ。だからこれまで二百年あまり存続してこられている。日本の歴史にあてはめると、今のところ徳川将軍家の存続期間よりまだ短い計算になる。

これに対して日本の皇室はどうだろう。

大和朝廷の成立をひとまず起点とすると、三世紀なかば。西暦二五〇年前後のころだ。それ以後、王朝の交替や断絶があったことは証明されていない。五世紀になると血統による継承の事実が外国資料によっても確認できる。どんなに疑り深い古代史学者でも、六世紀初頭に即位された継体天皇からのち、現在の天皇陛下まで連綿として血筋がつながっていることを疑う者はいない。皇室に姓がないのも、国のはじめから一貫して国民と区別される血統を維持してきたことを示している。

千数百年におよぶ君主の血統。このような例は世界の歴史でまったく類を見ない。日本の皇室はまさに現存する世界の王室のなかで断然最古の君主の家柄なのだ。

日本の皇室は求心力や統合力ばかりでなく、持続力と安定性においても、世界のなかで群を抜いてすぐれておられる。その事実に、日本人自身があらためて気づくべきでないか。

大東亜戦争という総力戦に敗れ、その後、約七年間におよぶ占領を経験しながら、戦後も天皇の存在を支持する国民の比率は、各種の世論調査でつねに八割を超えている。これは世界の常識に照らして、じつはかなり驚くべき事実なのではないか。総力戦に敗れた国の君主制は、生き残れないのが通例だ。第一次世界大戦では敗戦国ドイツの、第二次世界大戦では同じくイタリアや枢軸側に参加したハンガリー、ルーマニア、ユーゴスラビアの君主制は、すべて滅んだ。

占領下に日本の戦争犯罪を裁くと称して開廷された極東国際軍事裁判（いわゆる東京裁判）の裁判長をつとめたオーストラリアのウェッブは後年、日本人の戦史家から昭和天皇についての感想を聞かれて、次のように答えている。

「神だ。あれだけの試練を受けても帝位を維持しているのは、神でなければならぬ。そうじゃないか」

おそらくこれが、世界史の常識に通じた人間の正直な感想なのであろう――。

選挙と世襲、そのプラス・マイナス

元首には二種類ある。一つは選挙によって選ばれるもの。もう一つは世襲によってその地位を受け継ぐもの。

ではどちらがすぐれているのか。

もちろん選挙制の元首の方が絶対にすぐれているはずだ、と単純に思い込んではいけない。それぞれの国の歴史や国民性によって、まったく事情がちがってくるからだ。一概にどちらがよいと単純にきめつけるわけにはいかないのである。

ただ一般的に言って、次のようなプラスとマイナスをそれぞれ指摘できるだろう。

まず選挙によって選ばれる元首の場合、こんなプラスを考えることができる。

能力や人望で選ぶことができる。また、有力な政党をバックに政策実行力を期待できる。さらに国民が満足できる成果をあげることができなかった時は、ほかの人物ととりかえることが比較的簡単にできる。

こう書くといいことづくめのようだが、ことはそれほど簡単ではない。たとえば能力と人望の関係。この両者はかならずしも正比例はしない。しばしばまったく無能な人物に人気が集まったり、能力はあるのに人望がまったくなかったりする場合があることは、誰しもよく見聞しているはずだ。また候補者を選ぶ際、選挙権をもつ人々にその人物の真価を見極めるのに十分な情報が与えられるかも、大いに疑問だろう。

だが、それらの点をあげつらわなくても、マイナスはいくつもある。

まずどれだけ支持率が高い場合でも、国内のおよそ半分は政治的反対者であることをまぬがれない。これは国民の統合を最大の任務とする元首にとって、極めて大きなハンディキャップと言わねばならない。

また、国民全体の利益を代表すべき地位にある元首が、政党間の対立抗争にまき込まれやすい欠点がある。

さらに有権者の支持をとりつけるために、国家の長期的な利益よりも、大衆の目先の欲求に迎合した政策をとりがちになる。

場合によっては、一時的な大衆の熱狂を背景に独裁者への道を歩みはじめる危険もある。

国家の威厳や尊厳を十分に体現できる高貴な品格をそなえ、歴史の連続性の上に立った元首は、選挙制では期待しにくい。

では世襲の元首の場合はどうか。

だいたい選挙制の元首の逆を考えればよいだろう。

マイナスの第一として、能力で選ぶことができない点をあげることができる。率直に言って、「暗愚の君主」が登場するのを百パーセント避けることは困難である。だが立憲君主制の場合、厳格な輔弼《ほひつ》制を採用し、君主をきちんとサポートするシステムを整えることで、その弊害を最小限度におさえることができる。

この方面の整備がなされていれば、政策実行力とか交替が難しいといったマイナスも、じつは大した問題ではなくなる。

一方、プラスは、伝統ある君主の場合、国内に政治的敵対者はほとんど存在せず、国民統合の面で絶大な威力を期待できる。さらに政争にまき込まれる立場になく、大衆迎合に走って国家運営の大局的判断を誤るおそれも少ない。歴史の連続性を踏まえ、高貴ある品格を身につけた元首は、長い歳月に耐えた伝統ある君主の血統にこそ求めることができるだろう。歳月に鍛えられた君主制には、独裁者の出現を抑止する働きもある。

そもそも民主主義が健全に機能するためには、三つの条件がそろっている必要がある。その一は、多様な意見。その二は、異なる意見を素直にぶつけ合う自由闊達な討論。その三は、自由な討論の末、一つの結論に達したら、それを全員が権威あるものとして受け入れ、その結論のもとに一致協力することだ。

この三つ目の結論を権威づける機能は、公平に判断して、選挙制の元首よりも伝統ある世襲の君主の方が、より十分にはたしうるケースが多いのではなかろうか。世界の国々のなかで、民主主義がうまく機能している国に伝統ある君主国が多いのも、決して偶然ではないだろう。

皇室が背負われる重荷

さきに見たように、日本の皇室は世界の君主の家柄のなかでも最も伝統ある存在と言ってよい。さらに、その求心力、統合力においても卓越していた。

これはわが国の皇室が、ここで述べた世襲制のプラスとマイナスのうち、マイナスの要素が希薄で、おもにプラスの方面を集約的にそなえておられるためだろう。

皇室の長い歴史をふり返ってみても、「暴君」というべき存在がほとんど見あたらない。

わずかに『日本書紀』に描かれた武烈天皇のふるまいが、それに近い印象を与える。だが、今日の研究では、この天皇の「悪行」は史書編者の創作と見られ、史実性を否定されている。そのほか、平安時代の陽成天皇のごとく、いささか異常性が認められるような天皇もおられたが、あくまで例外的なケースにすぎない。史実として天皇の横暴によって民衆が甚大な被害を蒙《こうむ》ったという例は、ほとんど皆無と言ってよいだろう。

それどころか、皇室は独裁や専制を排し、衆議と民意を尊重しつつ、つねに先祖をうやまい、神々を敬虔《けいけん》にまつるなかで、みずからの至らぬ点を省み、社会全体の利益を第一義とする精神を、代々受け継いでこられた。

皇后陛下は「国民の叡智がよき判断を下し、国民の意志がよきことを志向するよう祈り続け」ることこそ皇室の存在意義であるとされている(平成七年十月二十日のお言葉)。まさに至言だろう。

そのような皇室を国家統合の中心としてこそ、日本の社会は安定した秩序を保つことができた。もちろん長い歴史のなかには、南北朝時代や戦国時代のような、国内の統一が失われた異例の変則的な時代があったことも確かだ。しかし、やがてそうした社会の分裂は克服され、天皇を国制の頂上部にいただくことで再び国内の統合が回復されていった事実は、それ以上に重要だ。秩序が安定してこそ、人々のくらしも平和にたもたれ、社会の自律的な発展も期待できる。日本人はそのことを、意識するとしないとにかかわらず、しっかり直覚していたのだろう。だからこそ、武家による政権が長期にわたって続いても、天皇の地位はついに否定されることはなかった。むしろ国家秩序の最高権威として存続したのだ。

日本がアジアのなかで先駆的に近代国家へと飛躍をとげることができたのも、天皇という揺るぎのない権威が存在することで、かえって思い切った変革が可能になったという事情がある。

皇位が皇室のご血統（皇統）によって久しく受け継がれるのは、皇室による君主の地位の独占が図られていたということではない。率直にいって国民の側がそのことを求め続けてきた結果なのだ。この点は誤解をしてはならない。

一部に天皇の存在意義を疑い、すすんでその地位の廃止を唱える人もいる。だがそういった人たちは、どのようにしてこの国の統合を、現在のような無理のない自然なかたちで、長い将来にわたって保つつもりなのか。これまでこの点について、クリアかつ説得力のある構想が示されたことはない。

私は日本の存続と発展のために、皇室はかけがえのない存在だと信じている。と同時に、皇室の方々がその役割をはたされるために、どれほど大きな重荷を背負い、さまざまな犠牲を払われているかについて、私どもはもっと想像力を働かせるべきだと思う。

——グローバル化の波が押し寄せる現代日本。そのアイデンティティーを支えうる最後の砦《とりで》は、神話に由来し、古くからの血脈と祈りを受け継ぐ世襲の天皇以外に一体、何があるだろうか。

（『わしズム WASCISM』〈幻冬舎〉Vol.12 2004 掲載原稿に加筆訂正）

皇室略系図1

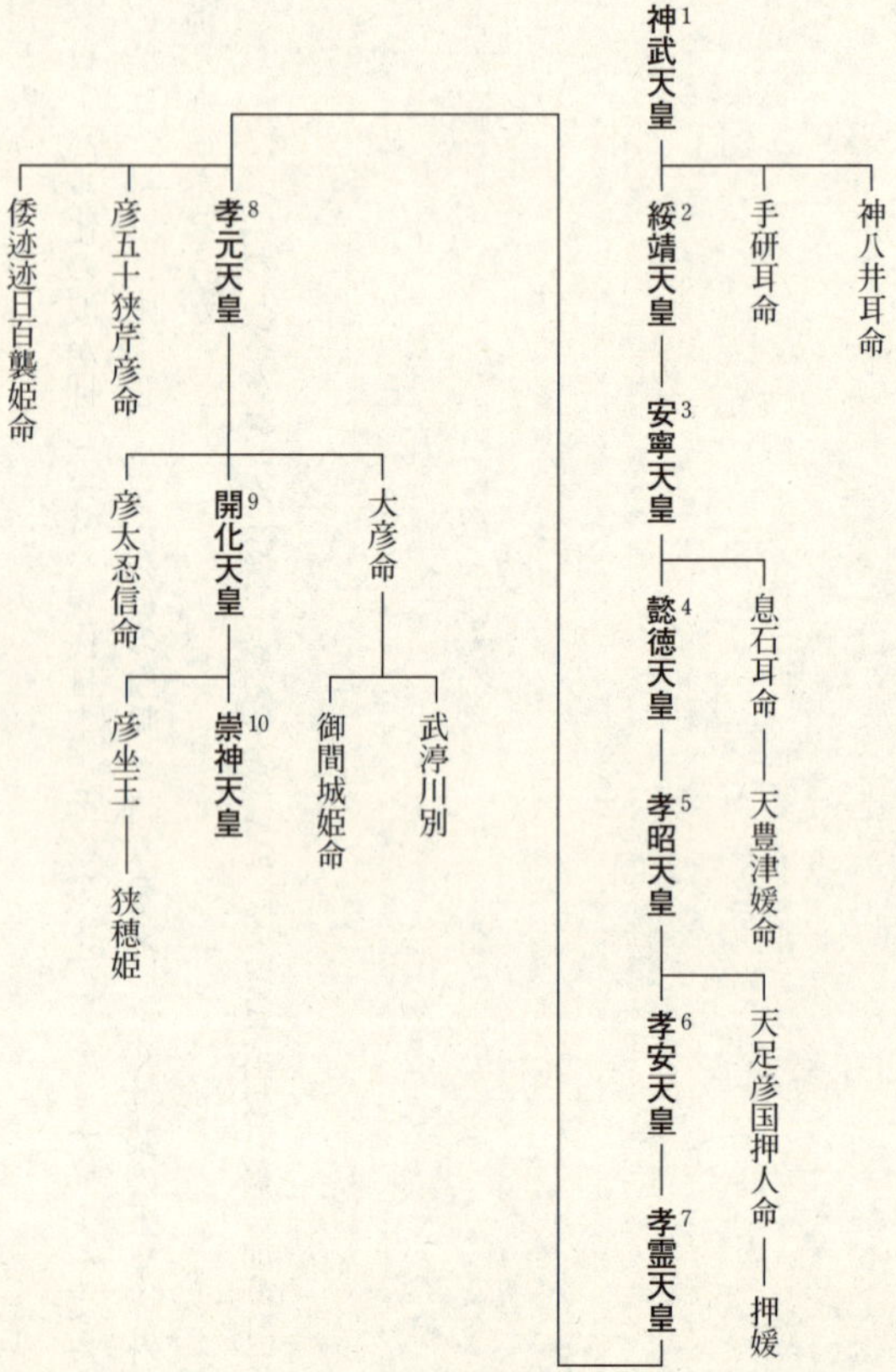

神武天皇 1
神八井耳命
手研耳命
綏靖天皇 2
安寧天皇 3
息石耳命
懿徳天皇 4
天豊津媛命
孝昭天皇 5
天足彦国押人命
押媛
孝安天皇 6
孝霊天皇 7
孝元天皇 8
彦五十狭芹彦命
倭迹迹日百襲姫命
大彦命
開化天皇 9
彦太忍信命
武渟川別
御間城姫命
崇神天皇 10
彦坐王
狭穂姫

皇室略系図2

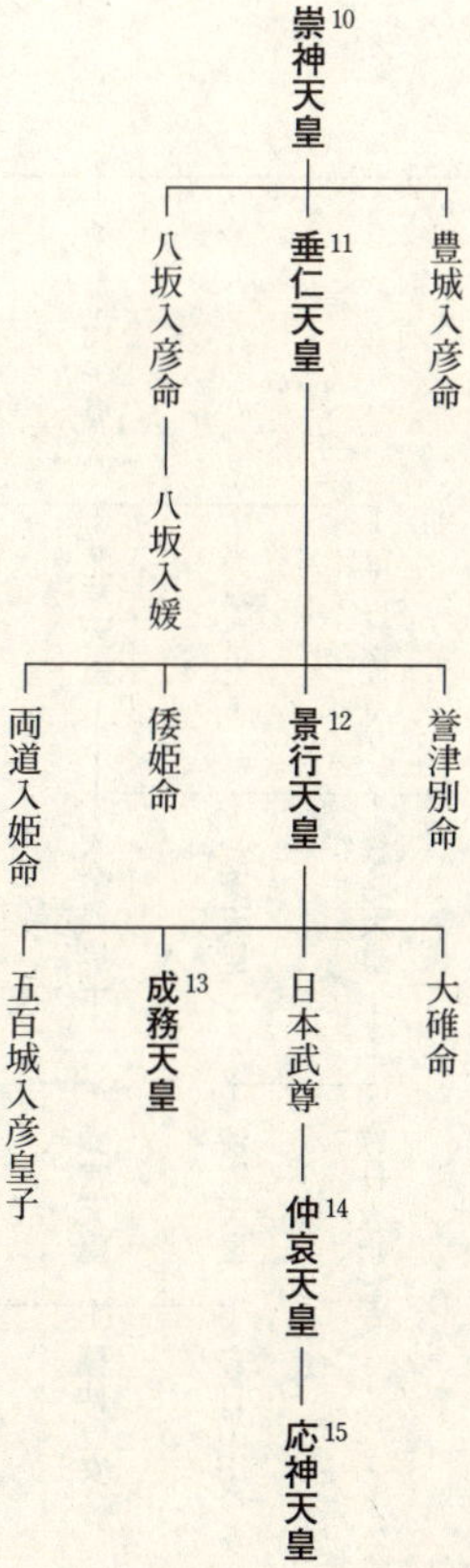

崇神天皇 10
八坂入彦命
垂仁天皇 11
豊城入彦命
八坂入媛
両道入姫命
倭姫命
景行天皇 12
誉津別命
五百城入彦皇子
成務天皇 13
日本武尊
大碓命
仲哀天皇 14
応神天皇 15

皇室略系図3

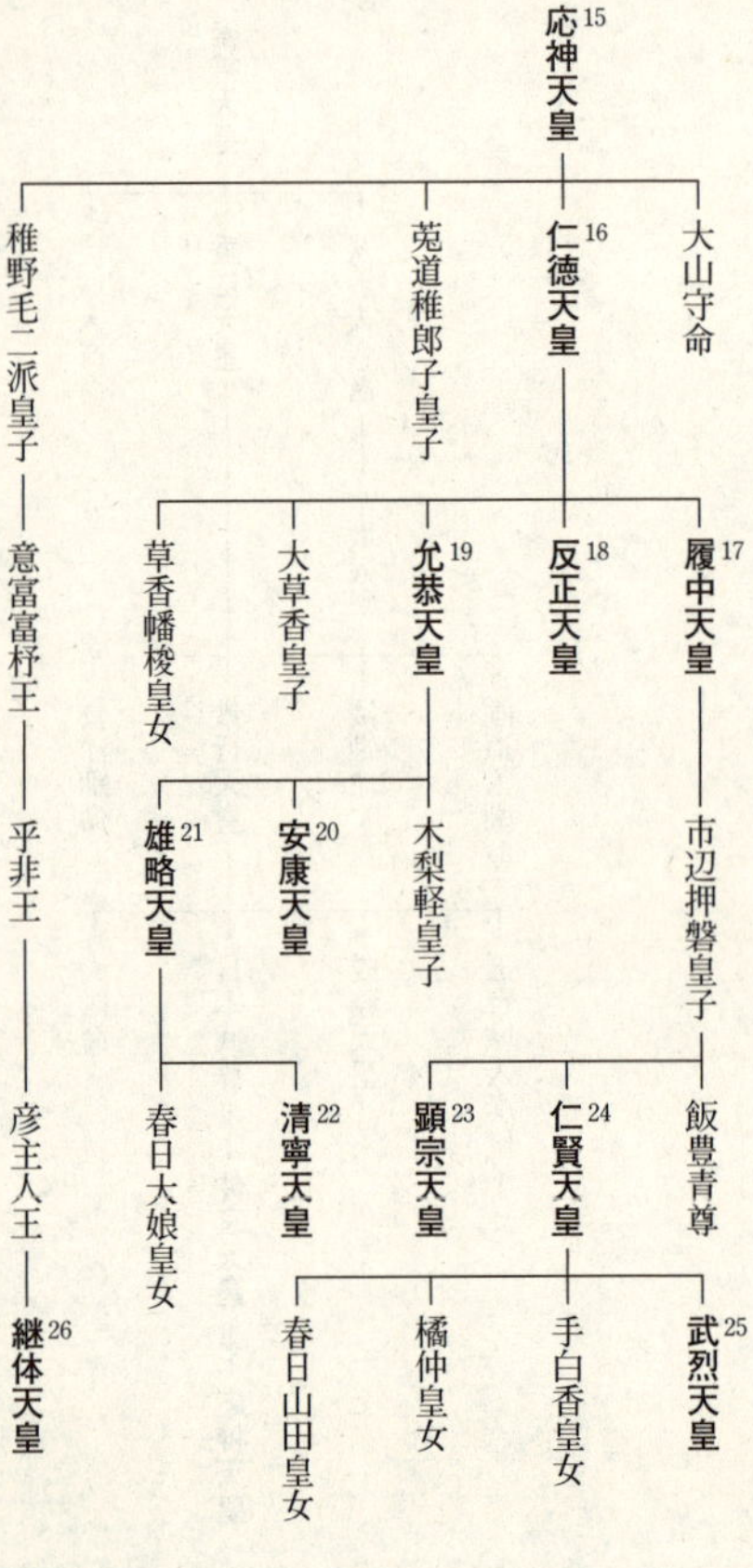
応神天皇 15
大山守命
仁徳天皇 16
菟道稚郎子皇子
稚野毛二派皇子
履中天皇 17
反正天皇 18
允恭天皇 19
大草香皇子
草香幡梭皇女
意富富杼王
市辺押磐皇子
木梨軽皇子
安康天皇 20
雄略天皇 21
乎非王
飯豊青尊
仁賢天皇 24
顕宗天皇 23
清寧天皇 22
春日大娘皇女
彦主人王
武烈天皇 25
手白香皇女
橘仲皇女
春日山田皇女
継体天皇 26

皇室略系図4

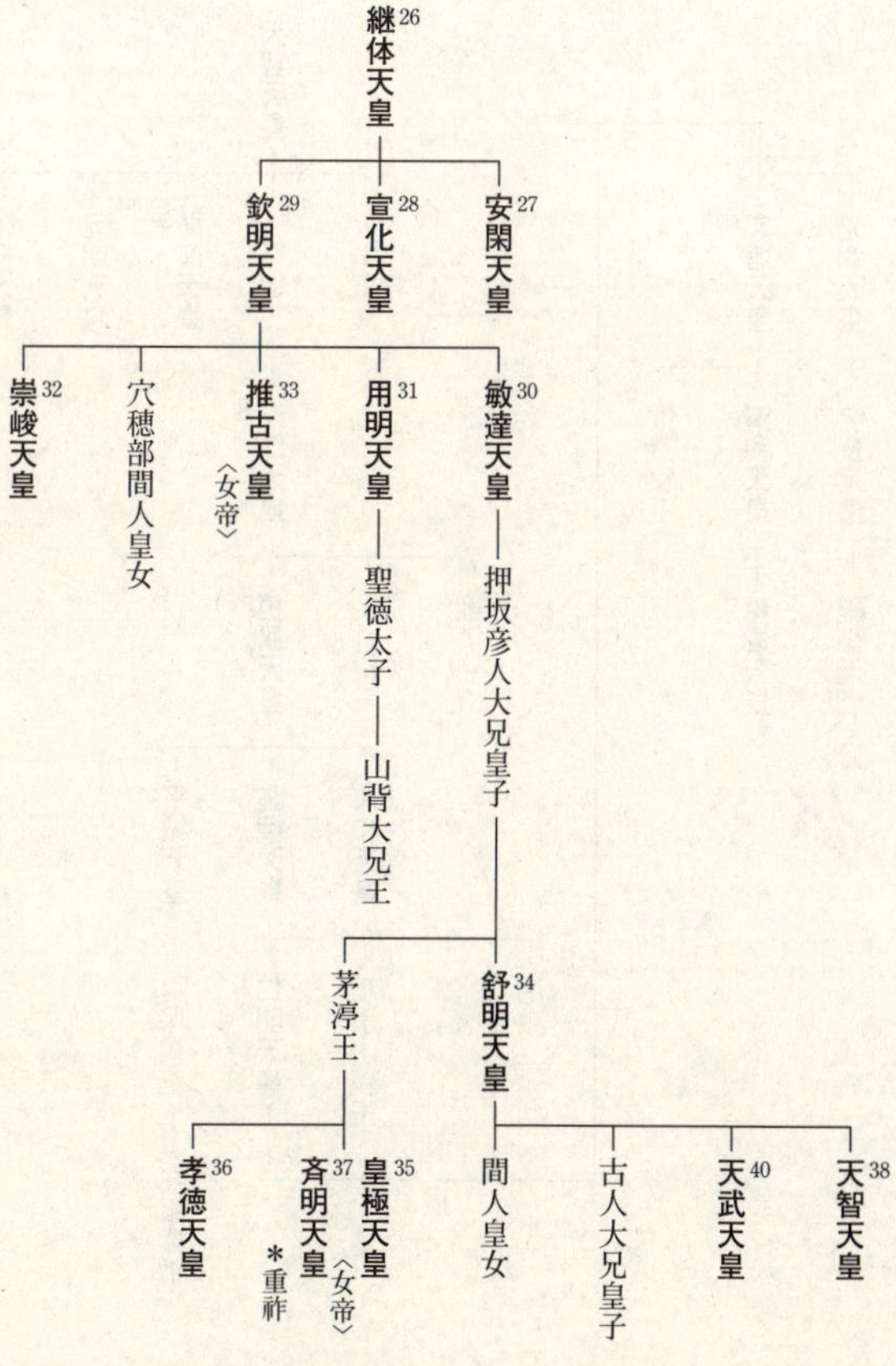
継体天皇 26
安閑天皇 27
宣化天皇 28
欽明天皇 29
敏達天皇 30
用明天皇 31
推古天皇 33 〈女帝〉
穴穂部間人皇女
崇峻天皇 32
押坂彦人大兄皇子
聖徳太子
山背大兄王
舒明天皇 34
茅渟王
天智天皇 38
天武天皇 40
古人大兄皇子
間人皇女
皇極天皇 35 〈女帝〉
斉明天皇 37
＊重祚
孝徳天皇 36

皇室略系図5

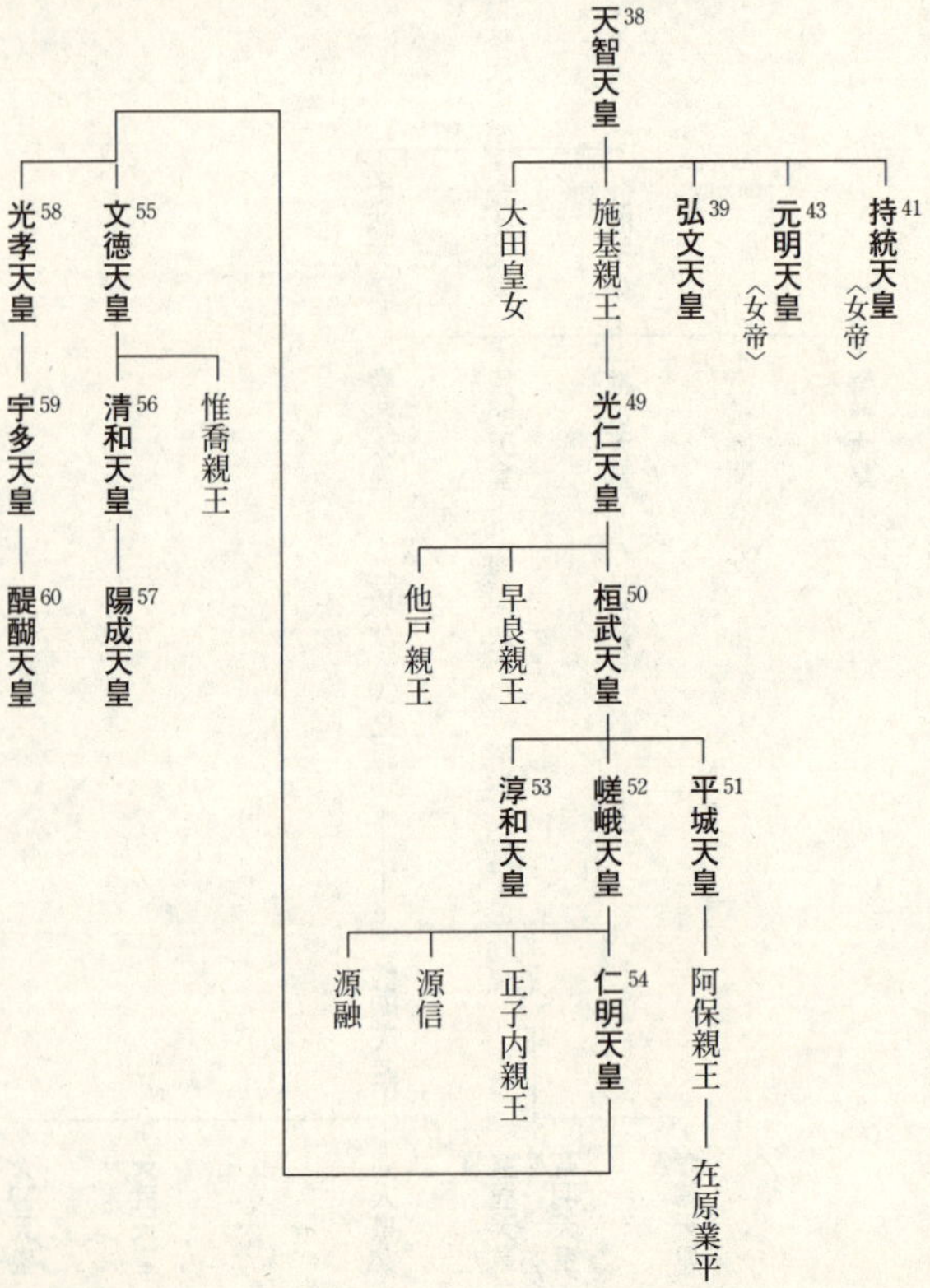
天智天皇 38
大田皇女
施基親王
弘文天皇 39
元明天皇 43 〈女帝〉
持統天皇 41 〈女帝〉
光仁天皇 49
他戸親王
早良親王
桓武天皇 50
淳和天皇 53
嵯峨天皇 52
平城天皇 51
源融
源信
正子内親王
仁明天皇 54
阿保親王
在原業平
光孝天皇 58
文徳天皇 55
宇多天皇 59
清和天皇 56
惟喬親王
醍醐天皇 60
陽成天皇 57

皇室略系図6

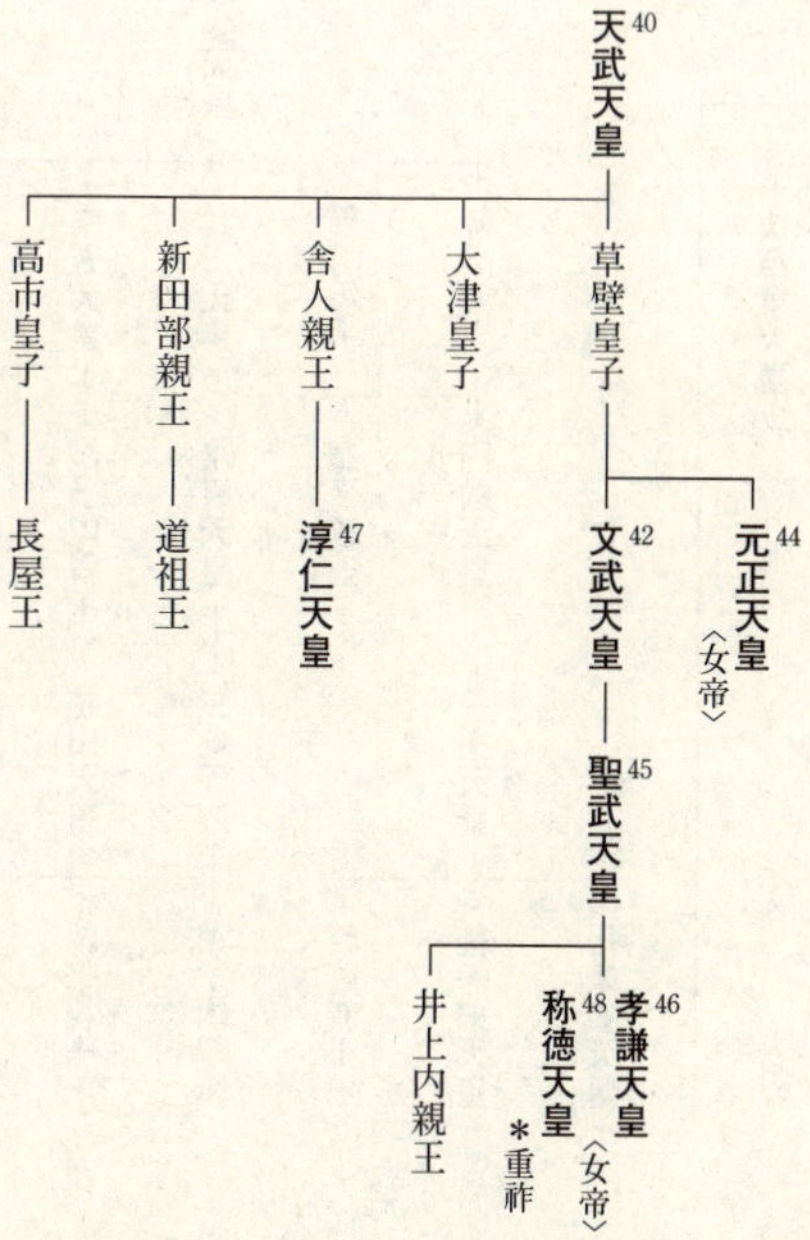

天武天皇 40
草壁皇子
大津皇子
舎人親王
新田部親王
高市皇子
元正天皇 44
〈女帝〉
文武天皇 42
聖武天皇 45
孝謙天皇 46
〈女帝〉
称徳天皇 48
*重祚
井上内親王
淳仁天皇 47
道祖王
長屋王

皇室略系図7

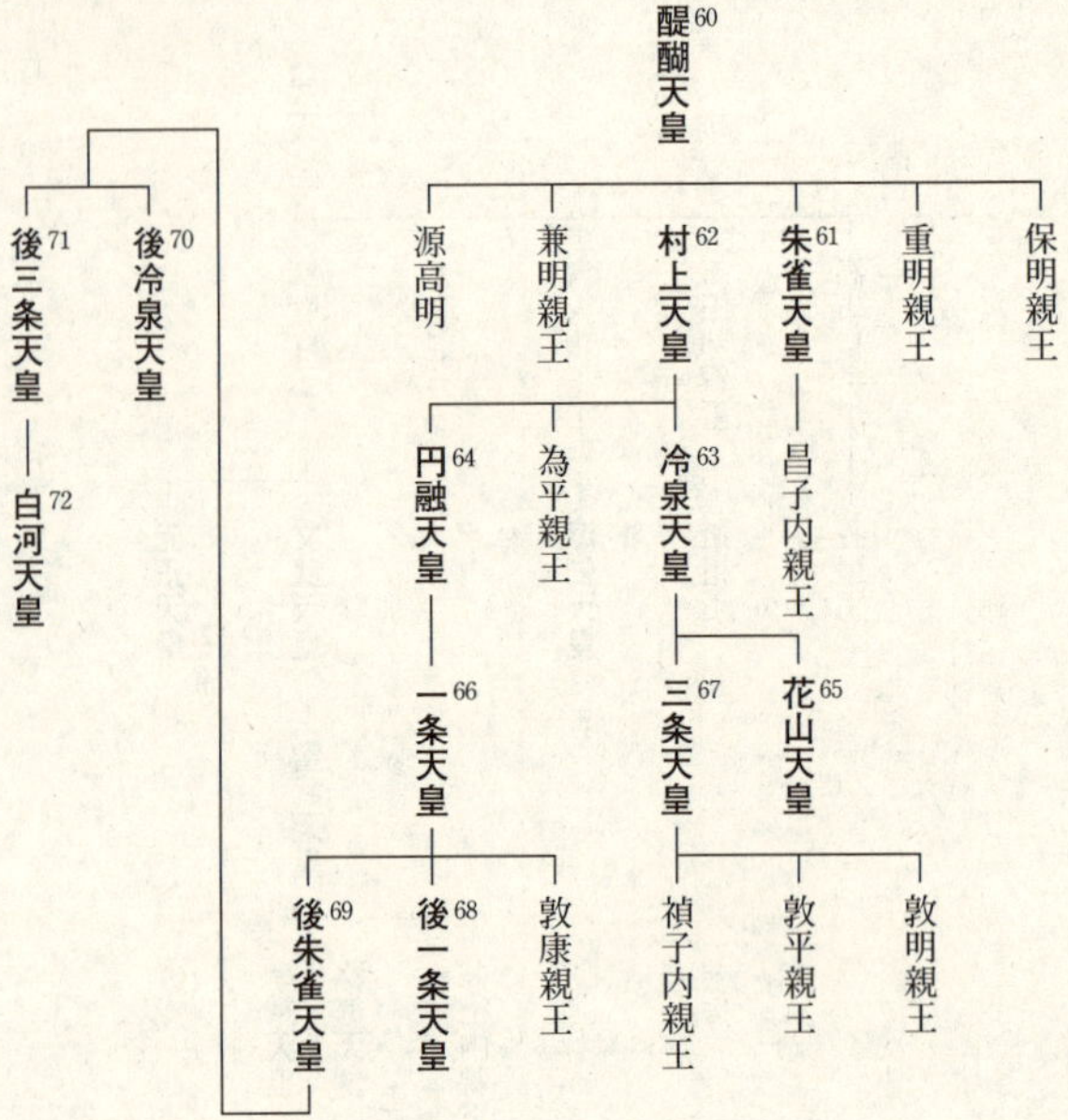
醍醐天皇 60
保明親王
重明親王
朱雀天皇 61
村上天皇 62
兼明親王
源高明
昌子内親王
冷泉天皇 63
為平親王
円融天皇 64
花山天皇 65
三条天皇 67
一条天皇 66
敦明親王
敦平親王
禎子内親王
敦康親王
後一条天皇 68
後朱雀天皇 69
後冷泉天皇 70
後三条天皇 71
白河天皇 72

皇室略系図8

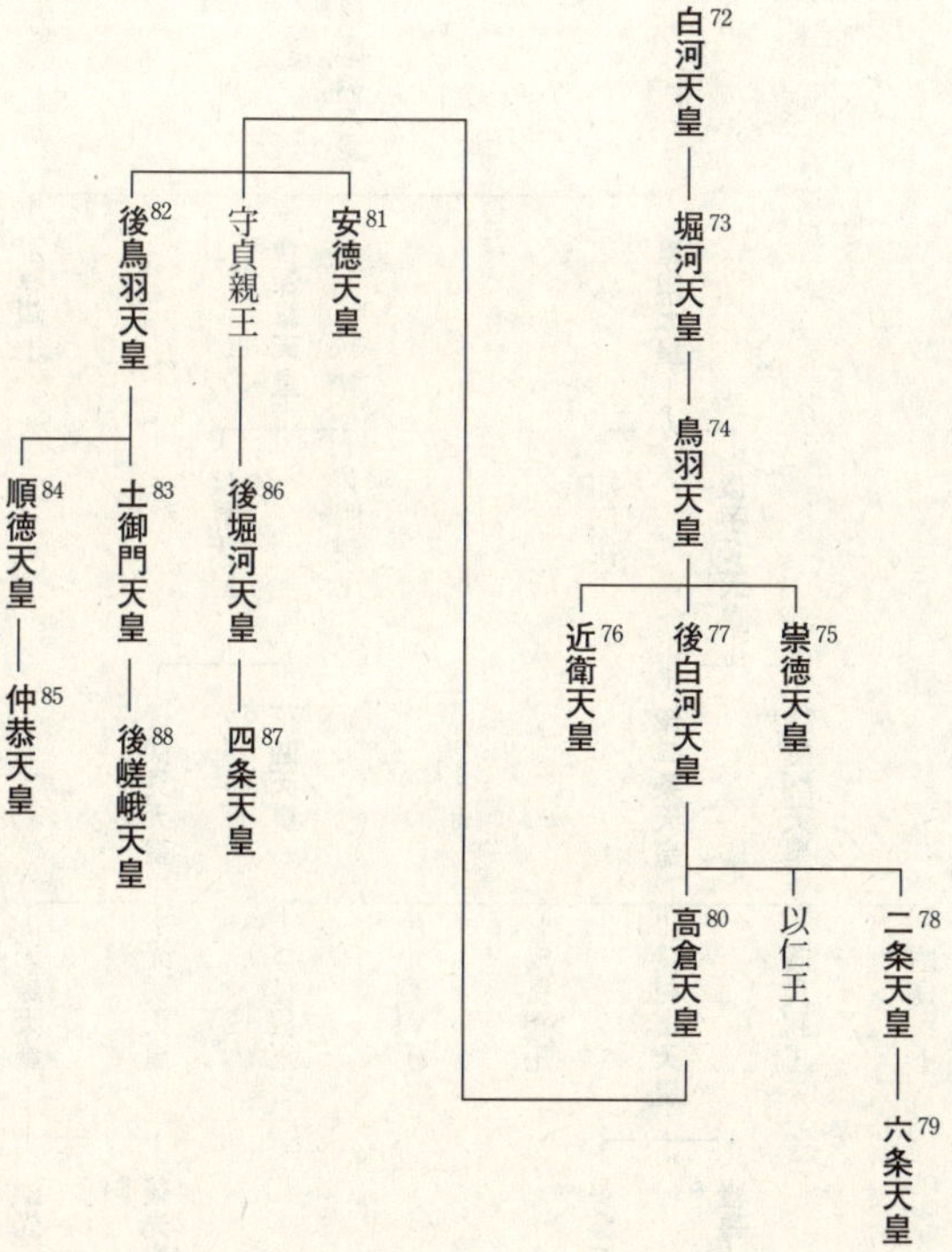
72 白河天皇
73 堀河天皇
74 鳥羽天皇
75 崇徳天皇
77 後白河天皇
76 近衛天皇
78 二条天皇
以仁王
80 高倉天皇
79 六条天皇
81 安徳天皇
守貞親王
82 後鳥羽天皇
86 後堀河天皇
87 四条天皇
83 土御門天皇
84 順徳天皇
88 後嵯峨天皇
85 仲恭天皇

皇室略系図9

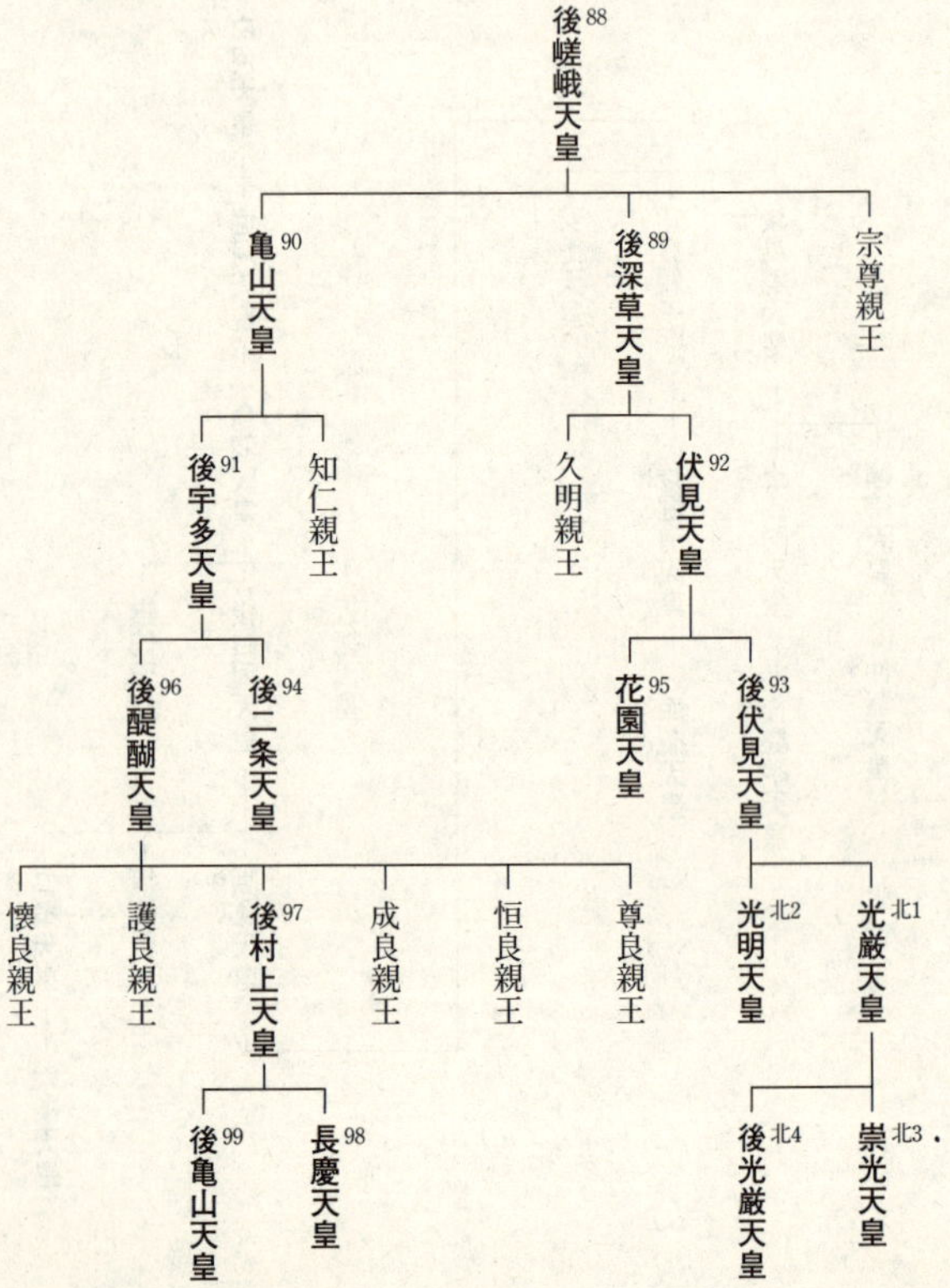
後嵯峨天皇 88
亀山天皇 90
後深草天皇 89
宗尊親王
後宇多天皇 91
知仁親王
久明親王
伏見天皇 92
後醍醐天皇 96
後二条天皇 94
花園天皇 95
後伏見天皇 93
懐良親王
護良親王
後村上天皇 97
成良親王
恒良親王
尊良親王
光明天皇 北2
光厳天皇 北1
後亀山天皇 99
長慶天皇 98
後光厳天皇 北4
崇光天皇 北3

皇室略系図10

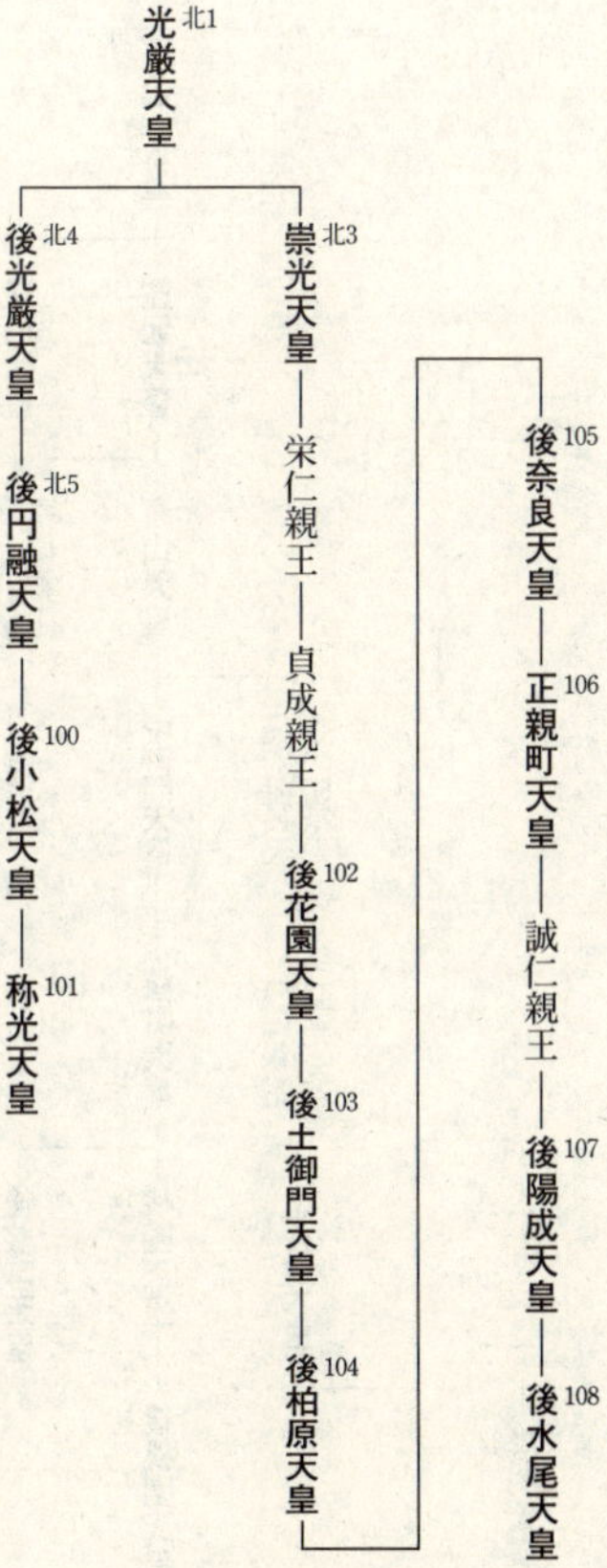
光厳天皇 北1
後光厳天皇 北4
後円融天皇 北5
後小松天皇 100
称光天皇 101
崇光天皇 北3
栄仁親王
貞成親王
後花園天皇 102
後土御門天皇 103
後柏原天皇 104
後奈良天皇 105
正親町天皇 106
誠仁親王
後陽成天皇 107
後水尾天皇 108

皇室略系図11

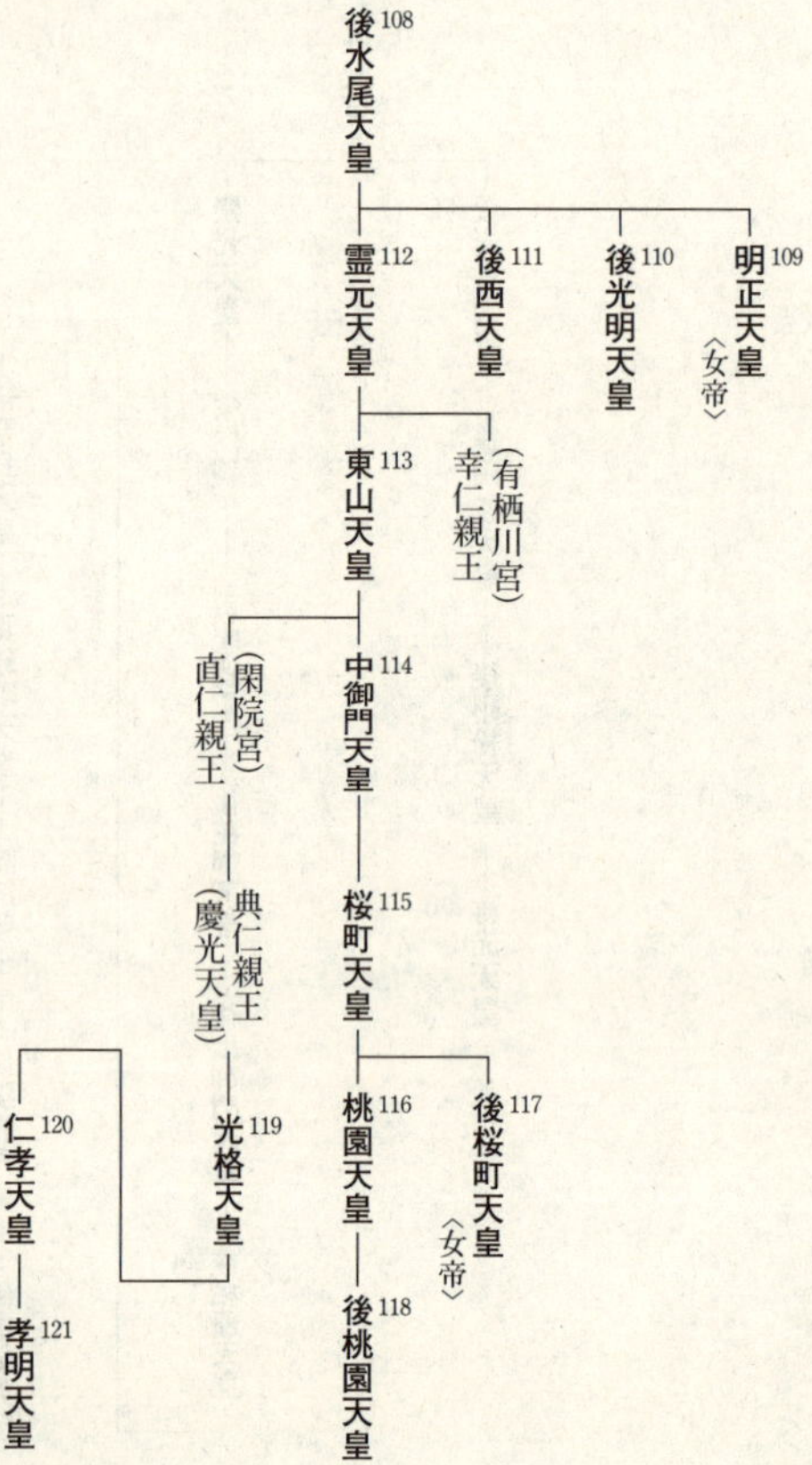
後水尾天皇 108
明正天皇〈女帝〉 109
後光明天皇 110
後西天皇 111
霊元天皇 112
（有栖川宮）幸仁親王
東山天皇 113
中御門天皇 114
（閑院宮）直仁親王
桜町天皇 115
典仁親王（慶光天皇）
桃園天皇 116
後桜町天皇〈女帝〉 117
後桃園天皇 118
光格天皇 119
仁孝天皇 120
孝明天皇 121

皇室略系図12

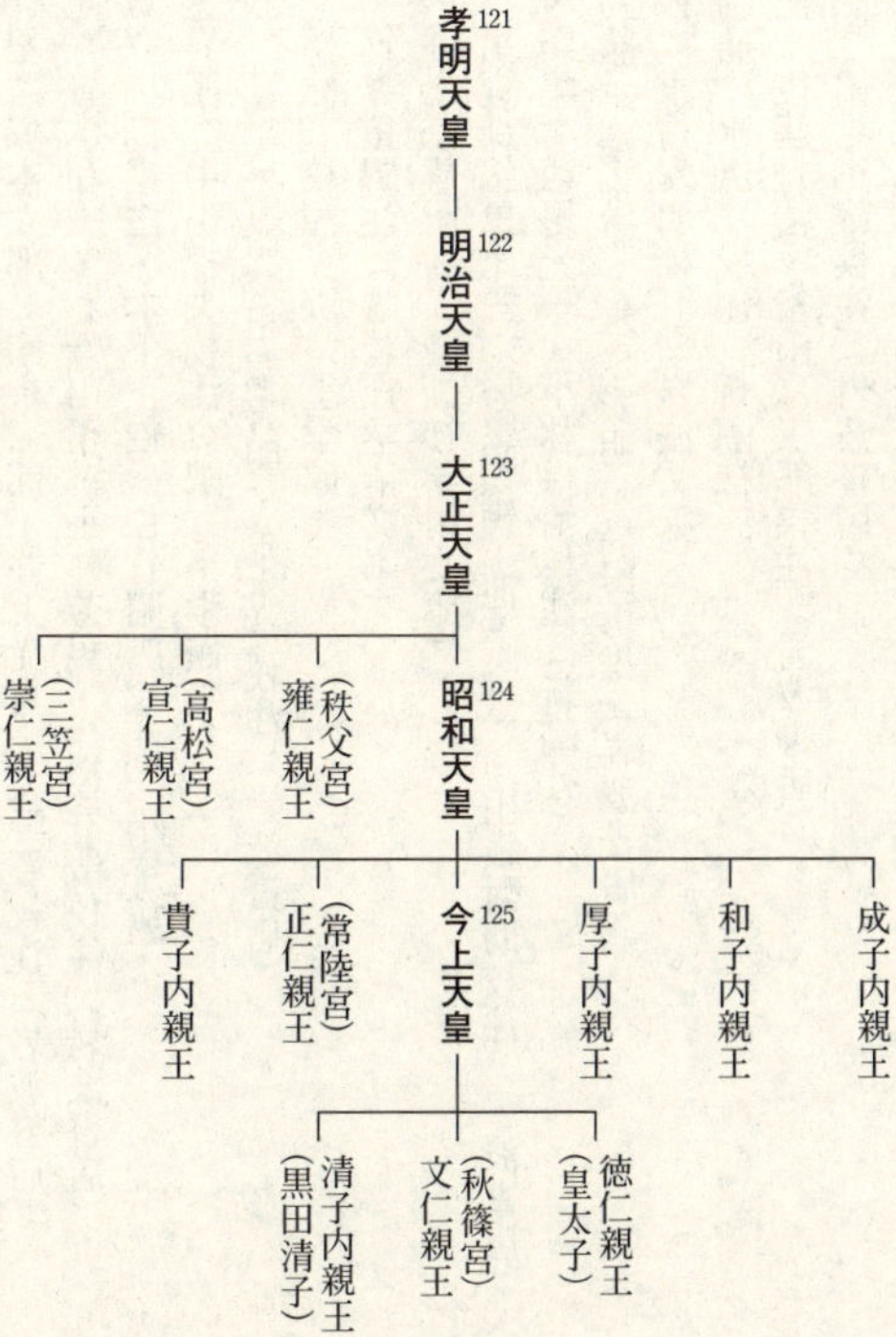
孝明天皇 121
明治天皇 122
大正天皇 123
昭和天皇 124
(秩父宮)雍仁親王
(高松宮)宣仁親王
(三笠宮)崇仁親王
今上天皇 125
(常陸宮)正仁親王
貴子内親王
厚子内親王
和子内親王
成子内親王
徳仁親王(皇太子)
文仁親王(秋篠宮)
清子内親王(黒田清子)

〈参考文献〉

『日本書紀』坂本太郎・家永三郎・井上光貞・大野晋校注（岩波書店）
『古事記』青木和夫・石母田正・小林芳規・佐伯有清校注（岩波書店）
『萬葉集』小島憲之・木下正俊・佐竹昭広校注（小学館）
『日本霊異記』中田祝夫校注・訳（小学館）
『古事談』『続古事談』川端善明・荒木浩校注（岩波書店）
『大鏡』橘健二校注・訳（小学館）
『今鏡』竹鼻績訳注（講談社学術文庫）
『増鏡』井上宗雄訳注（講談社学術文庫）
『江談抄 中外抄 富家語』後藤昭雄・池上洵一・山根對助校注（岩波書店）
『古今著聞集』西尾光一・小林保治校注（新潮社）
『保元物語平治物語』永積安明・島田勇雄（岩波書店）
『十訓抄』永積安明校訂（岩波文庫）
『平家物語』水原一校注（新潮社）
『太平記』後藤丹治・釜田喜三郎校注（岩波書店）
『義経記』岡見正雄校注（岩波書店）
『日本の歴史7 鎌倉幕府』石井進著（中央公論社）

『日本の名著9 慈円 愚管抄』大隅和男訳（中央公論社）
『日本の名著9 北畠親房 神皇正統記 書簡』永原慶二・笠松宏至訳（中央公論社）
『宇治拾遺物語』大島建彦校注（新潮社）
『本朝皇胤紹運録』『群書類従』所収（続群書類従完成会）
『雨月物語 春雨物語』高田衛・中村博保校注・訳（小学館）
『日本史総覧Ⅰ 考古・古代一』児玉幸多・小西四郎・竹内理三監修（新人物往来社）
『歴代天皇紀』肥後和男編（秋田書店）
『歴代天皇年号事典』米田雄介編（吉川弘文館）
『歴代天皇総覧』笠原英彦著（中公新書）
『天皇と日本人』阿部正路監修（日本文芸社）
『歴代天皇知れば知るほど』所功監修（実業之日本社）
『別冊歴史読本33 歴代天皇・皇后総覧』（新人物往来社）
『別冊歴史読本 入門シリーズ 歴代天皇125代』（新人物往来社）
『歴史群像シリーズ 歴代天皇全史』（学習研究社）
『角川日本史辞典』高柳光寿・竹内理三編（角川書店）
『コンサイス日本人名事典』三省堂編修所編（三省堂）
『人物篇 日本の歴史がわかる本』小和田哲男著（知的生きかた文庫）
『歴史のなかの天皇』吉田孝著（岩波新書）

本書は、書き下ろし作品です。

監修者紹介

高森明勅（たかもり　あきのり）

昭和32年岡山県生まれ。國學院大學文学部卒。同大学院博士課程単位取得。神道学・日本古代史専攻。日本文化総合研究所代表。國學院大學、麗澤大学講師。拓殖大学客員教授（平成16～18年）。皇位継承儀礼の研究から出発し、古代史上の重要テーマや古典研究に取り組む。日本史全体への関心を持ち続け、現代の問題にも発言する。防衛庁統合幕僚学校で「歴史観・国家観」の講座を担当。「新しい教科書をつくる会」理事。スカイパーフェクＴＶ！日本文化チャンネル桜のキャスターも務める。著書に『この国の生いたち』（ＰＨＰ研究所）、『謎とき「日本」誕生』（ちくま新書）、『天皇から読みとく日本』（扶桑社）、『天皇と民の大嘗祭』（展転社）ほか多数。

ＰＨＰ文庫　歴代天皇事典

2006年10月18日　第１版第１刷
2008年８月８日　第１版第５刷

監修者	高森明勅
発行者	江口克彦
発行所	ＰＨＰ研究所

東京本部　〒102-8331 千代田区三番町３番地10
文庫出版部　☎03-3239-6259（編集）
普及一部　☎03-3239-6233（販売）
京都本部　〒601-8411 京都市南区西九条北ノ内町11

PHP INTERFACE　http://www.php.co.jp/

制作協力
組　版　　ＰＨＰエディターズ・グループ

印刷所
製本所　　凸版印刷株式会社

ISBN4-569-66704-X